O JEITO LOBO DE INVESTIR

JORDAN BELFORT

O JEITO LOBO DE INVESTIR

O GUIA SECRETO DO LOBO DE WALL STREET PARA FAZER FORTUNA COM INVESTIMENTOS

TRADUÇÃO
Diego Franco Gonçales

aneta ESTRATÉGIA

Copyright © Future Gen LLC, 2023
Publicado mediante acordo com a editora original Gallery Books,
uma divisão da Simon & Schuster, Inc.
Copyright © Editora Planeta do Brasil, 2025
Copyright da tradução © Diego Franco Gonçales, 2025
Todos os direitos reservados.
Título original: *The Wolf of Investing: My Insider's Playbook for Making a Fortune on Wall Street*

Preparação: Ana Maria Fiorini
Revisão: Caroline Silva e Gleice Couto
Projeto gráfico e diagramação: Negrito Produção Editorial
Gráficos e tabelas adaptados de: Joy O'Meara
Capa e imagem de capa: André Stefanini

Dados Internacionais de Catalogação na Publicação (CIP)
Angélica Ilacqua CRB-8/7057

Belfort, Jordan
  O jeito lobo de investir : o guia secreto do Lobo de Wall Street para fazer fortuna com investimentos / Jordan Belfort ; tradução de Diego Franco Gonçales. – São Paulo : Planeta do Brasil, 2025.
  304 p. : il.

ISBN 978-85-422-3322-3
Título original: The Wolf of Investing

1. Corretores – Estados Unidos 2. Seguros 3. Wall Street (Nova York, N. Y.)
4. Finanças I. Título II. Gonçales, Diego Franco

25-0685   CDD 332.6

Índice para catálogo sistemático:
1. Corretores – Estados Unidos

Ao escolher este livro, você está apoiando o manejo responsável das florestas do mundo

2025
Todos os direitos desta edição reservados à
EDITORA PLANETA DO BRASIL LTDA.
Rua Bela Cintra, 986, 4º andar – Consolação
São Paulo-SP – CEP 01415-002
www.planetadelivros.com.br
faleconosco@editoraplaneta.com.br

*A Cristina, minha incrível esposa.
Obrigado por todo seu apoio e paciência.*

SUMÁRIO

1. A história de Fernando e Gordita 9
2. Shakespeare, com um toque especial 27
3. A grande máquina de bolhas dos Estados Unidos 63
4. Uma breve história de Wall Street 73
5. O velho Joe Kennedy e o selvagem mundo da operação vendida 101
6. Um poderoso golpe duplo 121
7. A verdade sobre o Grande *Crash* e outras coisas importantes 153
8. O Oráculo *versus* Wall Street 183
9. Dificuldades e tribulações do maior macete de investimentos do mundo 201
10. A trifeta de ouro 213
11. O retorno de Fernando e Gordita 239
12. Conheça os filhos da puta 279

Agradecimentos 303

CAPÍTULO 1
A HISTÓRIA DE FERNANDO E GORDITA

Incrível!, eu pensei.

Fernando, meu cunhado, tem o toque de Midas... só que ao contrário! Cada investimento que ele toca – cada ação, cada opção, cada moeda, cada token, cada maldito NFT – absolutamente cada um deles vira merda!

Eram pouco mais de 21h e eu estava sentado na sala de jantar do apartamento chique de Fernando, em Buenos Aires, avaliando suas posições na corretora, quando essa triste constatação veio à tona em meu cérebro.

Resumindo, o portfólio dele era um *desastre*.

Por meio de uma série de más decisões e investimentos inoportunos, Fernando tinha perdido 97% de seu patrimônio líquido nos últimos dois meses, deixando o saldo atual de sua conta em míseros 3 mil dólares. O restante de seu dinheiro, pouco mais de 97 mil dólares, simplesmente desaparecera no ar, feito um peido ao vento.

Pior ainda, as perdas ocorreram em um período de relativa paz e estabilidade nos mercados de ações *e* de criptomoedas, os dois principais lugares em que ele alocara seus investimentos. As implicações disso eram inegáveis e óbvias: meu cunhado não tinha ninguém para culpar a não ser ele mesmo.

Afinal de contas, uma coisa seria os mercados em que Fernando investira terem *quebrado* ou, pelo menos, caído substancialmente logo após ter investido neles.

Isso explicaria pelo menos *algumas* de suas perdas.

De fato, em Wall Street há um antigo ditado sobre esse cenário: "A maré alta ergue todos os barcos".

Em outras palavras, quando o mercado de ações está subindo, o preço de qualquer ação *dentro* do mercado tende a subir junto com ele, e, quando o mercado de ações está *caindo*, o preço de qualquer ação *dentro* do mercado tende a cair junto com ele. É claro que isso se aplica a todos os outros mercados, como o de títulos, o de *commodities*, o de criptomoedas, o imobiliário, o de arte e o de seguros, só para citar alguns.

O resultado final é que, quando um determinado mercado está em forte ascensão, você basicamente pode esperar ganhar algum dinheiro mesmo se escolher *de olhos fechados*. Não é necessário nenhuma genialidade inata, sexto sentido aguçado ou treinamento especializado. O mercado faz 99% do trabalho *por* você.

Premissa simples, não?

O único problema é que, por mais simples que isso possa parecer em tempos normais, as coisas ficam muito mais complicadas durante um *bull market* – um mercado em alta prolongada. É nesses momentos de exuberância irracional – quando o mercado está bombando, os *chats* estão tagarelando, os peritos estão a mil e o Twitter está tuitando sobre não haver um fim à vista – que a natureza humana entra em ação.

De repente, os negociantes amadores, que sabem sobre ações tanto quanto sabem sobre monções, começam a pensar que são especialistas e passam a comprar e vender em um ritmo feroz. Atiçados pela crença inabalável de que seu recente sucesso é resultado do próprio brilhantismo inato, a confiança deles se fortalece a cada dia que passa.

As estratégias de negociação deles são praticamente apenas de curto prazo.

Quando apostam certo, rapidamente auferem lucro e recebem uma boa dose de dopamina para reforçar esse comportamento. (O fato de a ação continuar sendo negociada em alta não tem importância para eles. "Lucro é lucro", dizem, "e ninguém nunca foi à falência tendo lucro!") E, quando apostam errado, simplesmente puxam a média para baixo – ou "compram na queda", como se diz – e deixam que a maré alta os salve. E por que fariam diferente? É isso que a multidão no Twitter está dizendo para eles fazerem! Além de tudo, isso sempre funcionou para eles no passado, não é mesmo? O mercado *sempre* volta.

Hum... não é bem assim.

Na realidade, os mercados sobem e os mercados caem, e quando *caem* – e quero dizer cair *de verdade,* como quando a bolha das empresas pontocom estourou em 1999, ou quando a bolha imobiliária estourou em 2008 –, eles caem muito mais rápido e de forma muito mais violenta do que quando sobem. Basta perguntar a qualquer investidor profissional com mais de alguns anos de experiência. Sem dúvida, ele lhe dirá exatamente isso.

Mas, por enquanto, vamos voltar à história de Fernando, que não podia culpar o mercado por seu maltratado portfólio de investimentos, pelo menos não superficialmente.

Vamos examinar os detalhes.

Durante o período de sessenta dias em que ocorreram as perdas – de 8 de fevereiro de 2022 a 8 de abril de 2022 –, os dois mercados em que Fernando investira estavam basicamente parados, o que, no jargão de Wall Street, significa que não subiram *nem* desceram de forma significativa.

Especificamente, o S&P 500, que serve como referência para o mercado acionário mais amplo dos Estados Unidos, estava em 4.521,54 em 8 de fevereiro e em *4.488,28* em 8 de abril, o que representa uma *queda* modesta de apenas 0,7%, e o Bitcoin, que serve como referência para o mercado mais amplo de criptomoedas, estava valendo US$ 44.340 em 8 de fevereiro e *US$ 42.715* em 8 de abril, o que representa uma queda ainda modesta de apenas 3,7%, especialmente quando comparada à perda de 97% de Fernando.

Entretanto, para ser justo com meu cunhado, olhar apenas para o dia 1 e o dia 60 pode ser muito enganoso. Isso porque, se Fernando tivesse seguido uma estratégia de longo prazo de comprar e manter (em que ele mantivesse cada uma de suas compras até pelo menos o 60º dia), então, sim, esses dois números teriam contado toda a história.

Mas é evidente que esse não era o caso.

Mesmo olhando rápido, pude ver dezenas de ordens de venda espalhadas, enquanto uma estratégia de comprar e manter implica manter uma posição por um longo período de tempo, independentemente das flutuações de preço, em um esforço para capitalizar o potencial de crescimento de longo prazo de um investimento bem escolhido.

Portanto, para ter uma visão mais precisa do que realmente deu errado, você não pode olhar apenas para os dias 1 e 60. *Também* precisa olhar para o que aconteceu nesse intervalo.

Afinal, o mercado de criptomoedas é muito mais volátil do que o mercado de ações dos Estados Unidos – que também tem seus momentos, especialmente em épocas de grande medo e incerteza, ou diante de um evento do tipo cisne negro[1] –, portanto, dependendo de *quão* agressivo Fernando estava sendo nas negociações, suas perdas *poderiam* ter sido o resultado de grandes oscilações diárias combinadas com um *timing* realmente ruim.

Em outras palavras, em vez de seguir o antigo axioma de "comprar na baixa e vender na alta", meu cunhado, que aparentava não enxergar as ondas do mercado, estava comprando na alta e vendendo na baixa, e continuou fazendo isso repetidamente, até quase todo o dinheiro dele sumir.

Então, com isso em mente, vamos dar outra olhada nos dois *benchmarks*, só que, dessa vez, com a lente da volatilidade diária. Talvez *isso* possa explicar as perdas massivas de Fernando diante do que, em outros aspectos, *parecia* ser um período estável.

A seguir, uma representação visual da volatilidade diária de cada índice de referência, começando em 8 de fevereiro de 2022 e terminando em 8 de abril de 2022.

---

1. Um "cisne negro" é um evento raro e inesperado, com um efeito devastador sobre o mercado de ações e a economia subjacente. Dado não ser possível prever tal evento, ele pega todo mundo de surpresa: bancos, corretoras, investidores, políticos e a mídia.

Preço de fechamento diário
08/02/2022 – 08/04/2022

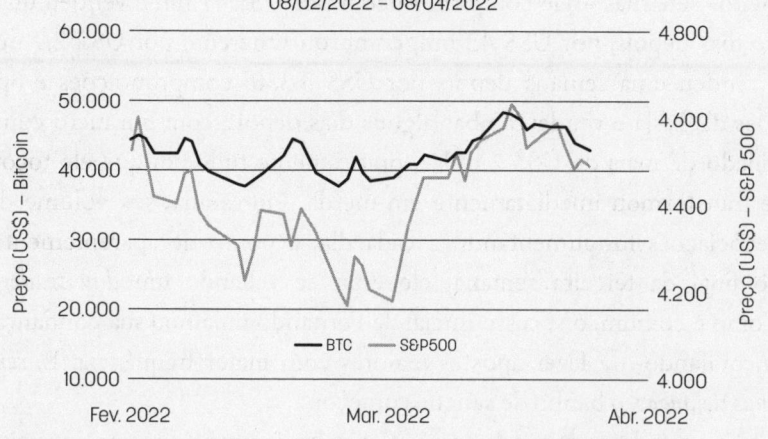

[Gráfico de linhas mostrando BTC e S&P500 entre Fev. 2022 e Abr. 2022, com eixo esquerdo Preço (US$) – Bitcoin variando de 10.000 a 60.000, e eixo direito Preço (US$) – S&P 500 variando de 4.000 a 4.800]

Com base no gráfico acima, o Bitcoin atingiu um mínimo de US$ 37.023 em 16 de março e um máximo de US$ 47.078 em 30 de março, uma variação de 21% entre o máximo e o mínimo durante o período de sessenta dias. E o S&P, que normalmente é muito menos volátil, teve um mínimo de 4.170 em 8 de março e um máximo de 4.631 em 30 de março, com uma variação de apenas 9% entre o máximo e o mínimo.

Portanto, com esses novos dados, eis a pergunta de 97 mil dólares: será que a inclusão da volatilidade diária, como se deve fazer na equação geral, revelava uma circunstância que a aparência de um mercado estável (entre o dia 1 e o dia 60) tinha na verdade camuflado: que Fernando era uma vítima inocente de uma maré que baixou rápido demais, afundando todos os portfólios no porto, inclusive o dele?

Era uma possibilidade interessante.

Mas, intuitivamente, eu achava que não.

Quer dizer, para isso ser verdade, Fernando teria que ter "apostado tudo" em todas as operações e ter o pior senso de *timing* desde que Napoleão invadiu a Rússia no meio do inverno.

Seja qual for o caso, enquanto examinava os extratos da conta em busca de pistas, eu me senti como um detetive da divisão de homicídios examinando a cena de um crime. A única diferença era que, em vez de abrir caminho por um mar de sangue e vísceras, eu abria caminho por um mar de tinta vermelha e desespero.

De fato, exceto por um punhado de negociações lucrativas nos primeiros sete dias – ele comprou Bitcoin por US$ 41 mil e vendeu quatro dias depois, por US$ 45 mil; comprou Ethereum por US$ 2,9 mil e vendeu uma semana depois por US$ 3.350; comprou ações *e* opções da Tesla e vendeu ambas alguns dias depois, com um lucro combinado de mais de US$ 2 mil –, praticamente tudo em que ele tocou se transformou imediatamente em merda. Pior ainda, seu volume de negociações foi aumentando a cada dia, a ponto de aparentemente, no final da terceira semana, ele estar se achando um *day trader*.[2] Como é comum, o sucesso inicial de Fernando inflamou sua confiança, encorajando-o a fazer apostas maiores com maior frequência. E, *sem mais delongas*, o banho de sangue começou.

Na metade da segunda semana, não havia uma transação lucrativa à vista.

Tudo o que eu conseguia ver era uma negociação ruim após a outra, e as perdas estavam aumentando.

No início da terceira semana, seu toque de Midas reverso tinha feito sua mágica maligna e a bruxa estava à solta. Quando seu patrimônio líquido caiu para menos de 50 mil dólares, eu conseguia *enxergar* seu desespero na forma de apostas exageradas em *penny stocks* especulativas (ações negociadas na casa dos centavos) e imprestáveis *shitcoins* (o equivalente no mundo das criptomoedas às *penny stocks*).

No final da sexta semana, tudo estava acabado; ele não tinha feito uma operação lucrativa em um mês inteiro e o saldo da conta estava abaixo de 10 mil dólares, a caminho dos 3 mil dólares.

Como uma pessoa podia estar tão consistentemente errada?, eu me perguntava.

Era uma boa pergunta, eu pensei, especialmente se considerarmos o tipo de pessoa que Fernando é: a própria imagem do sucesso e do empoderamento financeiro. Com quarenta e poucos anos, ele é inteligente, trabalhador, tem formação universitária e conexões sociais, é um

---

2. *Day trader* é uma pessoa que executa um grande volume de operações com o objetivo de capitalizar em cima de variações de preço diárias. Tipicamente, todas as posições em aberto são fechadas ao fim do dia para tentar eliminar o risco de *overnight* a partir de um declínio acentuado no mercado ou de um evento do tipo cisne negro.

empresário bem-sucedido e, além disso, veste-se muito bem. Seu negócio é a fabricação de metais e ele é proprietário de uma grande fábrica nos arredores de Buenos Aires.

Recém-casado, ele, sua jovem esposa, Gordita, e seu filho de 2 anos inacreditavelmente fofo, Vittorio, moram em um apartamento de três quartos imaculadamente decorado que ocupa todo o 33º andar de uma torre de vidro espelhado que se ergue 46 andares acima de um dos melhores e mais seguros bairros de Buenos Aires.

Naquela noite, Gordita estava sentada à minha esquerda, usando um top frente única de linho branco e uma expressão preocupada. *Pobre Gordita!* Ela simplesmente não conseguia entender o portfólio esfolado de investimentos do marido. Eu sentia pena dela, de verdade. No entanto, mesmo ali, naquele momento de tensão, ainda achava difícil olhá-la nos olhos, dizer seu nome e não começar a rir. Afinal de contas, Gordita, que em português literalmente significa "gordinha", na verdade tem 1,65 m, pesa 45 quilos molhada, é loira e absolutamente linda.

O motivo pelo qual todos a chamam de Gordita ainda é um mistério para mim, embora eu tenha sido informado de que os argentinos consideram "gordinha" um termo carinhoso. É claro que há alguns usos óbvios que logo vêm à mente: "Ei, Gordita! Tudo em cima, além do seu peso? Andou participando de alguma competição de quem come mais cachorro-quente?" – embora aparentemente haja uma regra tácita de não usar Gordita se a garota for realmente... *gordita*.

Seja qual for o caso, o resultado final é que minha cunhada é basicamente uma contradição em termos ambulante. Ela tem um nome – *Ornella* – que ninguém usa e um apelido sem sentido que todo mundo usa, inclusive a irmã mais velha de Gordita, Cristina, que por acaso é minha quarta esposa (mas, ei, ninguém aqui está contando) e que tem uma semelhança incrível com ela.

Nesse momento específico, Gordita estava inclinada para a frente em seu assento, a imagem da consternação. Com a cabeça entre as mãos, os cotovelos sobre a mesa e o tronco curvado em um ângulo de 45 graus, ela balançava lentamente a cabeça para a frente e para trás, como se dissesse: "Quando diabos esse pesadelo vai acabar?".

Muito adequado, eu pensei.

Afinal de contas, Gordita estava envolvida apenas marginalmente nas atividades de negociação de Fernando, sendo que sua opinião sempre vinha *depois* do fato, na forma de apoio e orientação marital. Era o tipo de coisa que um homem casado pode esperar de sua esposa quando está no processo de zerar sua conta conjunta de investimentos. Orientações do tipo: "Qual é o seu problema, Fernando? Você perdeu a porra da cabeça? Por que você não faz só o que sabe, fecha essa maldita conta no Robinhood e volta para aquela estúpida fábrica de metais? Pelo menos assim não vamos acabar na miséria!". Para complicar ainda mais as coisas para Fernando, Gordita parece uma daquelas assistentes impecáveis, do tipo que é tão organizada e presta *tanta* atenção aos detalhes que se encarregou de memorizar as datas de validade da carteira de motorista e o número do passaporte de cada membro da família, inclusive o meu e o de Cristina. Em resumo, ela não é boba.

Naquela noite, entretanto, a situação se inverteu.

Tratava-se de uma daquelas raras ocasiões em que Gordita precisaria do apoio de Cristina – especificamente como tradutora. Para isso, Cristina tinha se posicionado diretamente em frente a Fernando e Gordita, e à minha direita. Mas Cristina estava enfrentando um grande obstáculo com a tradução daquela noite, a saber: a velocidade incrível com que Gordita fala. Na verdade, quando ela abre a boca para falar, é como ser acertado por uma pistola Gatling de fabricação espanhola, mas que atira palavras em vez de balas – e é assim que ela fala quando está calma. Naquele momento, ela não estava nada calma.

"*No entiendo!*", esbravejou Gordita. "*Como perdio nuestro dinero tan rápido? Es una locura!*" ("Não entendo! Como ele perdeu nosso dinheiro tão rápido? Que loucura!") "*El mercado de valores ni siquiera bajo! Lo volvi a revisar esta mañana! Mira!*" ("O mercado de ações nem sequer caiu! Eu conferi de novo esta manhã. Veja!") – Gordita apontou para a tela do iPhone, onde se via um aplicativo do mercado de ações – "*Lo tengo aqui. Mira! De hecho esta mas alto desde que el empezó! Y no nos queda nada! Como es possible? No puede ser! No debería pasar!*" ("Veja! Na verdade, está mais alto do que quando começou. E não temos mais nada! Como é possível? Não pode ser. Não deveria estar assim.")

Apesar de ser razoavelmente proficiente em espanhol, consegui entender apenas as primeiras palavras de Gordita. Todo o resto passou por mim como uma rajada de vento. Virei-me para Cristina, joguei as palmas das mãos para o alto e levantei as sobrancelhas como se dissesse: "Viu o que eu falei? Ninguém entende sua irmã! É ridículo".

Cristina deu de ombros. "Ela disse que está frustrada."

"Sim, *isso* eu entendi. Eu ouvi a palavra 'impossível' aí, *em algum lugar*." Olhei para Gordita e disse em um inglês cuidadosamente falado: "Você... disse... a palavra... 'impossível', Gordita?".

"Sim, impossível", respondeu ela, em um inglês com forte sotaque. "Mas o Fernando faz isso."

Meu cunhado estava sentado à esquerda de Gordita, olhando para um conjunto de extratos de conta duplicados e balançando a cabeça devagar. Ele usava uma camisa polo bem passada e tinha um sorriso irônico que dizia: "É, eu definitivamente fiz merda aqui, mas ainda sou rico, então não é o fim do mundo, não é mesmo?". Era o tipo de sorriso que todo marido nessa situação tenta desesperadamente reprimir, porque sabe que isso fará com que a esposa diga: "Por que *você* está tão feliz, porra? Sabe quantas bolsas Chanel eu poderia ter comprado com o dinheiro que você perdeu?".

Olhei para a Cristina e perguntei: "O que mais ela disse?".

"Ela não entende como eles perderam o dinheiro tão rápido. Não faz sentido para ela. Ela baixou um aplicativo no telefone que está dizendo que eles deveriam estar *ganhando* dinheiro, e não perdendo, porque o mercado de ações está em alta. Ela não entende como isso é possível." Em seguida, ela se voltou para Fernando e Gordita e repetiu o que acabara de dizer em espanhol.

"*Exacto!*", exclamou Gordita. "*This not have sense!*"

"O que não faz sentido?", esbravejou Fernando. "Muitas pessoas perdem dinheiro no mercado de ações! Agora eu sou uma delas. Não é o fim do mundo!"

Lentamente, sem mover seu tronco nem um centímetro sequer, Gordita girou a cabeça em direção a Fernando e o encarou com um olhar gélido. Não foram necessárias palavras.

"O quê? O que foi que eu disse de errado?", Fernando respondeu inocentemente. Em seguida, ele olhou para mim e acrescentou, em seu melhor inglês: "Não tenho culpa nisso! Todo mundo perde dinheiro no mercado de ações, não é? Quer dizer, você não. Estou falando de pessoas normais. Entende?".

"Sim", respondi. "Entendo *perfeitamente*. As palavras 'normal' e 'eu' muitas vezes não se misturam na mesma frase, então você acertou em cheio."

"Ele não quis dizer isso", apaziguou a tradutora. "O Fernando ama você."

"Eu *sei*", respondi calorosamente. "Estou só brincando. De qualquer forma, vá traduzindo conforme eu for falando, tá? É muito complicado parar e começar assim."

"Beleza, vá em frente!", ordenou Cristina. "Estou pronta."

Com isso, respirei fundo e disse: "Ok, então... o que você está dizendo é verdade, Fernando. A maioria das pessoas perde *mesmo* dinheiro no mercado, e muitas delas acabam *sem nada*, como aconteceu com *você*. *Maaaaaaas* – e esse é um *mas* bem grande, pessoal – nem todo mundo perde dinheiro no mercado; tem muita gente que *ganha* dinheiro no mercado, e não estou falando apenas de profissionais; estou falando de investidores amadores também. O que posso jurar, porém, é que eles não estão negociando da mesma forma que você, como uma *banshee* selvagem. É literal..."

"Uma o que selvagem?", perguntou minha tradutora quase fluente, interrompendo-me.

"Uma *banshee* selvagem."

"O que é uma *banshee* selvagem?"

"É tipo... tipo uma pessoa selvagem. Sabe? Gritando, berrando, atirando flechas. Mas é só uma expressão. O que quero dizer é que é literalmente impossível para um investidor amador ganhar dinheiro quando ele fica comprando e vendendo o tempo todo. Uma hora ele vai acabar sem nada; é só uma questão de tempo. E isso vale tanto para o mercado de ações quanto para o de criptomoedas, embora, em geral, eles acabem sem nada ainda mais rapidamente com as criptomoedas, porque o custo de negociação é muito alto, e também porque há muitos golpes por aí. Portanto, a menos que você saiba exatamente o que está fazendo nesse mundo, mais cedo ou mais tarde vai acabar pisando em uma mina, e vai explodir. É uma certeza matemática." Parei por um momento para avaliá-los.

Cristina acenou com a cabeça e continuou traduzindo.

Enquanto isso, comecei a folhear os extratos da conta de novo, procurando mais pistas. Ainda sentia que faltava alguma coisa, algo escondido debaixo dos nossos narizes, que explicaria melhor como Fernando conseguiu perder quase todo o seu investimento durante um período de sessenta dias de condições de mercado relativamente estáveis.

É claro que a explicação mais óbvia era a que eu já tinha pensado: Fernando era um investidor novato cujo sucesso inicial tinha soprado as chamas da sua ganância – e, ao brilho delas, seu processo de tomada de decisões, normalmente sólido, parecia obsoleto e ultrapassado em comparação com as enormes somas de dinheiro que poderiam ser obtidas com uma mentalidade de negociação mais agressiva.

Mas havia algo mais? Talvez uma arma do crime?

Naquele momento, Cristina olhou para mim e disse: "Eles entendem tudo e querem começar de novo, do jeito *certo*. Eles querem saber o que você acha que eles devem comprar. Devem investir em ações? Ou em criptomoedas?". Em seguida, pensando melhor, ela acrescentou: "E quais? Gordita quer recomendações específicas".

"Bem, para responder à primeira pergunta, na idade deles, com certeza deveriam investir a maior parte do dinheiro no mercado de ações, porque é onde, no longo prazo, as pessoas historicamente conseguem os melhores retornos de forma consistente, e também há um *hack* incrível para fazer isso de um jeito quase infalível. Mas como vocês perderam a maior parte do seu dinheiro em criptomoedas, vamos começar por aí, pois acho que isso os ajudará a entender o que deu errado."

Voltei a falar com a minha tradutora. "Então, no mundo das criptomoedas, há basicamente duas maneiras de novos investidores, como eles, que estão só começando, ganharem muito dinheiro sem correr grandes riscos. A primeira maneira é simplesmente comprar Bitcoin e mantê-lo, e quando digo 'mantê-lo', quero dizer *realmente* mantê-lo, independentemente de o preço subir ou descer no curto prazo. Eles precisam ignorar completamente tudo isso, porque não passa de ruído de fundo, ok? Quero que eles comprem e mantenham por pelo menos cinco anos;

esse é o mínimo absoluto; sete anos é ainda melhor; e dez anos é melhor do que tudo. Se eles simplesmente fizerem isso – se seguirem esse conselho simples –, terão uma chance de ganhar dinheiro com criptomoedas, especialmente quando chegarem à marca dos cinco a sete anos, momento em que terão uma chance muito boa de ganhar dinheiro, embora a palavra-chave seja 'chance'. Definitivamente, *não* é algo garantido; não há garantias em *nenhum* mercado, e isso vale para ações e criptomoedas. No entanto, dito isso, quando se trata de criptos, acredito que comprar e manter o Bitcoin no longo prazo é definitivamente a melhor aposta." Fiz um gesto na direção do iPhone de Gordita. "Fale para a Gordita anotar isso."

"Beleza", respondeu Cristina, e ela continuou traduzindo.

"E fale também para ela não fazer negociações de curto prazo! Isso é definitivamente proibido. É só para comprar e manter."

Alguns segundos depois, Gordita pegou seu iPhone e começou a digitar com os dois polegares na velocidade de um coelho. Quando terminou de digitar, ela me deu um sorriso de agradecimento e disse: "*Gracias, Jordie. Continuar, por favor*".

"*No problema*", respondi e me virei para Cristina. "Agora, em termos de *quanto* Bitcoin eles deveriam comprar, vamos deixar essa discussão de lado até eu analisar as diferentes estratégias que quero mostrar a eles, especialmente uma em particular, para o mercado de ações, que, no final das contas, é onde a grande maioria do portfólio deles deveria estar. As criptomoedas, por outro lado, devem compor apenas 5% do portfólio total, no máximo. Eu desaconselho fortemente qualquer coisa além disso. De qualquer forma, eles podem decidir mais tarde quanto dinheiro devem investir e, em seguida, analisaremos a melhor maneira de dividir esses fundos em algumas classes de ativos diferentes para maximizar os retornos e minimizar os riscos. Mas, por enquanto, vamos nos ater a comprar e manter Bitcoin no longo prazo, e a principal conclusão aqui é que o motivo pelo qual estou relativamente confiante de que eles ganharão dinheiro com essa estratégia é o fato de ela ser de longo prazo. É aí que reside todo o poder. Agora, por outro lado, se você me perguntasse para onde eu acho que o Bitcoin está indo nas próximas semanas ou nos próximos doze meses, eu estaria mentindo se dissesse que sei. Eu não sei.

Ninguém sabe, pelo menos não com qualquer grau de certeza, e qualquer pessoa que lhe disser o contrário está mentindo. Mas, no longo prazo – e friso, no longuíssimo prazo –, acredito que o Bitcoin vá subir. E há uma razão para isso. Veja bem, no curto prazo, existem várias ocorrências aleatórias que podem afetar o preço do Bitcoin e, para ser sincero, não tenho como prever nenhuma delas. Estou falando de coisas como Elon Musk acordar de mau humor, odiando o Bitcoin, ou o presidente Xi, da China, decidir suspender o comércio de Bitcoin porque ele não se adéqua mais à sua agenda política, ou um bando de tubarões se desfazendo dos seus Bitcoins para fazer o preço cair e os comprar de volta alguns dias depois para ganhar uma bolada, ou o Federal Reserve aumentar as taxas de juros ou arrochar a oferta de dinheiro para tentar combater a inflação, que a propósito já começou a aumentar. Quer dizer, sei que vocês estão acostumados com uma inflação de dois dígitos na Argentina, mas nos Estados Unidos não existe absolutamente nenhuma possibilidade de o Federal Reserve permitir que isso fique assim. Eles terão que fazer algo para controlá-la, e isso não será bom para o Bitcoin ou para o mercado de ações, pelo menos não no curto prazo. De qualquer forma, o que quero dizer é que, embora esses tipos de eventos aleatórios possam ter um impacto enorme sobre o Bitcoin no curto prazo, eles não têm praticamente nenhum impacto sobre o preço do Bitcoin no longo prazo e, como não tenho como prever nenhum desses eventos de curto prazo, isso torna a negociação do Bitcoin no curto prazo uma aposta totalmente arriscada. Por outro lado, porém, investir em Bitcoin no longo prazo é uma história totalmente diferente, porque agora os fundamentos entram em jogo. Você pode examinar todos os aspectos que tornam o Bitcoin potencialmente valioso – como sua escassez, os problemas que ele resolve e a rapidez com que novas pessoas estão começando a usá-lo – e, em seguida, tomar uma decisão embasada sobre quanto você acha que ele vale de verdade em comparação com seu preço de mercado atual. Então, pergunte-se se ele está subvalorizado ou supervalorizado; se você acha que está subvalorizado, vai querer comprá-lo – certo? –, porque estará comprando por uma relativa pechincha. E, se achar que está supervalorizado, provavelmente vai querer correr para o outro lado, pois por que pagaria a mais por algo? (Vou me aprofundar no assunto "avaliação" nos próximos capítulos do livro, portanto, fique atento). Talvez eu esteja louco, mas, para mim, essa parece ser uma maneira muito mais inteligente de investir seu suado dinheirinho do que tentar prever os movimentos do mercado no curto prazo e ter de lidar com o humor do Elon Musk ou com o que o presidente Xi comeu no café da manhã. Entendeu? A primeira maneira é investir; a segunda maneira é especular ou apostar. Portanto, com isso em mente, se eu perguntasse para o Fernando por que ele acha que eu tenho Bitcoin neste momento, ele deveria ser capaz de me dar facilmente a resposta, que é: eu acho que ele está subvalorizado em comparação com seu preço atual e, portanto, destinado a subir mais no longo prazo. E se você perguntasse a Gordita quando ela acha que vou vender meu Bitcoin, ela deveria ser capaz de dar a resposta com a mesma rapidez, ou seja: não vou vender tão cedo. Sou um detentor de longo prazo, por pelo menos cinco anos, e provavelmente mais do que isso. Agora, o Bitcoin pode cair substancialmente nos próximos doze meses? Com certeza. De fato, se o histórico dele for uma indicação de futuro, em algum momento ele provavelmente cairá. O Bitcoin passa por quedas acentuadas durante os chamados 'invernos' do Bitcoin ou das criptomoedas. Mas não me preocupo nada com isso. Para mim, tudo não passa de ruído. Comprei o Bitcoin para mantê-lo no longuíssimo prazo e estou me atendo a essa estratégia. Tudo isso faz sentido para você?", perguntei a Cristina. "Consegue explicar para eles?"

"Com certeza! Faz todo o sentido."

E, sem mais delongas, Cristina foi em frente, de forma rápida, elegante e com uma facilidade notável, considerando que apenas dois anos antes ela não falava uma palavra em inglês, traduzindo meu primeiro conselho de investimento para Fernando e Gordita. Era um conselho sólido, lógico e que seguia princípios de investimento comprovados, ao contrário da rota camicase em que eles estavam.

Mas aquilo era só o começo.

Até aquele momento, só tínhamos falado sobre uma estratégia básica para investir em Bitcoin; nem tínhamos tocado no mercado de ações ainda, que era onde deveria estar a maior parte do portfólio de investimentos deles. Para conseguir isso, eu tinha uma estratégia em particular que era tão poderosa e tão fácil de aprender que, com *só uma* passada rápida, Fernando e Gordita teriam todas as informações de que precisavam para superar de forma consistente 99% dos administradores financeiros de melhor desempenho do mundo.

Aquilo iria revolucionar a vida deles.

Assim, ao longo daquela noite, eu forneceria a Fernando e Gordita uma fórmula passo a passo para criar um portfólio de investimentos de primeira classe que iria maximizar os retornos, minimizar os riscos e proteger as economias deles do monstro de duas cabeças da Argentina: a inflação galopante e as desvalorizações desenfreadas da moeda.

Eu falaria de tudo, desde como identificar rapidamente as melhores ações na Bolsa de Valores de Nova York e na altamente tecnológica NASDAQ até como moldá-las tranquilamente em um portfólio de primeira classe que se atualizaria automaticamente quando uma empresa fosse mal.

Era uma perspectiva privilegiada, diferente de tudo o que eles já tinham visto, ouvido ou lido antes. Resumindo, não só mostrei a eles como os profissionais de Wall Street fazem as coisas, mas também como evitar facilmente as enormes comissões, as pesadas taxas de administração e os bônus de desempenho obscenamente altos que os investidores que desconhecem a cartilha secreta de Wall Street são levados a pagar e que acabam canibalizando seus retornos e, em última análise, roubando-lhes a riqueza.

De fato, à medida que a noite avançava, comecei a me sentir como um mágico aposentado que estava quebrando a mais importante de todas as regras do meu antigo setor: nunca revelar os segredos dos nossos truques mais valiosos. Mas era exatamente isso que eu estava fazendo.

Eu estava descortinando todo o setor de serviços financeiros e expondo o segredo do seu maior truque de mágica: como eles usam o poder da má orientação para encobrir a verdade feia, porém inegável, de que as estratégias de investimento mais eficazes são tão fáceis de aprender e tão simples de implementar que a presença de Wall Street e, por consequência, a presença de suas taxas, comissões e bônus de desempenho absurdos é simplesmente desnecessária.

Tudo o que você precisa é de uma versão decodificada da cartilha secreta deles.

O QUE EU OFEREÇO A VOCÊ nas próximas páginas é exatamente isso.

Uma versão decodificada da cartilha secreta que Wall Street tem mantido longe do alcance dos investidores na Main Street nos últimos sessenta anos.[3] É uma cartilha que conheço quase desde o início da minha vida adulta e que usei muito mal em meus primeiros anos em Wall Street. Na época, eu a utilizei para ganhar grandes somas de dinheiro para mim mesmo, enquanto separava outras pessoas das suas, algo de que não me orgulho e que passei muitos anos compensando. Atualmente, tenho ajudado dezenas de milhões de pessoas de todo o mundo a ter uma vida mais feliz, mais rica e mais financeiramente empoderada, ensinando-lhes a arte das vendas e da persuasão e como ser empreendedores mais eficazes.

Mas este livro leva as coisas a um nível completamente novo.

Veja bem, ele não apenas serve como uma solução prontinha para construir seu próprio reino financeiro, mas também estou lhe entregando as chaves em uma bandeja de prata. Estou me referindo ao fato de que levei mais de três anos para escrever um livro cujas estratégias conheço tão bem e de forma tão inata que deveria tê-lo terminado em uma semana. O único problema é que o assunto em questão tende a fazer as pessoas dormirem, então tive que desviar de todo o tédio e a monotonia inerentes escrevendo-o de uma forma que fizesse você virar as páginas até o fim. Caso contrário, sei que estaria lhe prestando um grande desserviço.

Assim teve início o meticuloso processo de decodificar a cartilha secreta de Wall Street de uma forma que fosse divertida de ler, fácil de acompanhar, ainda mais fácil de implementar e que, *de vez em quando*, fizesse você rir alto e dizer a si mesmo: "Não acredito que ele acabou de dizer isso!".

Para aqueles que são investidores amadores, ou que estão pensando em começar, este livro será um divisor de águas. Ele demonstrará como aplicar seu suado dinheirinho de forma segura, protegida e altamente deliberada, o que lhe permitirá construir com rapidez um portfólio de

---

3. Usado em contraposição a Wall Street, símbolo das grandes corporações econômicas e financeiras, o termo "Main Street" denota investidores amadores e pequenos negócios. [N.T.]

ações de primeira classe que superará consistentemente 99% dos gestores de fundos mútuos e de *hedge* com o melhor desempenho do mundo.

E para aqueles que são investidores experientes e com um sólido histórico de sucesso comprovado, este livro ainda será igualmente valioso. Ele não apenas mostrará com precisão por que suas estratégias de investimento atuais são bem-sucedidas, mas também servirá como um poderoso lembrete para manter o curso e não se deixar seduzir pela última dica sobre ações que você escutou de um velho amigo, ou de um fanfarrão na CNBC, ou de um colega de trabalho sem noção no bebedouro do escritório, ou de um dos milhares de charlatões egocêntricos no TikTok ou no Instagram.

Além disso, apesar de seu sucesso anterior no mercado, dependendo de quem o aconselha, há uma boa chance de que uma parte significativa de seus retornos anuais esteja sendo desnecessariamente canibalizada por taxas, comissões e bônus de desempenho anuais. Este livro lhe mostrará como eliminar a grande maioria deles, garantindo que seus retornos anuais cheguem ao *seu* bolso, e não ao de Wall Street.

Por fim, se você for uma daquelas pessoas ultraconservadoras que não investem no mercado (talvez porque despreze Wall Street e os safados gananciosos que trabalham lá), este livro ainda será muito valioso para você. Para começar, ele foi planejado especificamente para ensiná-lo a vencer Wall Street em seu próprio jogo, extraindo sua parte justa do valor que eles *de fato* criam, sem permitir que, no fim, eles lhe roubem a maior parte desse valor.

Veja, Wall Street realmente atende a um interesse vital e necessário para o funcionamento adequado da economia mundial, criando um enorme valor no processo. O único problema é que eles discretamente também colocaram um monstro gigante e sanguessuga no topo de todo o sistema financeiro global – extraindo taxas e comissões em excesso e criando um caos financeiro geral.

O termo que criei para descrever esse sanguessuga gigantesco é "Complexo de Máquinas de Taxas de Wall Street", e vou me aprofundar nesse assunto com muito mais detalhes nos próximos capítulos, mostrando a você uma maneira simples e altamente eficaz de contorná-lo com segurança.

Mas, por ora, a única conclusão crucial aqui é que não importa onde você mora, quantos anos tem, quanto dinheiro ganha, o que faz para viver ou quanto dinheiro tem no banco ou escondido debaixo do colchão. Uma das partes mais importantes de ter uma vida que o empodere financeiramente é pegar o dinheiro que você economizou por meio de uma combinação de trabalho árduo e parcimônia e colocá-lo para trabalhar com segurança de uma forma que, no mínimo, o proteja dos efeitos da inflação e da desvalorização da moeda, permitindo, ao mesmo tempo, que ele cresça cuidadosamente.

Este livro o colocará no caminho para construir o tipo de portfólio bem equilibrado que lhe permitirá se aposentar um dia com orgulho e dignidade, e com a liberdade financeira para fazer o que quiser, quando quiser, com quem quiser, o quanto quiser.

Isso é o que eu desejo para você, de verdade.

CAPÍTULO 2
SHAKESPEARE, COM UM TOQUE ESPECIAL

MAIS TARDE NAQUELA NOITE, Fernando me fez uma pergunta muito profunda, embora na época ele não tivesse como saber. Para ele, era só mais uma em uma longa linha de perguntas em busca de dicas – concentrando-se quase que exclusivamente no que ele e Gordita deveriam fazer no futuro, sem dar nenhuma atenção aos erros do passado. E, embora sua motivação para fazer isso fosse muito clara para mim – é da natureza humana tentar evitar a dor e se concentrar no prazer –, eu tinha certeza de que essa estratégia não o beneficiava.

Afinal de contas, quando se tratava de dar conselhos sobre investimentos, eu não era nenhum novato.

Pessoas me procuram para pedir dicas sobre ações há trinta anos, e o que aprendi da maneira mais difícil, por tentativa e erro, foi que dar dicas sobre ações sem *também* explicar os porquês era um enorme exercício de futilidade.

Para fazer uma mudança real, ou seja, uma mudança *duradoura*, é necessário um entendimento mais profundo. Em outras palavras, as pessoas precisam saber *por que* um investimento faz sentido e também precisam saber por que não faz. Caso contrário, elas voltarão a cair nos mesmos padrões destrutivos – seja esse padrão negociações agressivas de curto prazo, jogar dinheiro bom em cima de dinheiro ruim ou seguir os conselhos de um charlatão egocêntrico – e acabarão como Fernando: o proprietário desmoralizado de um portfólio de investimentos esfolado, composto só de investimentos ruins, nenhum bom, e precisando arcar com os impostos no final do ano.

Não só esse era o resultado *exato* que tornava a pergunta de Fernando tão pungente, mas *também* ia direto ao coração de um dos erros mais comuns e devastadores que investidores amadores cometem: permitir que o preço que pagaram inicialmente por um ativo influencie sua decisão de vendê-lo.

Por exemplo, no caso de Fernando, embora a grande maioria de seu investimento inicial de 100 mil dólares já tivesse virado pó, ele ainda tinha algumas posições restantes. Especificamente, havia pouco menos de 3 mil dólares em valor, divididos entre três ações de merda, quatro *shitcoins* realmente de merda[4] e dois NFTs *quase sem valor*, cuja última arte eu considerava *tão* ofensivamente ruim que tive de resistir ao impulso de perguntar para o Fernando se ele estava em estado de insanidade temporária quando comprou essas duas obras-primas; para mim, parecia que um macaco e um computador tinham colaborado estreitamente para criar uma coleção de dez mil peças de vômito digital. Eu as achei excepcionalmente repulsivas, mesmo para NFTs.[5]

Agora, se você está se perguntando por que alguém tão inteligente, bem formado e experiente como o Fernando decidiria comprar uma porcaria tão óbvia, a resposta curta é a seguinte: posso garantir que, no momento em que ele fez cada um de seus investimentos – desde suas compras iniciais de ações da Tesla até suas aventuras em criptomoedas e tudo o mais –, quer ele tenha feito o investimento porque um amigo recomendou uma ação, por causa de algo que leu *on-line* ou por instinto próprio, no exato momento em que fez cada compra, ele pensou que o valor estava subindo.

Seja qual for o caso, havia um total de *nove* posições restantes no portfólio de Fernando, e elas tinham um valor de mercado combinado de pouco menos de 3 mil dólares.

---

4. *"Shitcoin"* é uma gíria para criptomoedas que têm pouco ou nenhum valor, e nenhum uso legítimo.
5. "NFT", ou *"non-fungible token"* [token não fungível], é um ativo digital que representa a posse de um certo item único. Neste momento, os NFTs são majoritariamente usados para representar a posse de obras de arte digitais, mas também podem ser usados para representar qualquer ativo físico, como itens colecionáveis ou bens imóveis.

O custo original dessas nove pérolas?

Aproximadamente 49 mil dólares.

A pior das nove?

Mil ações que ele comprara por 18 dólares cada e que agora estavam sendo negociadas a 35 centavos de dólar.

A melhor das nove?

Dez mil tokens de uma *shitcoin* que ele comprou por 1 dólar e que agora estavam sendo negociados a 40 centavos.

E os sete restantes?

Em algum lugar no meio, nenhuma delas sendo negociada perto do preço que ele pagou.

Então, lá estavam eles, Fernando e Gordita, diante de uma decisão: *vender ou não vender, essa era a questão!*

O único problema é que eles não estavam de acordo.

"Então...", disse nossa tradutora, usando um tom pacificador. "O que você acha que eles devem fazer? Fernando não quer vender nada porque todos os preços estão tão baixos. Ele acha que deveriam manter por enquanto e esperar que as coisas se recuperem. Ele disse que está só no, hã... é..."

"*No papel*", sugeriu Fernando, terminando a frase.

"Exatamente!", concordou Cristina. "Era isso que eu ia dizer. Neste momento, a perda é só no papel. Depois que eles venderem, não há mais nada a fazer. Eles não conseguirão recuperar o dinheiro." Com isso, encolheu os ombros, como se ela mesma não acreditasse muito nessas últimas palavras. Em seguida, mudou para um tom mais otimista e acrescentou: "Mas *Gordita* acha" – Gordita virou a cabeça, estreitou os olhos e me lançou um olhar; as palavras não ditas eram: "É melhor você concordar comigo, se sabe o que é bom para você!" – "que eles deveriam vender tudo e começar de novo, do zero. Como se diz, ela quer... hã ... 'passar a régua'. É isso que a Gordita quer fazer. O que *você* acha?".

Pensei na minha resposta por um momento.

Interessante, eu pensei, esse desejo irresistível que Gordita tinha de simplesmente vender tudo, *apesar* do preço, para que pudessem deixar esse pesadelo para trás e começar tudo de novo. Era um desejo que eu conhecia muito bem, o de querer desesperadamente encerrar uma experiência dolorosa... livrar-se de toda a negatividade e pessimismo associados a ela. Era um desejo que eu mesmo experimentara há muitos anos, nos dias sombrios, durante os primeiros anos depois de ter sido preso. Era uma sensação *sufocante*... como morrer em câmera lenta... minha vida sendo lenta e dolorosamente tirada de mim... os símbolos da riqueza... perdendo-os um a um. Era o equivalente a morrer por uma vagarosa tortura.

Lembro-me de pensar que eu estaria muito melhor se eles simplesmente acabassem com tudo... se me tirassem tudo o que eu possuía, *de uma só vez*, e me deixassem ir para a cadeia e cumprir minha pena. Eu sentia como se, até que o último vestígio da experiência negativa tivesse sido completamente removido – os carros, as casas, os barcos, as roupas, o dinheiro, as esposas, os relógios, as joias e, no caso de Fernando e Gordita, as ações de merda, as *shitcoins* de merda, as NFTs repugnantes, as próprias contas de corretagem e os portfólios de criptomoedas –, havia simplesmente lembranças demais para que eu conseguisse respirar fundo pela primeira vez, endireitar os ombros, colocar um pé na frente do outro e recomeçar a vida. Portanto, nesse sentido, Gordita tinha um excelente argumento.

Por outro lado, eu também entendia Fernando. Na opinião dele, uma abordagem mais pragmática e lógica atenderia muito melhor aos interesses de longo prazo dos dois do que sucumbir à necessidade emocional de encerramento. Afinal de contas, todos os preços estavam tão baixos que não havia motivo para vender. Não era como se recuperar os 3 mil fosse amenizar o golpe. Simplesmente não era dinheiro suficiente para afetar suas finanças, de uma forma ou de outra. Então, por que vender?, ele pensava. Por que pegar uma perda no papel e transformá-la em uma perda *real*, eliminando qualquer chance de que eles tivessem de recuperar o dinheiro?

Então, aí está a pergunta profunda que na superfície parecia simples: quando é o momento certo para vender, e em que você baseia sua decisão?

Em quanto você está ganhando? Em quanto você está perdendo? No preço original que você pagou?

Como eu disse antes, essa pergunta aparentemente inócua vai direto ao cerne de um dos erros mais comuns e devastadores que os investidores amadores cometem.

Vou lhe dar um exemplo.

Digamos que você tenha comprado mil ações a 40 dólares cada e que, alguns meses depois, o valor caiu para 10 dólares por ação. Quanto dinheiro você perdeu?

A resposta óbvia é 30 mil dólares, certo?

Vamos fazer as contas: você comprou originalmente mil ações, e cada uma delas vale agora 30 dólares a menos do que quando você as comprou. Portanto, para descobrir o que você perdeu, basta multiplicar o número de ações que comprou – mil – pelo valor que perdeu em cada ação – 30 dólares por ação – e chegará a uma perda total de 30 mil dólares. A matemática é irrefutável, certo?

Talvez, mas será que esse número faz *mesmo* sentido? Você *perdeu mesmo* 30 mil dólares?

Sim, é claro que o valor da sua conta caiu 30 mil dólares – isso não tem como negar –, mas, como pensou Fernando, já que você ainda não vendeu suas ações e *encerrou* de fato sua posição, será que você já perdeu *mesmo* seu dinheiro? Quer dizer, na realidade, a coisa não está só "no papel", como diz o jargão? Pense nisso por um momento, como fez o Fernando.

Até que você venda de fato as ações, há sempre uma chance de que o preço se recupere e que você consiga de volta pelo menos *parte* do seu dinheiro, certo? Na verdade, o que é ainda melhor, se você estiver disposto a ser paciente de verdade, pode esperar que as ações voltem a subir até o ponto em que você as comprou originalmente e encerrar sua posição nesse momento. Nesse caso, você acabaria empatado e não haveria perda alguma.

Soa convincente, não?

Pois então vamos dar um passo adiante: quero que você imagine ter um portfólio de ações no qual vem aplicando essa estratégia nos últimos dois anos.

Em outras palavras, quando uma ação estava em baixa, você simplesmente não a vendia.

Em vez disso, você seguiu a cartilha do Fernando e manteve a posição, permanecendo extremamente paciente e esperando a ação voltar a subir.

Em contrapartida, porém, quando uma ação estava *em alta*, você *de fato* a vendia.

Em outras palavras, mais uma vez, você seguiu a cartilha do Fernando (durante as duas primeiras semanas de negociação, quando ele parecia imune às perdas) e vendeu as posições, teve lucro e continuou com as suas negociações.

É claro que você tem de pagar alguns impostos sobre todo esse lucro, mas você não vai reclamar disso, certo? Afinal, como Ben Franklin costumava dizer, "há apenas duas certezas neste mundo, a morte e os impostos", e, quando você combina esse fato com *outro* ditado popular, um que é adorado pelos corretores de ações – "você nunca irá à falência tendo lucro!" –, essa estratégia parece ser uma vitória segura e uma receita de sucesso de longo prazo.

Ou não?

Vamos pensar um pouco a respeito.

Será que faz mesmo sentido uma estratégia de negociação em que você vende todas as suas ações vencedoras para garantir os lucros, mantendo as perdedoras para evitar a realização das perdas?

Bem, para responder a essa pergunta além de qualquer dúvida, vamos dar uma olhada em nosso portfólio de dois anos e ver como a estratégia se saiu.

Que tipos de ações estão lá dentro? Qual é a composição de todo esse portfólio?

A resposta é: *só* as perdedoras. Cada uma delas. Assim como o portfólio do Fernando. É uma certeza matemática.

A estratégia tem duas grandes falhas, ambas fatais:

1. Ela é construída sobre uma base de autoilusão.
2. Ela não aborda o fator mais importante de todos quando se trata de quando decidir se faz sentido vender: se você está ganhando ou perdendo.

Em que autoilusão ela se baseia?

Para ser franco, você parece um avestruz enfiando a cabeça na areia, convencido de que, desde que não olhe para cima e avalie a situação, não há possibilidade de perigo. Ou, em termos de mercado de ações, enquanto não vender uma ação que caiu, você não está realmente perdendo.

Bem, deixe-me dar a você uma pequena notícia aqui, de uma forma que sei que você se lembrará: *Você. Está. Em. Uma. Puta. Perda!*

Só porque você não vendeu uma ação e encerrou a posição não significa que seu dinheiro não foi perdido. Na verdade, ele *foi* perdido; *foi embora*; a porra da festa acabou.

Se você tem alguma dúvida sobre isso, uma rápida olhada no setor de fundos mútuos deve acabar com ela de uma vez. Veja bem, entre os literalmente *milhares* de produtos financeiros que Wall Street comercializa para investidores individuais, os fundos mútuos são os mais regulamentados, especialmente no que diz respeito à contabilidade, em que um método padronizado de contabilidade chamado "marcação a mercado" é uma exigência legal para todos os fundos.

Vejamos como o método funciona.

No fechamento de cada dia de negociação, um fundo mútuo examina cada ação de seu portfólio, uma a uma, pega seu preço de mercado *atual* – a marcação a mercado – e o multiplica pelo número total de ações que o fundo possui dessa ação no momento para chegar ao valor atual de cada ação em seu portfólio com base no mercado daquele dia.

Então, uma vez que esse processo tenha sido concluído em todo o portfólio do fundo, eles somam *todas* essas marcações, além de qualquer dinheiro que tenham em mãos, e chegam ao total de seus ativos atuais.

Flutuação diária nos preços

Para determinar o valor de cada ação do *fundo*, eles subtraem o total de passivos do fundo (empréstimos de margem, comissões, taxas de negociação, salários, despesas de marketing etc.) do total de ativos do fundo e, em seguida, dividem esse número pelo número total de ações em circulação do fundo e – *voilà!* – chegam ao "valor líquido do ativo", ou NAV [*net asset value*], que representa o valor de cada ação do fundo no fechamento daquele dia de negociação específico.

Total de ativos atuais do fundo =
Dinheiro + $\sum (P_{mercado}$ * número de ações mantidas)

Valor líquido do ativo (NAV) =
(Total de ativos do fundo - Total de passivos do fundo) / Ações em circulação

E aí, o que quero dizer com tudo isso?

Bem, para simplificar, nem a SEC [Securities and Exchange Commission, ou Comissão de Valores Mobiliários dos Estados Unidos], por mais inepta que seja, permite que os fundos mútuos usem o preço que pagaram originalmente por uma ação para calcular seu NAV.

Por quê?

Porque isso seria claramente ridículo.

E *absolutamente* enganoso.

O resultado final é o seguinte.

Sem a marcação de *cada* ação em seu portfólio pelo preço de mercado atual, um investidor não tem como saber se está entrando em um fundo que consiste em 100% de ações ruins que simplesmente ainda não foram vendidas.

Obviamente, a mesma coisa vale para o seu próprio portfólio de ações. O fato de você não ter vendido uma ação que caiu não significa que você não tenha perdido o dinheiro.

Você *perdeu*. O dinheiro se foi.

Se ele se foi para sempre é uma história totalmente diferente, o que nos leva à segunda falha fatal caso não se marque as ações a mercado diariamente: deixar de abordar o fator mais importante de todos quando se trata de decidir se faz sentido vender – ou seja, o porquê.

Em outras palavras, por que a ação caiu? Quais foram os motivos por trás disso? E, por outro lado, por que as ações subiram? Quais foram os motivos por trás *disso*?

Por exemplo, digamos que uma ação que você comprou a 40 dólares esteja sendo negociada agora a 70 dólares e você quer saber se faz sentido vendê-la.

Esta é a primeira pergunta que faço a você: por que você comprou a ação a 40 dólares? Qual foi o motivo disso, para começo de conversa?

E sua resposta para mim, a menos que não goste de ganhar dinheiro, seria que você achava que as ações estavam subindo, certo? E por que outra razão você as compraria? Não porque você achava que elas estavam caindo; isso seria ridículo.

Portanto, por mais óbvio que possa parecer, esta é a nossa primeira conclusão importante: a razão pela qual os investidores compram uma ação, ou qualquer outro ativo, é porque eles acham que ela vai subir ainda mais – o que agora me leva à *próxima* pergunta óbvia: *por que* você achava que as ações estavam subindo? Qual foi a verdadeira razão por trás disso?

Veja, ao contrário da crença popular, as ações não sobem e descem em um passe de mágica, por vodu ou qualquer outra força mística; há um conjunto finito de razões.

Portanto, vamos examiná-las agora mesmo, começando pela razão mais óbvia: as ações sobem e descem com base na lei da oferta e da demanda.

Por exemplo, se a demanda por uma ação exceder sua oferta – ou seja, se houver atualmente mais compradores do que vendedores –, de modo geral, o preço das ações sobe.

Por outro lado, se a oferta de uma ação exceder sua demanda – ou seja, se houver mais vendedores do que compradores –, de modo geral, o preço da ação cai.

Isso faz todo o sentido, certo?

De fato, você provavelmente já ouviu essa explicação antes.

O único problema é que ela é simples demais para ter algum significado.

Por quê?

Porque, no final das contas, a oferta e a demanda não são razões em si mesmas; elas são o resultado de razões que vieram antes delas.

Então, dizer simplesmente que uma ação subiu porque a *demanda* por ela aumentou não oferece nenhum *insight* sobre o que de fato aconteceu. Para chegar a esse *insight*, você precisa ir mais fundo, *voltando* um passo no processo para enxergar o que, para começo de conversa, causou o aumento da demanda. Quando souber isso, você poderá começar a tomar algumas decisões de investimento bem informadas.

Por exemplo, com a ação que você comprou a 40 dólares e que agora está sendo negociada a 70 dólares, você quer saber o que fazer. Você deve vender a ação e lucrar ou deve *manter* a ação e esperar que ela suba ainda mais?

Mais uma vez, voltamos a Shakespeare e seu antigo dilema: *vender ou não vender, eis a questão!*

Para aconselhá-lo adequadamente sobre vender ou não, a primeira coisa que eu gostaria de saber é qual foi o motivo que o levou a comprar a ação. Qual era o preço-alvo que você tinha em mente? E, o mais importante de tudo, o que aconteceu que *causou* a alta? Ou, em outras palavras, qual foi a fonte do aumento da demanda? Quais foram as razões por trás disso?

Ao todo, há quatro motivos pelos quais a demanda por uma ação aumentará.

Primeiro, os investidores acham que a empresa está subvalorizada.

Quando se acredita que as ações de uma empresa estão subvalorizadas, isso motiva os investidores a entrar no mercado e comprar ações pelo que eles *consideram* uma barganha. Na linguagem de Wall Street, nos referimos a esse grupo de pessoas como *investidores em valor*, sendo que o membro mais famoso desse grupo é Warren Buffett, o famoso Oráculo de Omaha.

Buffett usa essa estratégia desde meados da década de 1960 e é hoje um dos investidores mais ricos e bem-sucedidos da história, com um patrimônio líquido pessoal acumulado de mais de 200 bilhões de dólares e ganhando centenas de bilhões a mais para investidores que compraram ações de sua empresa de investimentos de capital aberto, a Berkshire Hathaway.

Para se ter uma ideia do sucesso de Warren Buffett, se você, seus pais ou até mesmo seus *avós* (sim, Warren Buffett é tão velho quanto andar para a frente, mas ainda está afiadíssimo) tivessem tido a visão de investir 10 mil dólares na Berkshire Hathaway quando Buffett assumiu o controle pela primeira vez, em 1964, esse investimento valeria agora 410 milhões de dólares.

Evidentemente, um retorno insano.

Entretanto, a teoria por trás do investimento em valor é, na verdade, bastante simples. Os investidores em valor tomam suas decisões de investimento medindo o valor intrínseco de uma empresa – suas vendas, lucros, ativos, passivos, balanço patrimonial etc. – em comparação com o preço atual das ações da empresa. Se em dado momento as ações estiverem sendo negociadas *abaixo* do valor intrínseco da empresa, os investidores em valor considerariam que a empresa está *subvalorizada* e entrariam no mercado comprando ações. Se a ação estiver sendo negociada acima do valor intrínseco da empresa, os investidores em valor considerariam que a empresa está *supervalorizada* e *não* entrariam no mercado para comprar a ação.

Isso faz sentido, certo?

A pergunta de 1 milhão de dólares é: como você calcula o valor intrínseco de uma empresa?

A resposta é que há duas maneiras muito diferentes.

A maneira difícil e a maneira fácil.

Vamos começar com a maneira fácil primeiro, porque ela é tão ridiculamente fácil que, depois que eu terminar de explicá-la, você provavelmente não terá interesse na maneira difícil.

Portanto, com isso em mente, a maneira fácil consiste em: procurar.

Sim, é fácil assim determinar o valor intrínseco de uma empresa.

Tudo o que você precisa fazer é usar a pesquisa financeira de uma das principais casas de análise de Wall Street. São fáceis de achar, e cada uma delas emprega um pequeno exército de analistas financeiros especializados em vasculhar os balanços patrimoniais, modelos de fluxo de caixa, comunicados à imprensa e relatórios de lucros para chegar a uma estimativa altamente precisa do valor intrínseco de uma empresa.

Usando um método conhecido como análise de fluxo de caixa descontado (ou DCF, sigla de *discounted cash flow*), os analistas estimam o valor intrínseco de uma ação levando em conta vários fatores diferentes, inclusive a situação financeira atual da empresa, suas perspectivas de crescimento futuro, seu perfil de risco atual e de médio prazo e o valor do dinheiro no tempo, uma vez que os lucros do crescimento futuro projetado precisam ser "descontados" de volta ao seu valor atual.

Em termos de qual empresa de pesquisa você deve escolher, há literalmente dezenas delas prestando esse serviço, mas a seguir estão quatro líderes do setor que são particularmente respeitadas:

- **Value Line (www.valueline.com)**: desde 1931, a Value Line fornece cobertura e análise aprofundadas sobre uma ampla gama de ações, títulos, opções e fundos mútuos, incluindo demonstrativos financeiros, previsões de ganhos e receitas, estimativas de valor intrínseco e análise técnica. Atualmente, oferece cobertura para mais de 1,7 mil empresas de capital aberto.
- **Moody's (www.moodys.com)**: fundada em 1909, a Moody's se transformou em uma das maiores e mais respeitadas agências de classificação de crédito do mundo. Usando um sistema de classificação baseado em letras, com "AAA", reservada para as entidades mais dignas de crédito, e "C", reservada para as maiores porcarias, suas classificações de crédito são usadas por investidores, instituições financeiras e corporações em todo o mundo.
- **CFRA (www.cfraresearch.com)**: anteriormente conhecida como S&P Global Market Intelligence, a CFRA é uma empresa de pesquisa independente que fornece pesquisa financeira e dados sobre uma ampla gama de produtos, incluindo ações, títulos e outros instrumentos financeiros. Conhecida por sua pesquisa proprietária, a CFRA se orgulha de sua capacidade de identificar ações subvalorizadas e as oportunidades de investimento mais atraentes.
- **Morningstar (morningstar.com)**: fundada em 1984, a Morningstar é uma empresa independente de pesquisa de investimentos que

fornece dados financeiros e análises sobre uma ampla gama de produtos, incluindo ações, títulos, fundos mútuos e fundos negociados em bolsa (ETF, sigla de *exchange-traded funds*). Um dos principais recursos da Morningstar é seu sistema proprietário de classificação por estrelas, que classifica fundos mútuos e ETFs com base em seu desempenho e risco anteriores.

Cada uma dessas empresas de pesquisa oferece uma ampla variedade de assinaturas e portais *on-line*, incluindo acesso gratuito para questões básicas, como descobrir o valor intrínseco de uma ação, de modo que obter essas informações não custa nada. Como alternativa, você pode coletar essas mesmas informações por partes, vasculhando os relatórios de analistas dos maiores bancos e corretoras de Wall Street – Goldman Sachs, Morgan Stanley e JPMorgan Chase, só para citar alguns. Cada uma dessas empresas é bem conhecida por ter fortes recursos de pesquisa e por ser especializada em determinados tipos de setores. (Daí a necessidade de fazer isso de forma fragmentada.)

De qualquer forma, seja qual for a fonte que você escolher, depois de determinar o valor intrínseco de uma ação, o resto é fácil. Basta comparar o preço atual das ações da empresa com seu valor intrínseco atual e tomar sua decisão de investimento com base no valor.

Será mesmo?

É de fato tão fácil assim?

Vamos usar a Apple como exemplo.

Neste momento, usando o modelo de fluxo de caixa descontado mencionado anteriormente, o valor intrínseco da Apple é estimado em aproximadamente US$ 135,13 por ação, e o preço atual de suas ações é de US$ 141,86. E aí, o que isso significa?

Bem, aparentemente, parece que a Apple está ligeiramente supervalorizada no momento – exatamente 4,9%.

Muito interessante.

Sabe o que eu acho?

Besteira, com B maiúsculo!

Vamos lá, fala sério! Você acha mesmo que pode olhar para uma empresa com os recursos, o histórico e a experiência em gestão da Apple e usar seu valor intrínseco para tomar uma decisão de investimento inteligente quanto ao destino de suas ações nos próximos cinco anos?

Para mim, toda essa ideia parece totalmente ridícula, e vou lhe dizer exatamente o porquê.

Para começar, esse suposto valor intrínseco de US$ 135,13 é apenas a média dos vários valores intrínsecos que as principais empresas de pesquisa de Wall Street atribuíram à Apple com base em seus próprios modelos internos. Dependendo da fonte utilizada, as estimativas variam de US$ 235 por ação a US$ 99 por ação, o que significa que não há um consenso preciso sobre o valor intrínseco da Apple.

Por quê?

Simplesmente há muitas variáveis envolvidas e muitos vieses pessoais entre os analistas para se chegar a uma conclusão consistente. Consequentemente, seus resultados acabam sendo mais subjetivos do que objetivos, o que os torna insignificantes para um investidor em valor que deseja tomar uma decisão de investimento bem embasada.

O mesmo pode ser dito sobre os valores intrínsecos médios de muitas outras grandes empresas de capital aberto, especialmente aquelas que mantêm várias linhas de negócios e têm um cronograma agressivo de lançamentos de novos produtos, qualquer um deles com o potencial de impactar drasticamente os resultados da empresa. Só por esse motivo já é possível concluir que é extremamente difícil chegar a uma leitura precisa do valor intrínseco desse tipo de empresas, a ponto de ter certeza suficiente para usá-lo como base para tomar uma decisão de investimento bem informada.

No entanto, com empresas menos complexas, pode se dar exatamente o contrário.

Nos casos em que há um modelo de negócios simples e perspectivas de crescimento previsíveis, é muito mais fácil chegar a uma leitura precisa do valor intrínseco de uma empresa e de acordo com ele tomar uma decisão de investimento baseada em valor.

De qualquer forma, o mais importante a ser lembrado aqui é que, mesmo nas melhores circunstâncias, o processo de cálculo do valor intrínseco de uma empresa não é uma ciência exata. O chamado fator humano, na forma de vieses pessoais de um analista, suas noções preconcebidas sobre o desempenho futuro de uma empresa, sua confiança na equipe de gestão e o setor em que o analista atua, sempre estará pelo menos um pouco envolvido – transformando o número final em uma medida parcialmente subjetiva do valor de uma empresa, em vez de uma medida objetiva absoluta.

Por consequência, parece um total absurdo usar o suposto valor intrínseco da Apple como a única medida para determinar se ela está subvalorizada ou supervalorizada, sem considerar também, como se deve, o imenso valor dos intangíveis da Apple – sua comprovada equipe de gestão, sua vasta reserva de caixa e seu histórico de longo prazo de lançamentos de produtos de grande sucesso e, em seguida, o desenvolvimento de ecossistemas financeiros lucrativos em torno deles.

De qualquer forma, esta é a maneira mais fácil de calcular o valor intrínseco de uma empresa: simplesmente procurar.

Agora vamos passar para a maneira mais difícil, que, para ser franco, é difícil para cacete. Na verdade, é tão difícil que eu recomendo muito que você a evite por completo, a menos que tenha uma tendência sadomasoquista que lhe dê um prazer intenso em fazer cálculos matemáticos chatos e tediosos que acabarão por lhe dar exatamente a mesma resposta que você pode obter simplesmente pesquisando em um computador.

Mesmo assim, sinto-me compelido a apresentar um breve resumo do que essa putaria matemática envolve, concentrando-me nos principais termos e variáveis que os analistas de Wall Street usam em seus cálculos. Assim, se alguma vez você se pegar ouvindo um dos especialistas da CNBC falando sobre como uma determinada empresa está subvalorizada ou supervalorizada com base em seu valor intrínseco, você poderá entender com facilidade e também tomar a informação pelo que ela vale (provavelmente, não muito).

Portanto, com esse contexto em mente, direi que o cálculo do valor intrínseco de uma empresa envolve uma série complexa de cálculos matemáticos que abordam uma série de variáveis diferentes, incluindo o número atual de ações em circulação da empresa; o potencial de ganhos atuais e futuros e o fluxo de caixa (cujos números futuros precisam ser descontados para corrigir o fato de que o dinheiro ganho no futuro é menos valioso do que o dinheiro ganho hoje); e mais uma dezena de variáveis diferentes, cada uma das quais precisa ser devidamente ponderada com base no modelo patenteado de cada analista, e assim por diante.

Resumindo, é uma desgraceira total, e acho que você seria louco se tentasse entrar nessa quando o cálculo final está sendo entregue a você em uma bandeja de prata por uma dúzia de diferentes empresas de alta reputação, se é que isso existe em Wall Street. Mas, de qualquer forma, ainda existem alguns termos simples com os quais você precisa estar familiarizado para entender as bases sobre as quais o mercado opera e como se atribui valor a empresas de capital aberto.

No total, há quatro "termos" que você precisa conhecer.

1. **Número total de ações em circulação**

    Refere-se ao número total de ações de uma empresa que estão, em dado momento, na mão tanto de investidores quanto de *insiders* da empresa, sendo que o último grupo inclui os fundadores originais, investidores iniciais e a equipe de gestão atual. Cada uma das ações representa propriedade sobre a empresa e dá ao detentor o direito a uma parte dos lucros, além de direitos de voto em determinados assuntos.

    Para calcular o número total de ações em circulação, basta somar todas as ações de uma empresa que estão atualmente em poder de investidores individuais, investidores institucionais (como fundos mútuos e fundos de pensão) e da equipe de administração da empresa e, em seguida, subtrair as ações que estão em poder da própria empresa em função de um programa de recompra de ações.

    Por exemplo, se uma empresa tivesse emitido anteriormente 10 milhões de ações e 2 milhões dessas ações tivessem sido recompradas pela empresa (por meio de um programa de recompra de ações), o número total de ações em circulação seria agora de 8 milhões. Matemática simples.

    Além disso, o número total de ações em circulação também pode mudar como resultado de um desdobramento de ações. Nesse caso, a empresa aumenta o número total de ações em circulação emitindo ações adicionais para os acionistas existentes. Por exemplo, em um desdobramento de ações 2 por 1, cada acionista existente receberia uma ação adicional para cada ação que possui no momento, dobrando efetivamente o número de ações em circulação. Em seguida, para garantir que o valor total da empresa permaneça inalterado, o preço de mercado atual de cada ação será reduzido em 50%. A mecânica de um desdobramento de ações 2 por 1 é ilustrada a seguir:

Capitalização de mercado total

10 milhões de ações
US$ 10 por ação
Valor total da empresa = US$ 100 milhões

20 milhões de ações
US$ 5 por ação
Valor total da empresa = US$ 100 milhões

Observe como em ambos os casos – antes e depois do desdobramento – o valor total da empresa permanece inalterado, ou seja, o resultado de um desdobramento de ações é basicamente trocar seis por meia dúzia. A diferença é simplesmente cosmética, embora isso não signifique que não possa ter um impacto profundo na forma como uma ação é vista pelos investidores. Por exemplo, se o preço de uma ação subir muito, pequenos investidores começam a sentir que já ficaram para trás, ou que suas chances de ganhar uma porcentagem substancial em uma ação tão cara estão severamente limitadas. Consequentemente, é comum que as empresas anunciem um desdobramento de ações de 2 por 1, ou até mesmo de 3 por 1, para reduzir o preço das ações desses investidores a um nível que lhes pareça mais atraente.

Além disso, o mesmo processo pode ocorrer de forma inversa. Por exemplo, se o preço de uma ação cair muito, o conselho de administração de uma empresa pode autorizar um desdobramento reverso de ações, caso em que o número de ações em circulação é reduzido em uma determinada porcentagem e o preço das ações aumenta de acordo. Por exemplo, se uma empresa tiver 100 milhões de ações em circulação e o preço da ação for de 50 centavos, ela poderá anunciar um desdobramento reverso de ações de 1 para 10, o que teria o efeito de reduzir o número de ações para 10 milhões e aumentar o valor de cada ação para 5 dólares.

É claro que, no final, o valor da empresa permanece inalterado, já que o impacto do desdobramento de ações, tanto para a frente quanto para trás, é estritamente cosmético. No entanto, os investidores tendem a ver uma ação de 5 dólares de forma muito mais favorável do que uma ação de 50 centavos, que, por seu próprio preço, se enquadra na categoria *penny stock*, com todas as implicações negativas.

2. Capitalização de mercado

Conhecida como *"market cap"*, essa importante métrica financeira é usada para medir, em termos de dólares norte-americanos, o valor total das ações em circulação de uma determinada empresa. Para calculá-la, basta pegar o preço atual das ações da empresa e multiplicá-lo pelo número total de ações em circulação e, *voilà*, você tem a capitalização de mercado da empresa.

Por exemplo, digamos que uma empresa tenha 1 milhão de ações em circulação e que o preço atual de suas ações seja 50 dólares por ação, então o valor de mercado da empresa seria de 50 milhões de dólares. Por outro lado, se a empresa tivesse 20 milhões de ações em circulação e o preço atual das ações fosse de 100 dólares por ação, a capitalização de mercado da empresa seria de 2 bilhões de dólares. Esses cálculos simples são ilustrados aqui:

**Capitalização de mercado =
Preço atual das ações × Ações em circulação**

Empresa A
Ações em circulação = 1.000.000
Preço atual da ação = US$ 50
Capitalização de mercado = US$ 50/ação × 1.000.000 de ações = US$ 50.000.000

Empresa B
Ações em circulação = 20.000.000
Preço atual das ações = US$ 100
Capitalização de mercado = US$ 100/ação × 20.000.000 de ações = US$ 2.000.000.000

De modo geral, empresas com capitalização de mercado mais alta são consideradas mais estáveis e menos arriscadas do que empresas com capitalização de mercado mais baixa. Por isso, é prática comum dos investidores usar o valor de mercado de uma empresa para identificar possíveis oportunidades de investimento. Por exemplo, alguns investidores preferem investir em empresas de capitalização pequena (empresas com capitalização de mercado entre 300 milhões e 2 bilhões de dólares), porque elas têm maior potencial de crescimento e podem gerar retornos mais altos, enquanto outros investidores preferem investir em empresas de grande capitalização (empresas com capitalização de mercado acima de 10 bilhões de dólares), porque elas estão mais reconhecidas e têm um histórico comprovado de lucros estáveis.

De qualquer forma, é importante lembrar que a capitalização de mercado de uma empresa leva em conta apenas o valor total de suas ações em circulação, ignorando outros fatores cruciais que quase certamente afetarão de forma dramática sua decisão final de investimento.

3. **Lucro por ação (LPA)**
Essa métrica fundamental decompõe a lucratividade de uma empresa por ação e pode ser calculada simplesmente dividindo-se o lucro líquido total de uma empresa pelo número total de ações em circulação.[6] O resultado serve como uma medida cristalina de quanto lucro a empresa está gerando para cada ação em circulação.

Por exemplo, se uma empresa tiver um lucro líquido de 10 milhões de dólares e atualmente tiver 5 milhões de ações em circulação, seu

---

6. O lucro líquido de uma empresa representa o valor do lucro após os impostos que uma empresa obteve em um período de tempo específico, como um trimestre ou um ano.

LPA será de 2 dólares por ação. Por outro lado, se uma empresa tem um lucro líquido de 10 bilhões de dólares por ano e atualmente tem 500 milhões de ações em circulação, então seu LPA seria de 20 dólares. Esse cálculo simples é ilustrado a seguir, para ambos os exemplos:

LPA = Lucro líquido / Total de ações em circulação

Empresa A
Lucro líquido = US$ 10.000.000
Ações em circulação = 5.000.000
LPA = US$ 10.000.000 / 5.000.000 de ações = US$ 2 por ação

Empresa B:
Lucro líquido = US$ 10.000.000.000
Ações em circulação = 500.000.000
LPA = US$ 10.000.000.000 / 500.000.000 de ações = US$ 20 por ação

Em termos práticos, um alto lucro por ação indica que a empresa está gerando uma quantidade significativa de lucro para cada ação em circulação, e um baixo lucro por ação indica exatamente o oposto. No entanto, acima de tudo, o que torna esse número tão importante ao tomar uma decisão de investimento é o fato de que você pode compará-lo com os lucros do ano anterior da empresa (ou do trimestre anterior, se estiver analisando um relatório trimestral de LPA) e com o consenso geral entre os analistas de Wall Street, a fim de entender se a empresa superou suas projeções ou ficou aquém delas.

De qualquer forma, por mais que essa métrica seja essencial para o cálculo do valor intrínseco de uma empresa, é importante lembrar que ela ainda representa apenas uma pequena peça de um quebra-cabeça financeiro muito maior.

4. **Relação preço/lucro (P/L)**
Como uma das métricas financeiras mais comumente mencionadas, a relação P/L de uma empresa mede o valor total que os investidores estão dispostos a atribuir aos lucros por ação de uma empresa.

Para calcular a relação P/L de uma empresa, basta dividir o preço atual das ações da empresa pelo lucro anual por ação. Por exemplo, se os ganhos anuais de uma empresa são atualmente de 4 dólares por ação e as ações estão sendo negociadas a 48 dólares cada, isso significa que os investidores estão "recompensando" a empresa com uma relação P/L de exatamente 12. Por outro lado, se Wall Street estiver muito otimista em relação a essa empresa, em termos de suas perspectivas de crescimento futuro e crescimento dos lucros anuais, poderá recompensar a empresa com um índice P/L significativamente maior. Por exemplo, usando os mesmos ganhos anuais de 4 dólares por ação, se Wall Street atribuir à empresa uma relação P/L de 25, as ações estariam sendo negociadas a 100 dólares cada. Esse cálculo simples é ilustrado a seguir, para ambos os exemplos:

P/L = Preço atual das ações / Lucro por ação
Cenário 1
Preço das ações = US$ 48 por ação
Lucro por ação = US$ 4
P/L = US$ 48 / US$ 4 = 12

Preço das ações = Relação preço / lucro × lucro por ação
Cenário 2
Lucro por ação = US$ 4
P/L consensual = 25
Preço da ação = US$ 4 × 25 = US$ 100

Em termos práticos, um índice P/L alto significa que os investidores estão dispostos a pagar um múltiplo muito grande sobre os lucros anuais por estarem extremamente otimistas em relação às perspectivas de crescimento futuro da empresa. Por outro lado, um índice P/L baixo significa que os investidores estão relativamente pessimistas ou, pelo menos, pouco entusiasmados com o potencial de crescimento futuro de uma empresa e, portanto, estão dispostos a pagar um múltiplo muito menor sobre os lucros.

Por exemplo, uma empresa que esteja crescendo extremamente rápido, com uma margem bruta alta e um modelo de negócios convincente, normalmente será negociada com um índice P/L muito mais alto do que uma empresa de crescimento lento que mantém margens pequenas, sem nenhum modo discernível de aumentar rapidamente seus lucros. Em termos práticos, o que um índice P/L permite que os investidores façam é comparar com rapidez o valor que o mercado está atribuindo aos lucros de uma determinada empresa em relação a outras empresas do mesmo setor, simplesmente comparando o índice P/L da empresa em questão com o índice P/L médio de seu respectivo setor. Se o índice P/L estiver *acima* da média do setor, isso sugere que os investidores estão otimistas quanto ao potencial de crescimento futuro da empresa em relação ao restante do setor. Por outro lado, se o índice P/L estiver abaixo da média do setor, isso significa que os investidores estão pessimistas em relação ao potencial de crescimento futuro da empresa em relação ao restante do setor.

Indo um pouco além, o mercado prescreve um índice P/L médio diferente para cada setor específico com base em como os investidores enxergam seu potencial de crescimento geral em relação ao restante dos setores que compõem o mercado de ações. Veja a seguir uma lista dos índices P/L médios dos maiores e mais ativamente negociados setores do mercado de ações dos Estados Unidos.

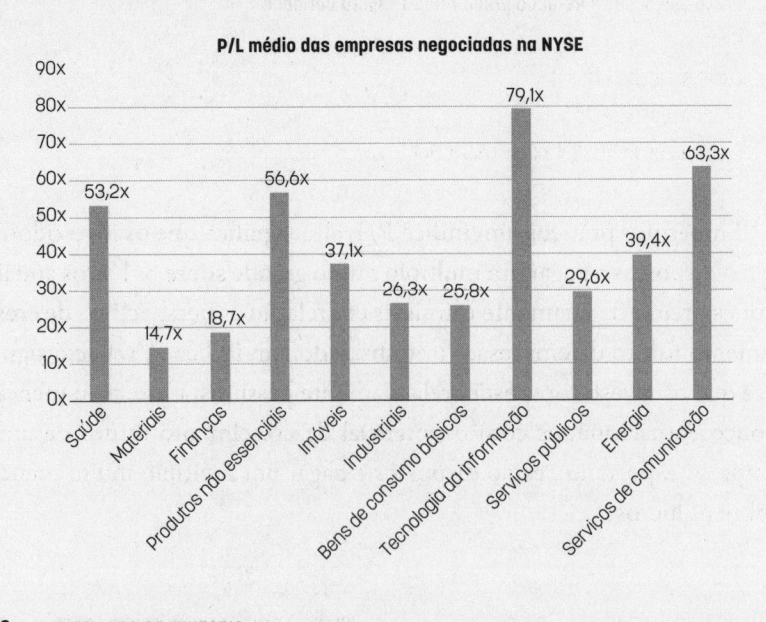

P/L médio das empresas negociadas na NYSE

Setor	P/L
Saúde	53,2x
Materiais	14,7x
Finanças	18,7x
Produtos não essenciais	56,6x
Imóveis	37,1x
Industriais	26,3x
Bens de consumo básicos	25,8x
Tecnologia da informação	79,1x
Serviços públicos	29,6x
Energia	39,4x
Serviços de comunicação	63,3x

Para ter um panorama completo de como uma empresa está sendo avaliada atualmente pelo mercado e para onde os investidores acreditam que esse valor está indo, os analistas usam dois tipos de índices P/L para avaliar o potencial de crescimento atual e futuro de uma empresa específica.

1. **Índice P/L passado:** como o nome indica, essa métrica usa os lucros por ação de uma empresa nos últimos doze meses para calcular seu índice P/L. Nesse caso, a natureza histórica dos dados torna esse índice P/L uma medida bastante precisa do valor de uma empresa, permitindo que os investidores usem o desempenho passado de uma empresa para avaliar seu potencial de crescimento futuro. Entretanto, há um perigo aqui: como esse índice não leva em conta o crescimento de curto prazo de uma empresa, ele abre a possibilidade de um investidor perder um grande surto de crescimento no próximo ano que poderia afetar drasticamente o preço das ações da empresa. Para levar em conta essa possibilidade, os investidores sofisticados também analisam o segundo tipo de índice P/L antes de tomar uma decisão de investimento.
2. **Índice P/L futuro:** esse índice permite que os investidores comparem os lucros dos últimos meses de uma empresa com seus lucros projetados para os próximos doze meses, ou seja, baseia-se em uma estimativa do valor ao qual uma empresa poderá chegar se atingir as projeções no próximo ano. Sua utilidade reside no fato de permitir que os investidores olhem além dos dados históricos de uma empresa e tenham uma ideia de quanto ela poderá valer no futuro se atingir seus números.

ALÉM DESSAS QUATRO VARIÁVEIS PRINCIPAIS, há vários outros dados que os analistas levam em conta para calcular o valor intrínseco de uma empresa. Mas, em vez de explicá-los nas próximas cinco páginas (e matar você de tédio nesse processo), deixarei essa honra para o grande Benjamin Graham, cujo livro inovador *O investidor inteligente* pode fazer um trabalho muito melhor do que eu para explicar a mecânica do cálculo do valor intrínseco de uma empresa. O único *problema* é que, para ler os primeiros capítulos, você provavelmente precisará consumir pelo menos cinco xícaras de café e um Adderall extraforte.

Em outras palavras, por mais informativo que *O investidor inteligente* possa ser, ele é uma leitura chata demais, daquelas que fazem todos, menos o investidor em valor mais comprometido, dormirem rapidamente. No entanto, apesar disso, o fato de esse ser o livro que Warren Buffett usou como base para uma filosofia de investimento que o tornou uma das pessoas mais ricas do mundo faz dele uma leitura obrigatória para qualquer pessoa que queira se aprofundar na filosofia do investimento em valor.

Segundo, os investidores acham que há boas notícias a caminho.

Aqui a coisa complica um pouco, pois há uma linha tênue entre os investidores que *acham* que boas notícias estão a caminho e os investidores que *sabem* disso.

No primeiro caso, a estratégia de investimento não só é totalmente legal como também é um motivo comum para que a demanda por uma ação aumente repentinamente. No segundo caso, a estratégia não só é totalmente *ilegal* como também é um motivo comum pelo qual os investidores podem acabar passando de três a cinco anos no Club Fed.[7]

Seja qual for o caso, um exemplo comum da versão *legal* dessa estratégia é o de um investidor que compra ações de uma empresa que está prestes a divulgar seus lucros – achando que eles vão superar as expectativas estabelecidas pelos analistas de Wall Street que cobrem essas ações. Se o investidor estiver certo e os lucros forem melhores do que o esperado, os compradores correrão para o mercado e comprarão ações da empresa. Em essência, superar as expectativas transformou a ação em uma pechincha repentina, fazendo com que investidores de raciocínio rápido entrem no mercado e comprem ações de uma empresa repentinamente subvalorizada.

---

7. "Club Fed" é um termo usado nos Estados Unidos para se referir a penitenciárias de segurança mínima e de relativo conforto. Usualmente, seus internos foram condenados por crimes do colarinho branco. [N.T.]

Para esse fim, há *dezenas* de tipos de notícias financeiras que os investidores seguem com um zelo quase *religioso*. Aqui estão apenas algumas delas: uma empresa que anuncia seus primeiros dividendos; uma empresa que *aumenta* seus dividendos; rumores sobre uma possível aquisição; o anúncio de uma aquisição real; o resultado positivo de um teste clínico para um novo medicamento; um acordo em um litígio importante; o envolvimento repentino de um investidor de destaque, como Warren Buffett ou Elon Musk; a assinatura de um contrato revolucionário; a aprovação de uma nova patente; um salto massivo no número de assinantes mensais; e vários tipos de notícias *macroeconômicas*, como mudanças na taxa de inflação, de desemprego ou de juros, no produto interno bruto (PIB), nos déficits comerciais, novos empreendimentos imobiliários e assim por diante.

Parece um pouco cansativo? Se sim, não deixe que isso o desencoraje. Apesar de todos esses diferentes tipos de notícias financeiras, elas afetam as ações de apenas uma entre duas maneiras:

1. **Quando surgem notícias** *boas*, elas criam um aumento repentino no valor percebido de uma empresa, motivando investidores de raciocínio rápido a correr para o mercado e comprar as ações de uma empresa agora subvalorizada, o que faz com que as ações subam.
2. **Quando surgem notícias** *ruins*, cria-se uma queda repentina no valor percebido de uma empresa, motivando investidores de raciocínio rápido a correr para o mercado e vender suas ações de uma empresa agora supervalorizada, o que faz com que as ações caiam.

Quando se trata do *timing* para a compra, há duas estratégias distintas.

1. **Comprar antes de as notícias *boas* serem divulgadas**: o segredo aqui é comprar as ações com antecedência suficiente em relação à divulgação das boas notícias para evitar a possibilidade de que o impacto já tenha sido incorporado ao preço das ações. Quanto mais próximo da divulgação das boas notícias, menor será a probabilidade de que outros investidores não tenham tomado conhecimento delas e começado a comprar ações em antecipação. E embora não exista uma regra rígida sobre isso, a regra geral é que, se você comprar menos de uma semana

antes da divulgação das notícias, é provável que pelo menos *parte* de seu impacto já tenha sido incorporado ao preço das ações.

2. **Comprar *depois* de as notícias boas serem divulgadas**: nesse caso, seu sucesso se baseará na sua relativa "velocidade de entrada no mercado" em comparação com outros investidores que estão tentando fazer exatamente o que *você está fazendo*, que é espremer um lucro relativamente pequeno e de curto prazo por meio de uma estratégia altamente competitiva conhecida como *momentum trading*. Em suma, os operadores de *momentum* tentam capturar uma pequena parte do movimento de uma ação que está subindo *ou* descendo rapidamente. Pessoalmente, eu o *desaconselharia* a usar esse tipo de estratégia de negociação de curto prazo, a menos que você já seja um investidor profissional, pois os investidores comuns tendem a perder dinheiro nesse tipo de situação de movimento rápido. Um exemplo perfeito disso é o frenesi de negociação de ações da GameStop em janeiro de 2021.[8] Nesse caso, os investidores comuns que acreditaram no *hype* perderam enormes somas de dinheiro – o que serviu como uma grande advertência a respeito dos riscos da negociação de ações de curto prazo e os perigos de se deixar levar pelo *hype* do mercado.

Terceiro, os investidores seguem a Teoria do Maior Idiota.

Para fins de definição, a Teoria do Maior Idiota afirma que o valor das ações de uma empresa é o valor que o maior idiota do mercado está disposto a pagar por elas. Em outras palavras, ao decidir se deve comprar determinada ação, você não precisa se preocupar com seu valor intrínseco, desde que haja *outras* pessoas no mercado dispostas a pagar um preço mais alto do que o preço que você pagou.

Por exemplo, digamos que você esteja pensando em comprar uma ação que está sendo negociada atualmente a 20 dólares. Depois de pesquisar um pouco, você concluiu que seu valor intrínseco é de apenas

---

8. GameStop é uma varejista de videogames que viu o preço de suas ações disparar graças a um esforço coordenado por um grupo de investidores de varejo do Wallstreetbets, um fórum do Reddit.

15 dólares por ação, mas no mercado há compradores de *momentum* dispostos a pagar até 30 dólares por ação.

Você compraria a ação?

A resposta é: depende de *qual* teoria de investimento você está adotando.

Se você se alinha ao investimento em valor, certamente não compraria. Você compararia o valor intrínseco de 15 dólares por ação com o preço atual da ação, de 20 dólares, e concluiria que a empresa está supervalorizada em 5 dólares por ação, e não compraria.

No entanto, se você se alinha à Teoria do Maior Idiota, certamente *compraria* as ações. Você compararia o preço atual das ações, de 20 dólares cada, com o preço que o maior idiota do mercado está disposto a pagar (30 dólares por ação) e concluiria que a empresa está *subvalorizada* em 10 dólares. E se você tivesse alguma dúvida, justificaria a compra para si mesmo dizendo: "Sei que pode parecer idiotice pagar 20 dólares por ação de uma empresa que vale apenas 15 *dólares*, mas como sei que existe um grande idiota disposto a pagar 30 *dólares* por ação, então de fato não sou um idiota; na verdade, sou bastante inteligente".

Essa é, em poucas palavras, a Teoria do Maior Idiota.

Em termos práticos, quando uma ação está subindo rapidamente, essa teoria serve como o maior gerador de demanda – trazendo ondas e mais ondas de novas compras de especuladores que podem ser mais bem descritos como um bando de gente cada vez mais idiota.

Em retrospecto, desde que não tenham se revelado os maiores idiotas de todos, então na verdade eles não estavam sendo idiotas; estavam sendo operadores de *momentum* experientes, com um senso de *timing* apurado – entrando e saindo antes que a última onda de idiotas chegasse e selasse seu destino. E, sem mais delongas, quando não *restam* mais idiotas para manter as coisas funcionando, a ação começa a cair, lentamente no início, mas depois com força e rapidamente, à medida que os últimos idiotas restantes começam a correr para a saída ao mesmo tempo, fazendo com que a ação volte ao seu valor intrínseco, no qual acaba se estabilizando.

É como jogar um jogo das cadeiras de alto risco, em que a pessoa que fica de pé depois que a música para ganha o título não tão estimado de ser o maior idiota de todos.

Embora eu não recomende que você entre esse jogo, se estiver absolutamente determinado a isso, aqui está um conselho (de um antigo ditado de Wall Street) que o colocará na melhor posição para vencer: "Os touros ganham dinheiro, os ursos ganham dinheiro e os porcos são massacrados".

Em outras palavras, ao comprar uma ação que está subindo rapidamente, você deve tentar entrar no *final* do início da corrida e sair no *início* do fim. Não tente identificar o preço *mínimo* de uma ação e não tente identificar o preço *máximo* de uma ação. Tente pegar o meio da corrida, o que o colocará na melhor posição possível para ganhar dinheiro sem perder tudo. Explicarei como fazer isso no Capítulo 11; portanto, fique ligado.

Quarto, há uma melhora no sentimento do investidor.

Lembra daquele velho ditado de Wall Street do Capítulo 1, "A maré alta ergue todos os barcos"?

O sentimento do investidor representa a *sensação* ou a *atitude* geral que os investidores têm sobre a direção futura do mercado de ações: eles acham que o mercado está subindo ou caindo?

A situação da economia, o preço do petróleo, quem está em guerra com quem, as últimas semanas antes do relatórios contábeis, o custo do leite e dos ovos, o que as pessoas estão ouvindo nos noticiários noturnos – todas essas coisas, e muitas outras semelhantes, se aglutinam em segundo plano para formar uma consciência coletiva conhecida como sentimento do investidor.

Nos casos em que a sensação geral é de que o mercado está *subindo*, Wall Street se refere a isso como sentimento de alta (*bullish*), e, se a sensação geral é de que o mercado está *caindo*, Wall Street se refere a isso como sentimento de baixa (*bearish*).

Compreender o sentimento do investidor vai lhe oferecer uma visão de como os investidores provavelmente reagirão a determinados eventos do mercado ou anúncios na imprensa, e isso vai ajudá-lo a entender melhor o que está acontecendo no mercado. Por exemplo, se o sentimento do investidor for positivo, isso indica que os investidores estão otimistas com relação ao futuro e estão mais propensos a comprar ativos, o que pode elevar os preços. Por outro lado, se o sentimento do investidor for negativo, isso indica que os investidores estão pessimistas e mais propensos a vender ativos, o que pode empurrar os preços para baixo.

Como consequência, quando o sentimento do investidor está em alta, ele cria o equivalente a um "efeito espingarda", desencadeando uma ampla onda de demanda que eleva os preços de literalmente *milhares* de ações diferentes, quer elas mereçam subir, quer não. E quando o sentimento do investidor está em baixa, ele cria o mesmo efeito espingarda, mas na direção oposta – desencadeando uma ampla onda de vendas de milhares de ações.

Aliás, você pode ver isso acontecer na TV, no conforto do seu lar. Basta sintonizar na CNBC em um dia de negociação particularmente volátil. Se o mercado estiver indo *morro abaixo* – queda de 3% ou mais –, você verá pequenas setas vermelhas para baixo ao lado de praticamente todas as ações que deslizam pela parte inferior da tela, e, se o mercado estiver subindo 3% ou mais, você verá pequenas setas verdes para cima no lugar das vermelhas.

O resultado final é o seguinte: o sentimento do investidor ajuda-o a compreender melhor as forças subjacentes que estão impulsionando o mercado em um determinado dia, o que permite a você tomar decisões de investimento mais bem informadas. Caso contrário, muitas vezes você se verá sem saber por que uma determinada ação sua subiu ou caiu, e pode achar que o movimento do preço teve algo a ver com eventos na empresa quando, na verdade, talvez simplesmente resulte de uma mudança no sentimento dos investidores sobre a ação.

A ÚNICA PERGUNTA QUE RESTA É: como de fato funciona o sentimento do investidor?

Em outras palavras, de onde vem toda essa demanda extra?

Lembre-se, há dinheiro *de verdade* por trás de todas essas novíssimas ondas de demanda, e ele tem que vir de algum lugar, certo?

E aí, de onde? De onde vem todo esse dinheiro novo?

A resposta curta é que ele veio de *outros* mercados.

Veja bem, o mercado de ações dos Estados Unidos não é o único na praça. Existem inúmeros outros mercados para os investidores escolherem quando estiverem pensando em onde aplicar seu capital de investimento. Por exemplo, deixe-me colocar sua imaginação para trabalhar por um momento.

Quero que você imagine o número incrivelmente grande que representa a soma total de todos os ativos do mundo, independentemente de quem os detenha (pessoas físicas, empresas, governos, instituições financeiras), do país em que estejam localizados ou se são reais ou intangíveis. Estou falando de tudo, desde ativos financeiros, como ações, títulos, dinheiro, fundos de pensão, fundos mútuos e dinheiro depositado em contas bancárias, até ativos reais, como imóveis, *commodities*, metais preciosos, maquinário, gado e todos os itens produzidos em toda a cadeia de suprimentos, até os vários ativos criados por instituições financeiras para facilitar o fluxo de bens e serviços em todo o mundo (notas, cartas de crédito, garantias bancárias, financiamento da cadeia de suprimentos).

Agora, de acordo com os gênios da McKinsey & Company (a empresa de consultoria de primeira linha diretamente responsável por convencer o governo dos Estados Unidos e as maiores corporações do país a *destruir* nossa base fabril e enviar todos esses empregos para a China para que elas pudessem explorar toda essa mão de obra barata por algumas décadas, enquanto abriam discretamente o caminho para que a China acabasse dominando o mundo), a soma total de todos esses ativos mencionados acima é de aproximadamente 1,5 quatrilhão de dólares.

Só para você ter uma ideia de como esse número é gigantescamente enorme, ele é 1,5 com dezessete zeros depois e tem a seguinte aparência: US$ 1.500.000.000.000.000.000.

Número grandinho, não?

De fato.

Entretanto, nem *todo* esse US$ 1,5 quatrilhão está "na pista", por assim dizer. Aproximadamente um terço desse valor não é líquido, o que significa que os ativos não podem ser prontamente vendidos e transformados em dinheiro. Portanto, se deduzirmos todos os ativos não líquidos do 1,5 quatrilhão de dólares, teremos 1 quatrilhão de dólares. Esse número ainda gigantesco representa a soma total de todos os ativos *líquidos* do mundo.

Em termos práticos, isso *significa* que, a qualquer momento, há 1 quatrilhão de dólares espalhado por todo o mundo, em milhares de bancos, corretoras, fundos de pensão e fundos mútuos diferentes, sendo que cada pessoa com consciência financeira que controla uma *parte* desses ativos tenta alcançar exatamente a mesma coisa: obter o maior retorno percentual anual sobre os ativos que controla, sem perder os ativos no processo.

Agora, no sistema financeiro globalmente interconectado de hoje, esses ativos estão constantemente circulando pelo mundo com incrível velocidade e fluidez. Dia após dia, literalmente *trilhões* de dólares se movimentam pelo sistema, à medida que banqueiros, gerentes financeiros e investidores profissionais *vasculham* os mercados globais em busca do maior retorno anual com o menor risco. Em termos gerais, é como se houvesse um cabo de guerra financeiro entre duas equipes opostas, sendo que cada equipe tem sua própria filosofia de investimento e seu próprio nível de tolerância ao risco.

De um lado da corda está a *Equipe Equity* – também conhecida como o time das *ações*.

Essa equipe é composta por todas as ações de todas as empresas de capital aberto em todas as diferentes bolsas de valores de todas as partes do mundo. Da Bolsa de Valores de Nova York à Bolsa de Valores de Londres, à NASDAQ, à Bolsa de Valores de Joanesburgo e às bolsas de valores de Moscou, Polônia, Alemanha, Coreia do Sul e qualquer outro lugar, todas as ações negociadas lá fazem parte dessa equipe.

Ora, quando você tem ações de uma determinada empresa, isso equivale a ser *proprietário* dessa empresa, certo? Portanto, do ponto de vista dos investimentos, isso lhe oferece tanto o maior potencial de alta, se a empresa tiver um bom desempenho e as ações subirem, quanto o maior risco de baixa, se a empresa tiver um mau desempenho e as ações caírem ou se a empresa for à falência. Consequentemente, a Equipe Equity é considerada um time de alto risco e de alta recompensa, que dá aos acionistas mais dinheiro quando as coisas vão bem e os faz perder mais dinheiro quando as coisas vão mal. Esse é a Equipe Equity!

E então, do *outro* lado da corda, temos a *Equipe Debt*, também conhecida como o time dos *títulos*.

Essa equipe é formada por todos os títulos e notas emitidos por qualquer governo, municipalidade, empresa ou instituição financeira em qualquer lugar do mundo. Entretanto, diferentemente de uma ação, que representa propriedade sobre o emissor, um título não representa isso. Em vez disso, ele representa uma *promessa* do emissor ao detentor de reembolsar o valor nominal total do título em um determinado momento no futuro (denominado data de vencimento do título), mais um valor acordado de juros dispersos em intervalos regulares (denominados taxa de cupom do título).

Do ponto de vista dos investimentos, investir em um título oferece uma vantagem significativamente menor do que investir em uma ação, pois seus lucros são limitados aos juros que o título paga; no entanto, por outro lado, os títulos são muito menos arriscados do que as ações, pois o emissor é legalmente obrigado a devolver cada dólar investido quando o título vencer. Além disso, a maioria dos títulos obriga o emissor a fazer pagamentos regulares de juros durante todo o processo e, se não o fizer, os detentores dos títulos podem processá-los e forçá-los à falência.

Melhor ainda, nas raras ocasiões em que a inadimplência *de fato* acontece, o tribunal dá tratamento preferencial aos detentores de títulos, colocando-os na frente da fila de credores para que possam ser pagos primeiro, enquanto o tribunal mostra o dedo do meio aos acionistas e os envia para o final da fila de credores, onde quase nunca são pagos. É por essa mesma razão que a Equipe Debt é considerada uma equipe de baixo risco e baixa recompensa. Ela oferece um retorno fixo, independentemente do desempenho do emissor, junto com um risco muito menor de perder tudo.

Agora, voltando à imagem do nosso cabo de guerra financeiro, dependendo do que está acontecendo atualmente no mundo – economicamente, financeiramente, geopoliticamente, militarmente, pandemicamente – e do impacto coletivo que esses eventos têm sobre o sistema financeiro, é como se uma das equipes conseguisse ter temporariamente mais jogadores do seu lado, puxando a corda e dando-lhe uma vantagem injusta. Como resultado, ela começa a ganhar o cabo de guerra e um tsunâmi de ativos começa a fluir em sua direção.

Por exemplo, quando as taxas de juros estão subindo, a Equipe Debt fica com a vantagem e o dinheiro sai do mercado de ações e vai para o mercado de títulos. Por quê? Porque as taxas de juros dos títulos de renda fixa os tornam mais lucrativos para os investidores, ao mesmo tempo que eles ainda mantêm o benefício de pouco risco de queda. Por outro lado, quando as taxas de juros estão caindo, o dinheiro sai do mercado de títulos e volta para o mercado de ações, porque os retornos dos títulos se tornaram menos lucrativos para os investidores, que agora acham que o mercado de ações retornará mais dinheiro, mesmo com o risco adicional.

É por isso que, quando as taxas de juros estão em alta, o mercado de ações tende a cair – porque o dinheiro sai do mercado de ações e entra no mercado de títulos –; e, quando as taxas de juros caem, o mercado tende a subir – porque o dinheiro sai do mercado de títulos e entra no mercado de ações. Em termos técnicos, isso é chamado de relação inversa, o que significa que, à medida que uma variável aumenta, a outra diminui e vice-versa.

Desse modo, há uma relação inversa entre a direção das taxas de juros e o sentimento geral do investidor. Sendo específico, uma redução nas taxas de juros faz com que o sentimento do investidor em geral melhore, enquanto um aumento nas taxas de juros faz com que o sentimento do investidor piore. Indo um pouco além, uma melhora no sentimento do investidor é o equivalente à maioria dos investidores no mercado dizendo simultaneamente: "Acho que terei um retorno melhor agora com ações do que com títulos...". E, sem mais delongas, o dinheiro começa a fluir do mercado de títulos para o de ações, desencadeando uma ampla onda de demanda por milhares de ações, sejam elas dignas de demanda ou não.

Em termos gerais, as mudanças no sentimento do investidor levam a uma de duas mentalidades: pró-risco ou antirrisco.

Em tempos de grande ansiedade – quando as taxas de juros estão subindo, não há certeza sobre a economia e o mundo em geral parece que está prestes a implodir –, os investidores tendem a adotar uma mentalidade antirrisco, fazendo com que o dinheiro saia do mercado de ações e vá para o mercado de títulos. Além disso, o dinheiro que permanece no mercado de ações tende a sair de empresas mais arriscadas e menos reconhecidas para empresas mais seguras e reconhecidas.

Por outro lado, em tempos de baixa ansiedade – quando a economia parece forte, as taxas de juros estão caindo e o mundo em geral está em relativa paz –, os investidores tendem a desenvolver uma mentalidade pró-risco, fazendo com que o dinheiro saia dos títulos e entre nas ações, com seus retornos potencialmente mais altos, embora com riscos maiores.

No jargão de Wall Street, duas classes de ativos que tendem a se mover em direções opostas, como ações e títulos, são entendidas como tendo uma baixa correlação – quando uma sobe, a outra tende a cair –, enquanto duas classes de ativos que tendem a se mover na mesma direção são entendidas como tendo alta correlação – quando uma sobe, a outra também tende a subir.

Voltarei a esse tópico em um capítulo posterior, quando mostrarei o processo de alocação de ativos no contexto da criação de um portfólio de investimentos que equilibre risco e recompensa de forma congruente com suas metas de investimento.

ENTÃO, COM TUDO ISSO EM MENTE, vamos voltar à ação de 40 dólares que caiu para 10 dólares depois que você a comprou. A pergunta é: o que você deve fazer?

Há três opções:

1. Vender a ação e realizar a perda.
2. Segurar as ações e esperar que elas voltem a subir.
3. Puxar a média para baixo e comprar ainda mais.[9]

A resposta é: *depende*.

Para tomar uma decisão inteligente, você precisa voltar ao momento em que *comprou* as ações – a 40 dólares cada – e se perguntar por que fez isso. Em outras palavras, embora a ação possa estar em queda agora, você certamente não pensou que ela acabaria assim quando a comprou, certo?

A compra foi baseada em valor? Você achava que o valor intrínseco era significativamente maior do que 40 dólares por ação e que estava comprando a ação por uma pechincha?

---

9. "Puxar a média para baixo" refere-se à estratégia de comprar mais ações de uma ação que você atualmente possui e que foram compradas a um preço mais alto, a fim de reduzir seu custo médio para todas as suas ações e aumentar seu lucro potencial se a ação voltar a subir.

Ou você as comprou com base nas boas notícias que seriam divulgadas?

Você achava que a empresa iria divulgar lucros melhores do que o esperado ou assinar um contrato revolucionário, ou receber uma oferta de aquisição de outra empresa?

Ou foi uma jogada de *momentum* que acabou se voltando contra você, e agora está começando a parecer cada vez mais que você está na infeliz posição de ser o maior idiota de todos?

Veja, a maneira de responder a essa versão capitalista do dilema shakespeariano, "vender ou não vender", é voltar ao início, ao motivo pelo qual, *para começo de conversa,* você comprou as ações, e fazer a si mesmo esta simples pergunta: esse motivo ainda é válido?

Se sim, então você provavelmente vai querer manter as ações, a menos que haja algo mais acontecendo com a empresa ou com o mercado em geral que supere seu motivo original para comprá-las. Se seu motivo original *não* permaneceu válido, ele foi substituído por um motivo igualmente válido?

Por exemplo, se você comprou uma ação de 40 dólares com base em valor e ela caiu 30 dólares desde que você a comprou, a primeira coisa que você deve fazer é voltar aos fundamentos da empresa e certificar-se de que não cometeu um erro ao calcular o valor intrínseco dela.

Em outras palavras, se você achava que o valor intrínseco era de 75 dólares por ação e agora a ação caiu para 10 dólares, depois de reexaminar os fundamentos da empresa, você ainda está convencido de que ela vale 75 dólares por ação? Se sim, recomendo enfaticamente que você compre *mais* ações a 10 dólares, pois agora elas são uma pechincha ainda maior! Por outro lado, no entanto, se os fundamentos da empresa se revelaram muito inferiores ao que você tinha calculado originalmente – ou, talvez, se surgiram notícias ruins que *causaram* a queda do valor intrínseco para o nível em que a ação se encontra agora –, recomendo enfaticamente que você venda as ações, realize o prejuízo, aprenda com seu erro e invista com mais cuidado no futuro.

Em contrapartida, se o motivo de sua compra se baseou na divulgação de boas notícias, então a pergunta que você deve fazer a si mesmo é: o que aconteceu quando essas notícias foram divulgadas? O impacto positivo já tinha sido incorporado ao preço da ação? Ou você se enganou e as notícias eram, na verdade, *piores* do que o esperado, e foi isso que fez as ações caírem?

De qualquer forma, como seu motivo para comprar não é mais válido, você deve considerar se há algum outro motivo para continuar segurando as ações. Por exemplo, como resultado da queda tão grande do preço, faz sentido continuar segurando as ações com base em uma jogada de valor?

No entanto, se não há nenhuma jogada de valor a ser feita e não há nenhuma boa notícia a ser divulgada, então por que diabos você iria querer ficar com as ações? Você não iria! Você iria querer vender as ações, aprender com seu erro e procurar um lugar melhor para colocar seu dinheiro para trabalhar. Por fim, se você estava comprando com base na Teoria do Maior Idiota, com as ações agora caindo a 10 dólares cada, está começando a parecer que foi *você* quem se revelou o maior idiota. O ideal é vender as ações e seguir em frente.

Seja qual for o caso, a única coisa que você *não* vai dizer a si mesmo é: "Não posso vender as ações agora porque as comprei por um preço muito mais alto há seis meses e não quero realizar essa perda". Essa, meu amigo, é a maneira mais rápida de acabar na miséria.

Em vez disso, use um processo simples chamado *mudança de opinião com base em novas informações*. Além de ser um traço adaptativo fundamental entre todos os seres humanos, esse processo também nos permite nos movermos pelo mundo de forma empoderada. Experimentamos coisas novas, muitas vezes fracassamos em um primeiro momento e, em seguida, mudamos nossa abordagem com base em novas informações e tentamos novamente. Repetindo as etapas vezes o bastante, com certeza acabamos tendo sucesso. O processo começa com a compreensão daquilo em que você realmente está se metendo, em termos de como as coisas funcionam, *por que* funcionam e como acabaram dessa forma.

Para isso, é hora de eu lhe dar uma rápida aula de história – *no estilo do lobo!*

CAPÍTULO 3

A GRANDE MÁQUINA DE BOLHAS DOS ESTADOS UNIDOS

Sou o Lobo de Wall Street, portanto, não deve ser surpresa para você que, de vez em quando, quando algo faz meu sangue ferver *de verdade*, eu sinta um desejo incontrolável de mostrar meus caninos.

Nesse caso específico, o "algo" que me fez perder a cabeça e liberar meu carnívoro interior foi um artigo que li na revista *Rolling Stone*.

Escrito em 2010 por um jornalista investigativo chamado Matt Taibbi, o artigo, intitulado "The Great American Bubble Machine" [A grande máquina de bolhas dos Estados Unidos], foi uma humilhação pavorosa para o Goldman Sachs, o maior, mais poderoso e mais impiedoso banco de investimentos do mundo. Resumindo, o artigo compara o Goldman Sachs com uma "gigante lula-vampira-do-inferno envolvendo o rosto da humanidade, enfiando seu sifão de sangue em qualquer coisa que cheire a dinheiro".[10]

Com 9,8 mil palavras enfurecedoras, o artigo era escandaloso, um choque de realidade e simplesmente irritante. Na verdade, era *tão* irritante que, deixando de lado todas as *indiciações criminais* que o artigo obviamente deveria ter desencadeado, ainda é um mistério para mim como ele não instigou uma versão moderna do *Frankenstein* de Mary Shelley, em que, indignados, os habitantes da Main Street pegam tochas

---

10. Em inglês: https://www.rollingstone.com/politics/politics-news/the-great-american-bubble-machine-195229/amp/.

e forcados e marcham até Wall Street para *linchar* aqueles bundões gananciosos. Afinal, o artigo descreve um nível de ganância e corrupção tão sistêmico e de tão *grande* escala que até eu, o Lobo de Wall Street, que passei dois anos atrás das grades por fraude com títulos e lavagem de dinheiro, achei difícil imaginar que o que eu estava lendo fosse até mesmo possível.

Ironicamente, eu tinha lido o artigo assim que ele foi publicado, mas ele não teve o mesmo efeito visceral sobre mim naquela época. O motivo é difícil de explicar, embora tenha a ver principalmente com o fato de que eu ainda estava lidando com meus próprios erros em Wall Street, portanto, era difícil criar um ressentimento justo e saudável. Porém, doze anos depois, com mais de uma década de *boas* ações atrás de mim e a perspectiva que vem com elas, meus sentimentos foram muito diferentes. Eu senti que, por piores que tivessem sido meus próprios erros do passado, no esquema geral das coisas eu não passava de um filhotinho de lobo, mordiscando os calcanhares – ou melhor, *alimentando-se* das sobras – dos lobos maus e enormes da Goldman Sachs.

De qualquer forma, antes mesmo de chegar à metade do artigo da *Rolling Stone*, parecia que eu estava lendo uma versão de *Game of Thrones* passada em Wall Street.

Nessa versão, o mundo como um todo era representado por Lady Olenna da benevolente Casa Tyrell, enquanto a Goldman era representada pela maléfica Rainha Cersei da sinistra Casa Lannister. De acordo com a história, Lady Olenna, uma manipuladora astuta, implacável e de alta classe, que admitia abertamente fazer tudo o que imaginava ser necessário para proteger sua casa, acabou sendo derrotada pela Rainha Cersei, que era a mais astuta, implacável e malvada de todas aquelas vacas.

Por que Lady Olenna foi derrotada?

Como ela explicou, em suas próprias e inimitáveis palavras: "Por uma falha de imaginação".

Em essência, mesmo em suas fantasias mais sombrias de traição, tramas e trapaças, ela não conseguia imaginar o tipo de *maldade* pura de que Cersei era capaz.

Aí ela foi assassinada. (Pelo irmão gêmeo de Cersei, Jaime Lannister.)

Enfim, referências à cultura pop à parte, antes de prosseguir, há um ponto importante que quero compartilhar rapidamente com você: meu objetivo aqui *não* é fazer você odiar Wall Street mais do que já odeia atualmente, e *muito menos* fazer você odiar qualquer pessoa que trabalhe lá. Na verdade, ainda tenho alguns amigos muito próximos que trabalham em Wall Street, e eles são pessoas muito boas, em quem confio totalmente. É claro que isso não quer dizer que eu os deixaria administrar meu dinheiro. Não preciso deles para isso, e você também não precisará quando terminar de ler este livro.

O que quero dizer aqui é que o problema com esses tipos de instituições grandes e fora de controle raramente está nos funcionários comuns, mas em um pequeno grupo de líderes desprovidos de ética que, lá do topo, acham que estão acima da lei.

Portanto, com essa ressalva em mente, nas próximas páginas mostrarei como Wall Street vem enganando o investidor médio nos últimos cem anos e continua fazendo isso até hoje. Voltarei ao início, a como tudo começou e onde tudo deu errado – e mostrarei como Wall Street continua tentando enfiar a mão no seu bolso todos os dias, e como você pode facilmente evitar isso e, por fim, vencê-la em seu próprio jogo.

EIS UMA TRISTE REALIDADE: nos últimos quarenta anos, Wall Street levou o mundo à beira do colapso financeiro não uma, nem duas, mas quatro malditas vezes – você leu bem, *quatro malditas vezes* –, e está prestes a fazer isso de novo, e de novo, e de novo, e de novo.

Em outras palavras, Wall Street nunca vai parar.

Por quê?

Porque não sobrou ninguém para detê-la.

Em termos simples, a lula-vampira-do-inferno – também conhecida como Goldman Sachs e o resto dos infames banqueiros de Wall Street – cimentou uma relação profana com Washington que lhe permite foder financeiramente o resto do mundo com impunidade quase total, desde que os bilhões de dólares continuem entrando em seus respectivos cofres.

É um negócio lucrativo para ambos os lados.

Acha que estou exagerando?

Nos últimos quarenta anos, eles faliram a Islândia, quebraram a Noruega, dizimaram a Grécia, pilharam a Polônia, saquearam a Argentina, evisceraram a Europa, estriparam a Ucrânia, sacanearam o México, apunhalaram a Inglaterra, corromperam o mercado de *commodities*, praticaram *pump and dump*[11] com a NASDAQ, criaram a crise de poupança e empréstimo, monetizaram o aquecimento global, se venderam para a China e, para completar, em 2008, estavam a um passo de destruir o único país do mundo que todos pensavam ser indestrutível – ou seja, os bons e velhos Estados Unidos da América – porque eram eles que estavam destruindo tudo.

Agora, com toda a seriedade, você realmente precisa se perguntar: que tipo de paspalho depravado tentaria destruir o único país cujo poderio militar incomparável impede que o resto do mundo marche até Wall Street e dê uma de Frankenstein na fuça deles?

Isso é totalmente insano.

No entanto, o fato é que, em 16 de setembro de 2008, um dia após a falência do Lehman Brothers e a criação daquele gigantesco "estrondo ouvido em todo o mundo" – o som de um trilhão de dólares em hipotecas podres evaporando no ar –, você ficou literalmente a um *passo* de ir ao caixa eletrônico local para fazer um saque, enfiar seu cartão na máquina, digitar sua senha e receber nada mais do que um sopro de ar, junto com o seguinte pedido de resgate:

Caro e idiota correntista,

Sim, os rumores são verdadeiros. Os bastardos gananciosos de Wall Street, incluindo eu, o CEO deste banco nacional no qual você foi idiota o suficiente para depositar seu dinheiro, finalmente conseguiram.

Nós roubamos tudo.

Não sobrou nada para você ou qualquer outra pessoa nos Estados Unidos sacar de suas contas bancárias, porque tudo foi transferido dos seus bolsos para os nossos.

---

11. Fraude que infla artificialmente o preço de ativos de baixo valor para depois lucrar com sua venda. [N.T.]

Portanto, em meu nome e em nome de todos os outros banqueiros gananciosos de Wall Street, que roubaram de você e dos seus entes queridos seus futuros financeiros, em nome de mansões maiores nos Hamptons, iates mais caros para velejar, obras de arte mais caras para pendurar em nossas paredes e jatos particulares mais luxuosos, que consomem muita gasolina, para irmos a conferências sobre o aquecimento global, não temos mais nada para lhe mostrar além do nosso dedo médio coletivo.

Portanto, vá para casa, carregue sua espingarda e aguarde o início dos saques.

Ou...

Você pode pegar o telefone e começar a discar feito um imbecil.

Exigimos que você ligue para o seu congressista, para o seu senador e para o presidente desses mesmos Estados Unidos – George W. Bush em pessoa – e diga a todos que é melhor que eles, junto com Hank Paulson, o principal capanga deles no Departamento do Tesouro, e Ben Bernanke, o chefe de impressão de dinheiro no Federal Reverse, nos paguem o resgate. Caso contrário, a vida como você a conhece deixará de existir.

Demandamos uma quantia de 1 trilhão de dólares, paga por meio de transferências eletrônicas sem exigências, além de uma linha de crédito aberta no guichê secreto de descontos do Federal Reserve, à qual devemos ter acesso irrestrito, dia e noite, para tomar emprestado o quanto quisermos, pelo tempo que quisermos e com juro zero. Além disso, apesar de estarmos bem cientes de que foram nossas próprias ações que levaram à falência todo o sistema financeiro global, não aceitaremos nenhum novo controle sobre nós, especialmente se tiver algo a ver com a limitação dos nossos próprios contracheques inflados, pois não temos a menor intenção de aceitar nem um centavo a menos de remuneração anual. Portanto, nem pense nisso.

Com zero respeito e ainda menos arrependimento,
Seu CEO nem um pouco humilde

P.S.: Não se preocupe com o fato de Hank Paulson ou Ben Bernanke não concordarem com nenhuma dessas exigências obviamente ultrajantes. Assim como eu, ambos já trabalharam na Goldman Sachs, portanto, também estão envolvidos. Tudo o que eles querem aqui é uma ou outra negação *plausível, para que possam ir ao Congresso e dizer que os resgates não foram ideia deles. É preciso que pareça que eles estavam encurralados e não tinham outra escolha.*

Para o bem ou para o mal, nunca chegamos a esse ponto.

Os poderes constituídos do governo federal se reuniram a portas fechadas – Hank Paulson, do Departamento do Tesouro, Ben Bernanke, do Federal Reserve, o presidente Bush e seus comparsas da Casa Branca – e fizeram o serviço sujo sem a necessidade de um pedido de resgate. No final, os contribuintes norte-americanos desembolsaram mais de 1 trilhão de dólares para socorrer Wall Street e corrigir o sistema financeiro global, pelo menos temporariamente.

E Wall Street ao menos agradeceu?

Não, óbvio que não!

Na verdade, de acordo com a perspectiva distorcida, gananciosa e egoísta deles, vocês da Main Street é que deveriam estar agradecendo a eles! Afinal, sem todo o trabalho árduo e traiçoeiro que fazem em Wall Street (Lloyd Blankfein, o então CEO do Goldman Sachs, referiu-se a ele como "o trabalho de Deus"), essa nossa pequena utopia capitalista não estaria nem perto de seu nível atual de riqueza e prosperidade. E, embora isso seja verdade – que uma próspera economia capitalista exige um mercado de ações que funcione adequadamente e um sistema bancário confiável, que conceda crédito àqueles com capacidade de pagá-lo –, o fato de você desempenhar um papel crítico no funcionamento de um organismo muito maior não lhe dá o direito de *devorar* lentamente o organismo até deixá-lo tão enfraquecido que ele murcha e morre.

Na verdade, há um nome para esse tipo de transtorno, em que uma única célula de um dos sistemas críticos do corpo descobre uma maneira de escapar dos freios e contrapesos habituais que normalmente a impedem de crescer descontroladamente.

O nome é *câncer*, e, se você não o eliminar, ele acabará por matá-lo.

Infelizmente, nos últimos cinquenta anos, até mesmo os comitês federais de supervisão, que deveriam atuar como freios e contrapesos em Wall Street, foram comprometidos por uma combinação de contribuições de campanha com dinheiro suspeito e influência política. Se você acha que estou exagerando, basta ligar a C-SPAN por quinze minutos e assistir à insanidade.[12] Até mesmo o pequeno punhado de políticos honestos que tentam proteger o público norte-americano é abafado pelas discussões entre corruptos partidários, que foram comprados e pagos para lá de dez vezes. Financiada por um tsunâmi de dinheiro suspeito canalizado pelos lobistas de Wall Street, a conversa é desviada para os extremos radicais. A extrema esquerda culpa a extrema direita, a extrema direita culpa a extrema esquerda e, no final das contas, apesar de 90% do país concordar em algum ponto intermediário, o *status quo* perdura e Wall Street vence.

Eu sei o que você deve estar pensando agora.

"Mas e o FBI? Eles não têm o poder de prender os bandidos? Afinal de contas, eles conseguiram pegar você, Jordan. Para isso, só foi necessário a determinação obstinada de um agente especial. Portanto, embora a liderança do FBI possa estar comprometida, os agentes de baixo escalão são cidadãos leais que *jamais* deixariam isso acontecer!"

Se é isso que você está pensando, então você está parcialmente correto: os agentes de baixo escalão são pessoas íntegras. Mas, infelizmente, eles não têm nenhum poder.

Por meio de uma combinação entre um sistema eleitoral corrupto, que permite que doações das maiores empresas de Wall Street comprem influência política em um nível inimaginável, e a grande complexidade do roubo em termos de profundidade, amplitude e períodos de tempo de vários anos, é impossível até mesmo para o promotor mais empenhado provar os crimes de Wall Street para um júri além de uma dúvida razoável.

E acaba aqui a história.

Da Casa Branca ao Departamento do Tesouro e ao Federal Reserve, uma série de lulinhas geradas, treinadas e depois enviadas de volta à natureza para promover os interesses de sua mamãe lula-vampira-do--inferno foram estrategicamente colocadas em posições de poder. É

---

12. C-SPAN é uma rede televisiva dos Estados Unidos que transmite os trâmites do governo federal daquele país, bem como atos do poder legislativo norte-americano. [N.T.]

quase como um enredo ruim de um filme B, em que os vilões controlam tudo, inclusive o próprio sistema judiciário. Mas, como em qualquer filme B, sempre há um homem valoroso com coragem e força para levar a verdade a público e expor a coisa toda, ou tudo estará perdido.

Ironicamente, nesse caso específico, não foi apenas uma pessoa "corajosa" que se manifestou, mas milhares de pessoas – dando origem a todo um movimento chamado Occupy Wall Street.

De fato, em 2011, uma multidão de vinte mil pessoas enfurecidas marchou sobre Wall Street, exigindo mudanças. Elas acamparam, fizeram churrasco, tocaram música e até fizeram cartazes inteligentes, com *slogans* que criticavam Wall Street. O noticiário cobriu tudo isso.

Mas, infelizmente, após 59 dias nada tinha mudado, então ficaram entediadas e foram embora.

Seja porque os "corajosos" do Ocuppy eram simplesmente muito preguiçosos e desorganizados para efetuar qualquer mudança, ou porque os vilões de Wall Street eram simplesmente muito poderosos e protegidos por seus comparsas em Washington, quando a coisa toda chegou ao fim, tudo estava como sempre, e continua assim até hoje.[13]

Com um déficit recorde de 30 trilhões de dólares, uma base industrial completamente destruída, a maior taxa de inadimplência desde a década de 1970 e a porta giratória entre Washington e Wall Street operando com a velocidade de um tornado F-5, os Estados Unidos parecem estar sofrendo de câncer em estágio 4 – vivendo com dinheiro e tempo emprestados.

Entretanto, eu ainda não descartaria os Estados Unidos.

Para começar, as pessoas que vivem, trabalham e abrem negócios na Main Street não são apenas incrivelmente resilientes, mas também possuem um espírito empreendedor que não testemunhei em nenhum outro país do mundo (e já treinei pessoalmente proprietários de empresas em mais de cinquenta países). Portanto, você pode contar com o fato

---

13. Para ser justo com os protestos, o Departamento de Polícia da Cidade de Nova York invadiu o parque onde estava o acampamento, insistindo que saíssem temporariamente para que a polícia pudesse desmontar suas barracas, que infringiam as regras do parque. Apesar de a polícia ter informado aos *occupiers* que eles poderiam retornar em algumas horas, sem as barracas não seria mais tão divertido, nem era prático para as pessoas que moravam em outras partes do país continuar com as atividades. Esse foi um fator importante que contribuiu para o fim do protesto.

de que os Estados Unidos não cairão sem lutar; eles vão chutar e gritar o tempo todo. Além disso, quanto maior a organização, mais lenta sua queda e, considerando o fato de que o Império Romano levou mais de quinhentos anos para implodir por completo – e os Estados Unidos são infinitamente maiores e mais prósperos do que Roma jamais foi –, provavelmente ainda restam algumas centenas de anos antes que a merda pegue *mesmo* no ventilador.

De qualquer forma, como não há como saber exatamente quando isso vai acontecer, o melhor conselho que posso lhe dar é que, até que esse momento chegue, você deve ganhar o máximo de dinheiro que puder, sem infringir a lei, e depois investir esse dinheiro com sabedoria usando as estratégias deste livro.

Então, com isso em mente, vamos nos aprofundar em uma breve história de Wall Street ao *estilo do lobo*.

CAPÍTULO 4

UMA BREVE HISTÓRIA DE WALL STREET

Você já viu o filme *Matrix*, certo?

Se não viu, com certeza deveria ver, pois é um clássico absoluto.

De qualquer forma, em algum ponto próximo à marca dos trinta minutos, há uma cena em que Morpheus leva Neo para dentro de uma construção de realidade virtual para mostrar algo que Neo não consegue aceitar – que o mundo como ele o conhece realmente deixou de existir. Foi destruído por um exército de máquinas inteligentes, um pesadelo distópico causado por uma inteligência artificial descontrolada. Os problemas começaram quando as máquinas se tornaram inteligentes, voltaram-se contra seus mestres e, em seguida, bombas nucleares foram lançadas e o mundo virou uma merda.

No final, as máquinas venceram a guerra, e o mundo agora está inabitável. Pior ainda, os poucos humanos que restaram estão sendo caçados sem piedade por essas mesmas máquinas malignas.

Em suma, é uma situação triste, para dizer o mínimo.

De todo modo, no final da cena, Morpheus faz a Neo uma famosa pergunta retórica que dá nome ao filme:

"O que é a Matrix?", pergunta Morpheus. "Controle", ele continua. "A Matrix é um mundo de sonhos gerado por computador, construído para nos manter sob controle, a fim de transformar um ser humano nisto..." Ele então segura uma pilha Duracell – de tamanho C, para ser exato – para ilustrar a triste realidade de que a raça humana foi transformada em uma bateria gigante para alimentar as máquinas.

Como eu disse, uma situação triste, para dizer o mínimo.

Então, com isso em mente, deixe-me fazer a você uma versão Wall Street da mesma pergunta retórica que Morpheus fez a Neo: o que é o Complexo de Máquinas de Taxas de Wall Street?

Minha resposta começa da mesma forma que a de Morpheus, com uma simples palavra: controle.

Mas daqui em diante nos dividimos.

Veja, ao contrário de *Matrix*, onde os malfeitores são máquinas que tentam nos transformar em uma bateria para alimentar seu império, o Complexo de Máquinas de Taxas de Wall Street é uma aliança profana entre Wall Street, Washington e a mídia financeira, tentando nos transformar em ovelhas para que possam nos tosquiar lentamente até que eles estejam prontos para nos transformar em costeletas de cordeiro.

Esse é o Complexo de Máquinas de Taxas de Wall Street.

Como a Matrix, o Complexo está ao nosso redor e podemos vê-lo em todos os lugares.

Desde as principais redes de TV, como a CNBC e a Bloomberg News, passando por publicações financeiras respeitadas, como o *Wall Street Journal* e a revista *Forbes*, sites financeiros populares, como Reuters.com e TheStreet.com, plataformas de negociação de ações no varejo, como E*TRADE, Schwab e Interactive Brokers, chegando aos bancos, às corretoras, às empresas de planejamento financeiro, às agências de seguros, aos fundos de *hedge* e aos fundos mútuos e às pessoas que trabalham nesses locais e fazem tudo isso funcionar – o Complexo de Máquinas de Taxas de Wall Street o bombardeia constantemente com meias-verdades e mentiras descaradas, e tudo isso sob o olhar aparentemente atento da Comissão de Valores Mobiliários dos Estados Unidos, que faz vista grossa para a roubalheira e permite que os conflitos de interesses persistam.

Para entender direito como essa relação incestuosa pôde se desenvolver, precisamos voltar ao início, aos primeiros dias de Wall Street e dos Estados Unidos coloniais nos anos 1600 – e, considerando a maneira sórdida como as coisas acabaram, não deve ser nenhuma surpresa que a história de Wall Street seja longa e conflituosa, a começar pela forma como essa rua longa e estreita em Lower Manhattan ganhou esse nome.

Conta a história que, em 1642, um holandês depravado chamado Keif decidiu planejar o massacre de um vilarejo de amigáveis nativos norte-americanos com os quais ele tinha acabado de compartilhar um cachimbo da paz mais cedo naquele dia. Como consequência, ele foi forçado a construir um muro "defensivo" para se prevenir contra represálias daqueles "cruéis" nativos norte-americanos. Com uma sólida fachada de barro e taludes de madeira, o muro estava localizado na ponta mais ao sul de Lower Manhattan e se estendia por cerca de duzentos metros, de leste a oeste, de costa a costa.

Durante os cinco anos seguintes, as coisas foram relativamente tranquilas nessa "rua murada" em Nova Amsterdã. Com a muralha servindo como sede da autoridade holandesa local, eles construíram uma praça, um palácio federal e, é claro, um bordel.

Quando os britânicos assumiram o controle em 1676, eles mudaram o nome da cidade de Nova Amsterdã para Nova York e apelidaram a "rua murada" de Wall Street.

A partir daí, não demorou muito para que as coisas dessem uma guinada para o lado sombrio.

Tudo começou em 1711, quando Wall Street foi escolhida como o local oficial para os primeiros leilões de escravizados organizados no Novo Mundo, com a cidade recebendo uma parte de cada venda. Não tardou para os especuladores de ações locais decidirem participar da movimentação e começarem a negociar ações entre si sob a proteção do muro. Exatamente o que eles estavam especulando é, por si só, uma questão de especulação, embora a maioria das negociações fosse de ações de algumas empresas, incluindo a Companhia Holandesa das Índias Ocidentais, o maior banco de Nova York e sua maior seguradora.

Nos cem anos seguintes, mais e mais empresas começaram a negociar lá, mas as coisas eram desorganizadas e caóticas, pois não havia nenhuma autoridade central e nenhuma regra formal.

Então, em 1792, uma panelinha dos mais ricos corretores de ações e dos principais comerciantes de Nova York percebeu que poderia ganhar muito mais dinheiro se formasse um clube privado e obrigasse todos os que quisessem comprar ações das empresas mais populares a passar por eles.

Para ser justo com a panelinha, havia motivos legítimos pelos quais fazia sentido que eles se organizassem em um grupo fechado, para além de simplesmente quererem ganhar mais dinheiro.

Por exemplo, se você acha que hoje em dia existe fraude em Wall Street, imagine como era nos anos 1700, sem reguladores, sem computadores, sem telefones, sem telégrafo e com mil imigrantes por dia chegando de navio do outro lado do Atlântico, sem nenhuma maneira de saber quem era bom ou ruim.

Assim, em 1792, tomando emprestado um modelo de seus colegas do Velho Mundo do outro lado do oceano, um pequeno grupo de 24 dos mais ricos comerciantes e principais corretores de ações de Nova York realizou uma reunião secreta e elaborou um plano simples. O plano tomou a forma de um pequeno documento escrito, com apenas duas frases. Entretanto, essas duas frases simples eram mais do que suficientes:

> *Nós, que subscrevemos, corretores de compra e venda de ações públicas, prometemos solenemente e nos comprometemos uns com os outros que doravante não compraremos ou venderemos qualquer tipo de ação pública, para qualquer pessoa, a uma taxa inferior a um quarto por cento da comissão sobre o valor em espécie e que daremos preferência uns aos outros em nossas negociações. Em testemunho do que afirmamos, apusemos nossas assinaturas neste 17º dia de maio de 1792, em Nova York.*

É interessante que o que deu poder ao acordo não foi o que estava escrito nele, mas um ponto crucial estrategicamente deixado de fora: que, dali em diante, esses 24 homens dominariam o mercado de ações de qualquer empresa que eles considerassem que valia a pena negociar.

Em termos práticos, isso equivalia a dizer: "Desculpe, pessoal, estamos assumindo o controle de todo o mercado de ações e não há nada que vocês possam fazer a respeito, pois, entre nós e nossos clientes, controlamos todas as ações de qualquer empresa que valha a pena comprar. Portanto, de agora em diante, se você quiser comprar ou vender ações de qualquer uma dessas empresas, terá de passar por um de nós e pagar uma comissão".

O acordo estabeleceu dois pontos-chave e deixou implícitos outros três:

1. *Estabeleceu* que um membro do clube deve negociar somente com outro membro do clube.
2. *Estabeleceu* que um membro do clube deve cobrar de outro membro a mesma comissão-padrão.
3. *Implicou* que pessoas de fora que quisessem comprar ou vender cotas de quaisquer ações controladas pelo clube sempre tinham de passar por um dos membros e pagar uma comissão mais alta.
4. *Implicou* que essa comissão mais alta para aqueles de fora seria uma porcentagem fixa, estabelecida em um nível que maximizasse os lucros e evitasse a concorrência.
5. *Implicou* que não seria permitida a entrada de novos membros no clube, a menos que todos os membros existentes concordassem em deixá-los entrar.

Conhecido como Acordo de Buttonwood – porque foi assinado sob um pé de *buttonwood*, ou mangue-de-botão, em frente ao número 68 da Wall Street –, esse acordo de duas frases serviu como a base do que viria a se tornar o New York Stock and Exchange Board em 1817. Depois, em 1863, a bolsa encurtaria seu nome para New York Stock Exchange, Bolsa de Valores de Nova York, nome que leva ainda hoje.

Enquanto isso, durante esse período de 71 anos – entre a assinatura do Acordo de Buttonwood e a mudança formal do nome para Bolsa de Valores de Nova York –, os Estados Unidos deixaram de ser uma nação incipiente para se tornar uma potência industrializada, e Wall Street se tornou seu centro financeiro. Ao conectar a enorme riqueza acumulada de famílias do Velho Mundo, como os Warburg e os Rothschild, aos industriais do Novo Mundo, liderados pelos Vanderbilt e pelos Rockefeller, um novo tipo de realeza foi subitamente criado.

Veja bem, ao contrário daquele Velho Mundo sem sal, onde a regra secular era que a família de onde você vinha definia até onde você poderia subir, nesse admirável Mundo Novo, administrado por banqueiros de Wall Street e empreendedores implacáveis, a primeira regra geral era que não havia nenhuma regra, e a segunda regra geral era que a única diferença entre o certo e o errado era que "errado" significava "ter sido pego".

Por exemplo, apesar de algumas coisas – como uso de informações privilegiadas, controle do mercado, venda de certificados de ações falsos, suborno de funcionários públicos e publicação de comunicados de imprensa falsos para inflar artificialmente uma ação – não serem legais na Bolsa de Valores de Nova York, elas eram consideradas coisas normais, e os fraudadores tinham problemas apenas se as coisas dessem errado de verdade.

Em outras palavras, a menos que *muita* merda batesse no ventilador, criando um pânico generalizado a ponto de derrubar o mercado e provocar uma depressão, a letra da lei simplesmente não era aplicada e a fraude no mercado de ações era varrida para debaixo do tapete. E, nos raros casos em que a merda era *mesmo* muita, era só encontrar um bode expiatório para levar toda a culpa.

Para ser claro, o chamado bode expiatório teria mesmo culpa no cartório e mereceria o que quer que lhe ocorresse, tanto em multas como em tempo de prisão; a principal diferença, no entanto, é que seria impossível ele ter agido sozinho – o Acordo de Buttonwood impedia isso. A fraude só poderia ser viabilizada por meio da participação ativa de um membro da Bolsa de Valores de Nova York, que ganharia muito mais com o crime do que o pobre do bode expiatório, mas, ao contrário deste, que passaria anos na cadeia e teria sua reputação abalada, o membro sairia sem sequer um tapinha na mão, e com a reputação intacta.

No lado corporativo das coisas, o comportamento antiético dos empreendedores que estavam abrindo empresas em um ritmo feroz era tão ruim quanto o de suas contrapartes em Wall Street, embora com duas diferenças importantes:

1. Eles estavam de fato *construindo* um país, e não apenas cobrando taxas de compra e venda de ações com base na engenhosidade dos outros.
2. Eles estavam criando um enorme valor que beneficiava todo mundo, mas, acima de tudo, a eles mesmos.

Você pode amá-los ou odiá-los pela forma como forjaram seus impérios, mas, seja qual for o caso, esses empreendedores ousados foram os homens que construíram os Estados Unidos. De navios a vapor a ferrovias, de poços de petróleo a fábricas de aço, esses capitães da indústria eram uma espécie totalmente nova de empreendedores implacáveis, que criaram milhões de empregos e construíram um enorme valor. E quando precisavam de financiamento – para expandir suas operações, para pesquisa e desenvolvimento, para contratar mais pessoas ou para engolir concorrentes –, todos eles iam até Wall Street, nº 23, e se reuniam com um poderoso banqueiro que controlava tudo.

O nome dele era J. P. Morgan.

Como o asteroide gigante que se chocou contra a Terra, matou os dinossauros e abriu caminho para os seres humanos modernos, J. P. Morgan teve um impacto sobre o sistema financeiro dos Estados Unidos maior do que todos os outros banqueiros corruptos, políticos e corretores de ações gananciosos somados.

Desde ser a força motriz por trás da criação do Federal Reserve, passando pela formação de monopólios gigantescos em aço, petróleo e ferrovias, até o aperfeiçoamento da arte sombria de criar pânico no mercado e depois bancar o salva-vidas, J. P. Morgan podia ser seu melhor amigo ou seu pior pesadelo, ou ambos ao mesmo tempo, a depender da situação.

No entanto, apesar de todas as realizações verdadeiramente incríveis de J. P. Morgan, havia dois jovens durante esse mesmo período que acabariam se tornando ainda mais importantes do que ele. Seus nomes eram Charles Dow e Edward Jones.

EMBORA POSSA PARECER UM POUCO ESTRANHO, antes de 1888 não existia uma maneira fácil de alguém acompanhar o desempenho do mercado de ações e a evolução geral da economia. Por exemplo, se você quisesse ter uma ideia de como andava o mercado, teria de pesquisar o preço das ações de cada empresa negociada na Bolsa de Valores de Nova York, uma a uma. Naquela época, havia 120 empresas no total, uma tarefa nada fácil.

A tecnologia da época – um *ticker*[14] via telégrafo que transmitia pequenos códigos com a cotação de ações em tirinhas de papel – tornava um grande desafio chegar ao preço atualizado de até mesmo *uma* ação. Mas conseguir isso para todas elas ao mesmo tempo – e depois tentar entender tudo, no que diz respeito ao rumo que o mercado estava tomando e se era um bom momento para investir?

Não era apenas difícil; era impossível.

Até 1888, pelo menos.

Foi aí que Charles Dow e Edward Jones resolveram o problema pegando os preços de um grupo seleto das maiores empresas de capital aberto dos Estados Unidos e fundindo-os em uma média de fácil compreensão, que serviria como indicador do desempenho geral do mercado. E como eles queriam que essa medição – ou "índice" – refletisse a economia geral do país, escolheram indústrias fornecedoras de matérias-primas.

Usando doze empresas no total – General Electric, American Tobacco, American Sugar, United States Rubber, Tennessee Coal and Iron, United States Leather, American Cotton Oil, North American, Chicago Gas, Laclede Gas, National Lead e Distilling and Cattle Feeding –, eles calcularam uma média somando os preços de todas as doze ações e dividindo o resultado por doze.

Sendo pessoas "humildes", Charles Dow e Edward Jones decidiram dar seus próprios nomes a esse novo índice, batizando-o de *Dow Jones Industrial Average*, ou Média Industrial Dow Jones – Dow, para abreviar.

Ao final de cada dia de negociação, eles realizavam esse cálculo simples e publicavam o resultado por meio de sua recém-nascida agência de notícias – a Dow Jones & Company –, junto com uma breve descrição do que estava acontecendo no mercado.

Se o Dow tivesse *subido* naquele dia, eles se referiam ao mercado como estando em alta, e se o Dow tivesse *caído*, eles se referiam ao mercado como estando em baixa.

---

14. "Ticker", à época, era o nome dado à máquina telegráfica descrita pelo autor; hoje, é o código alfanumérico usado por bolsas de valores para identificar ativos. [N.T.]

Não demorou muito para que um jornal nascente reconhecesse o benefício óbvio de ter um número simples para descrever o desempenho do mercado de ações e, em 1896, o *Wall Street Journal* começou a incluir o fechamento do Dow do dia anterior na primeira página de sua edição matutina. E, *sem mais delongas*, nasceu oficialmente o primeiro índice de ações amplamente acompanhado do mundo: o Dow Jones Industrial Average.

Para a Dow Jones & Company, o *timing* não poderia ter sido melhor.

Os anos que se seguiram à Guerra Civil tinham transformado os Estados Unidos de uma nação agrária em uma potência industrial e, à medida que o século XIX chegava ao fim, tanto Wall Street quanto a economia estavam florescendo de uma forma nunca antes vista.

Aquela foi a era da invenção.

Pessoas como Thomas Edison e Nikola Tesla eram os Merlins modernos, e a maravilha da eletricidade estava mudando tudo. Luz elétrica, telefone, rádio, geladeira, automóvel – os Estados Unidos mudavam a forma de fazer as coisas, e a população crescia a níveis inimagináveis. Ondas de imigração aconteciam desde o início do século XIX, mas a tendência agora se acelerava como nunca.

A escolha era simples: ficar no Velho Mundo, com seu sistema de classes repressivo e poucas oportunidades de ganho financeiro, ou dar as caras em Ellis Island, logo ao sul de Wall Street, com a promessa do Novo Mundo de saúde, felicidade e busca de lucro.

Em um típico estilo yin-yang, Wall Street colheu os lucros em uma escala sem precedentes e, ao mesmo tempo, se envolveu em duas atividades que parecem diametralmente opostas:

1. Financiou o crescimento de uma nação florescente, lançando as bases do Sonho Americano.
2. Foderam financeiramente a mesma nação em expansão que estavam ajudando a construir, drenando seus cofres e extorquindo seu ouro.

A consequência disso foi que um ciclo de expansão e recessão se tornou a norma, com os principais banqueiros de Wall Street orquestrando-os nos bastidores. Agindo como gigantescos titereiros, eles pairavam sobre o país e comandavam a ação – usando o Sonho Americano como palco, os empreendedores como estrelas, as novas capitalizações como adereços, os investidores como figurantes e o mercado de ações e o sistema bancário como suas cordas invisíveis.

Como em uma novela televisiva, em que 1 milhão de coisas acontecem, mas nada nunca muda, os dois personagens principais do show de marionetes – o Sr. Expansão e a Sra. Recessão – revezam-se ao longo do tempo, repetindo sempre o mesmo erro óbvio.

Em outras palavras, esse show de marionetes é uma maldita tragédia.

Quando a cortina se abre, vemos um país em rápido crescimento, abençoado com todas as vantagens que uma população poderia desejar – vastos recursos naturais, terras agrícolas abundantes, clima agradável, proteção geográfica contra invasões estrangeiras e uma constituição formal que garante liberdade e capitalismo. Quando olhamos um pouco mais de perto, vemos que eles estão desfrutando de um período de crescimento econômico, um mercado de ações em alta e um sentimento geral de que o futuro é promissor.

Então, do nada, sem motivo aparente, a população é repentinamente tomada por uma exuberância irracional, o que leva a uma especulação desenfreada com ações, o que cria uma bolha no mercado, uma que cresce cada vez mais, até de repente *estourar* na esteira de uma nova fraude. Quando os investidores se dão conta de que há fraudes por todo lado, todos entram em pânico, o mercado de ações começa a despencar e a riqueza começa a evaporar, o que desencadeia uma depressão repleta de desesperança e desespero.

Enquanto isso, com exceção dos titereiros, ninguém consegue descobrir o que diabos deu errado. É como se, de uma só vez, os bancos parassem de emprestar, os consumidores parassem de gastar, as empresas começassem a fechar e a economia começasse a piorar dia a dia. Uma nuvem escura paira sobre o país, pesando feito uma névoa rançosa. É o fim dos dias! Armagedom financeiro! *Há sangue nas ruas!*

Mas bem quando a nação está prestes a perder as esperanças e jogar a toalha do experimento capitalista, percebe-se uma recuperação repentina e sem nenhuma razão, a economia começa a crescer, as empresas começam a lucrar, os consumidores começam a gastar, o mercado de ações começa a subir e as pessoas começam a sentir que o futuro acena favoravelmente. É um momento incrível! Deram um jeito na coisa! Tudo está melhor do que nunca, e nunca mais vai piorar!

Mas, que desgraça, mais uma vez, sem nenhuma razão aparente, a população é subitamente dominada por uma exuberância irracional que leva a uma especulação desenfreada com as ações, o que faz com que o mercado forme uma bolha, que então *estoura* na esteira de uma fraude, o que cria um pânico em massa, o que faz com que o mercado de ações caia, o que leva a outra depressão de merda, e assim por diante.

E embora sempre tenha havido algum nível de fraude em qualquer ponto do ciclo, as bolhas têm alguma coisa que encoraja os fraudadores – multiplicando sua quantidade e a audácia dos seus esquemas. É um ciclo vicioso, para dizer o mínimo.

No entanto, a única salvação naquela época era que, em geral, os norte-americanos comuns mantinham-se longe do mercado de ações, de modo que a destruição da riqueza era limitada aos ricos. É claro que a dor acabaria sendo sentida por todo o país com o fechamento de fábricas, a perda de empregos e a paralisação da economia. Mas, ainda assim, o norte-americano médio realmente não investia no mercado de ações, o que era tudo o que os titereiros precisavam para convencer seus comparsas em Washington a permitir que a Bolsa de Valores de Nova York continuasse a se autorregular.

O que se provaria um grave erro.

Os problemas começaram no início da década de 1920, quando investidores comuns decidiram entrar na brincadeira. Impulsionados por uma economia em expansão, um mercado de ações em alta e a instalação de telefonia a longa distância pelos Estados Unidos, pessoas de todo o país começaram a enviar suas economias para corretores de ações em Wall Street, que investiam esse dinheiro em ações cada vez mais arriscadas.

Bem-vindo aos Loucos Anos 1920!

Após a Primeira Guerra Mundial, os gastos dos consumidores dispararam, criando uma enorme demanda por novos produtos e serviços. Isso levou a uma explosão no número de empresas de capital aberto, que começaram a se valorizar e a criar entre a população o medo de ficar de fora da folia. O surgimento de novas formas de mídia de massa, como o rádio e os jornais, que ajudaram a espalhar notícias sobre oportunidades no mercado de ações, foi como jogar gasolina na fogueira.

Em resumo, uma tempestade perfeita.

Como era de se esperar, não demorou muito para que as coisas saíssem do controle.

Como que por mágica, uma versão embrionária do Complexo de Máquinas de Taxas de Wall Street surgiu da poça de lodo primordial entre as ruas Wall e Pearl, e em seu coração estava a Bolsa de Valores de Nova York. Abandonando sua tradição de 150 anos de ser uma organização socialmente responsável que fodia apenas os ricos e deixava os pobres em paz, a Bolsa de Valores de Nova York mudou de opinião e, em 1921, começou a foder todo mundo.

Em 1925, o pregão da Bolsa começou a se assemelhar a uma galeria de tiro ao alvo, com investidores pouco sofisticados como alvo em vez de pombinhas de barro. Era o terceiro esporte favorito de Wall Street – logo atrás do golfe e da competição para ver quem tinha o maior pinto –, e, como todos os esportes de rico, esse em particular tinha um código de vestimenta e regras.

Era mais ou menos assim: um jovem corretor de ações, usando gravata-borboleta e suspensórios, colocava um investidor pouco sofisticado em um lançador de alvos aprovado pela Bolsa de Valores e, em seguida, dizia à pobre alma para segurar firme e não soltar de jeito nenhum. Em seguida, um banqueiro de investimentos experiente, usando fraque e cartola e segurando uma espingarda de cano duplo, gritava a palavra "já!", momento em que o corretor da bolsa mandava o investidor para o ar, rumo aos céus, com os braços balançando desgovernados enquanto tentava segurar com desespero os poucos dólares restantes que voavam dos seus bolsos. Quando ele chegava ao topo da trajetória, o banqueiro de investimentos apertava calmamente o gatilho – *bum!* – transformando o investidor em carne moída e fazendo-o despencar de volta à terra, como uma pedra.

No momento em que o corpo chegava ao chão, o corretor da bolsa gritava para o banqueiro de investimentos: "Lindo tiro!", ao que o banqueiro de investimentos fazia um único leve aceno de cabeça, como se dissesse: "Obrigado, meu jovem. Você fez um ótimo trabalho ao preparar aquele investidor para o tiro fatal".

Em seguida, ele girava lentamente o pescoço, como um campeão de boxe entrando no ringue, apontava a espingarda para o alto mais uma vez e gritava "já!", e outro investidor ia pelos ares.

Essa era a situação de Wall Street nos Loucos Anos 1920.

No início de 1929, esses paspalhos dos Loucos Anos 1920 não só tinham aperfeiçoado seu sangrento esporte financeiro – tendo como alvo investidores não sofisticados, estudados até a 6ª série, e que viviam de salário em salário – como também tinham acrescentado um novo detalhe que tornava o jogo *muito mais* emocionante e *infinitamente* mais lucrativo: eles reduziram a exigência de margem em todas as novas compras de ações de 50%, potencialmente perigosa, para 10%, insanamente autodestrutiva e moralmente repreensível.

Em outras palavras, um investidor não sofisticado, com praticamente *nenhum* patrimônio líquido e ainda menos experiência financeira, podia tomar emprestado até 90% do valor de qualquer ação que ele fosse idiota o suficiente para comprar ou, muito mais frequentemente, que um corretor de ações bom de lábia lhe enfiasse goela abaixo.

Fosse por meio de um anúncio em um jornal, de uma voz no rádio ou de uma versão embrionária do telemarketing, as massas eram o alvo pela primeira vez, e uma margem de 90% tornava tudo mais acessível.

Por exemplo, digamos que um corretor de ações dos Loucos Anos 1920 ligue para um cliente específico e fale sobre a empresa XYZ, que atualmente está sendo negociada a 40 dólares por ação. Ali pelo fim da ligação, o corretor foi *tão* persuasivo que o cliente está pronto para investir todas as suas economias da vida na empresa XYZ. Só tem um pequeno problema: as suas economias da vida inteira não são lá muita coisa. Na verdade, depois de liquidar todas as suas contas bancárias e abrir seu cofrinho, o máximo que ele consegue juntar são 4 mil dólares. Nem um centavo a mais.

De repente, o cliente se sente desanimado. Ele fez as contas e percebeu que, não importa quanto as ações da XYZ subam, ele não comprará ações suficientes para que aquilo tenha um impacto em sua vida. É uma triste realidade, mas o simples fato é que tudo aquilo é inútil. É um exercício de futilidade. Talvez se ele tivesse o dinheiro para comprar mais ações, *aí* seria diferente, mas ele não tem. É por isso que o mercado de ações é um jogo de gente rica, ele pensa, e não para pessoas comuns e normais como ele.

Com isso em mente, ele diz ao corretor: "Desculpe, amigo, mas acho que vou deixar passar. Consigo comprar só cem ações, então, mesmo que a ação dobre, não vai ser o bastante para fazer diferença na minha vida. E se eu *perder* dinheiro, ficarei muito irritado".

"Entendo perfeitamente o que você está dizendo", diz o corretor com empatia. "Na verdade, a maioria dos meus clientes estava exatamente na mesma situação que você quando os conheci, mas agora eu os fiz ganhar tanto dinheiro no mercado que eles não sabem o que fazer com ele! Veja, acho que o que você não entendeu é que precisa ter bem menos dinheiro do que você pensa para fazer fortuna no mercado de ações."

"*É mesmo?*", pergunta o cliente com ceticismo. "Como assim?"

"Na verdade, é muito simples. Quando você compra uma ação pela minha empresa, nós não o obrigamos a pagar por todas as ações; você tem de colocar apenas 10%. Minha empresa empresta o restante."

"Só 10%?", pergunta o cliente, incrédulo.

"Sim, só 10%. Isso se chama compra com margem. Hoje em dia todo mundo faz isso, e todos estão ganhando uma fortuna. Acho que você sabe como o mercado de ações está aquecido, não?"

"Sim, claro que sei."

"Pois é", continua o corretor, "o mercado está em alta e sem previsão de a festa acabar, e isso é especialmente verdadeiro para uma empresa como a XYZ, uma das ações mais quentes do momento. E, se você comprar com margem, agora seus 4 mil dólares podem lhe render *mil ações*, em vez de cem ações, o que significa que você ganhará dez vezes mais dinheiro conforme as ações subirem. Não tem o que pensar aqui."

"Incrível!", exclama o cliente. "Então, se a ação dobrar, ganharei 40 mil dólares em um investimento de 4 mil dólares? *Nossa senhora!* Nem dez anos no meu emprego me dariam tanto dinheiro!"

"Agora você está entendendo", diz o corretor. "E quando as ações triplicarem, como nós dois achamos que acontecerá, você ganhará oitenta vezes mais com seu investimento de 4 mil dólares! E, aliás, nesse mercado, isso não seria *nada*! Tenho clientes que ganharam *muito* mais do que isso nos últimos meses. É por isso que está todo mundo embarcando agora no mercado e comprando com margem. Não tem jeito melhor de ganhar dinheiro nesse mundo. Mamão com açúcar. Faz sentido?"

"Sem dúvida! Como eu começo?"

"É muito simples", responde o corretor. "Só preciso de algumas informações básicas para abrir a conta de margem, aí eu posso comprar as ações para você agora mesmo e, em seguida, você pode enviar seus 4 mil dólares nos próximos dias para cobrir 10% da negociação. Minha firma vai lhe emprestar automaticamente o que falta, de modo que você não precisará fazer nada."

"Caramba, parece fácil", diz o cliente, com uma ponta de ceticismo. "Quando eu tenho que pagar o empréstimo?"

"Essa é a melhor parte", responde o corretor. "Você não precisa pagar o empréstimo até que a gente venda as ações e você tenha lucro."

"Perfeito, e quanto aos juros?", pergunta o cliente. "Tem, não tem?"

"Sim, é claro", responde o corretor como se não fosse nada. "Mas é só 12%, e dá para postergar também até depois de vender as ações. Então, de novo, você não tem com que se preocupar."

"Não sei", diz o cliente. "Doze por cento me parece um pouco alto. Pode ficar muito caro com o tempo. E vai consumir meus lucros, você não acha?"

"Normalmente, eu concordaria", responde o corretor. "Por exemplo, se você estivesse hipotecando sua casa, então, sim, você definitivamente teria razão, porque estaria pagando essa taxa de juros durante trinta anos. Mas, no caso da XYZ, estamos falando de uma operação de curtíssimo prazo – talvez de três a seis meses, *no máximo* –, e aí vamos querer vender tudo e realizar o lucro. Sem mencionar que o potencial de alta é tão grande aqui que qualquer juro que você acabe pagando será baixo em comparação com o dinheiro que você vai ganhar. Portanto, pessoalmente, meu amigo, não vejo como pode dar errado. Parece bom?"

"Com certeza", concorda o cliente. "Estou dentro, amigo."

"Excelente!", responde o corretor. "Bem-vindo a bordo! Você tomou uma excelente decisão."

Clique.

Duas semanas depois, o cliente recebe um telegrama urgente do corretor.

Urgente: Você deve enviar imediatamente mil dólares para sua conta de corretagem via Western Union. *PONTO*. Se não recebermos os fundos até as 12h de amanhã, seremos forçados a liquidar suas participações na XYZ, de acordo com os termos e condições do seu contrato de margem, que você não leu por preguiça ou burrice. *PONTO*.

O cliente fica absolutamente atônito. Ele não tem ideia do que está acontecendo. Como ele poderia estar devendo mais dinheiro para a corretora? Ele não fez nenhuma compra nova! Além disso, ele *não tem* mais dinheiro. Eles o convenceram a colocar todas as suas economias da vida na XYZ.

Bufando, ele veste o paletó e vai para a porta. Há uma farmácia local a apenas 16 quilômetros de distância. Lá tem um telefone que consegue ligar diretamente para Wall Street. Ele vai resolver isso de uma vez por todas! Esses bastardos não vão se safar dessa, não *com ele*!

Mas, infelizmente, ele nem chega a sair pela porta. Ele é parado logo ali.

Não, não pode ser! *Mas é sim! Outro carteiro! Com outro telegrama!*

O carteiro sorri para ele e lhe entrega o telegrama lacrado. Ele estuda o rosto do homem em busca de ironia. *Será que ele sabe? Impossível! Como ele poderia estar sabendo?*

Mas o desgraçado está ali parado, sorrindo. Com a merda de um sorrisão em seu rosto redondo e bonito! *Qual é o problema desse bastardo arrogante? Por que ele está aqui parado?*

Então ele se dá conta: *uma gorjeta! O mensageiro quer uma gorjeta – numa hora dessas!*

Que cara de pau!

O mercado está quebrando, o mundo está acabando, e esse bastardo arrogante está esperando por uma gorjeta. *Pura audácia!*

Ele olha fixamente para o carteiro e estuda por um momento um modo de escapar dele. Em seguida, ele fecha lentamente a porta bem na cara do careteiro, sem quebrar o contato visual. De alguma forma, ele se sente melhor com isso. Foi um confronto direto, e ele saiu vitorioso. Mas foi uma vitória de Pirro. Lutando contra o pânico, ele abre o telegrama e começa a ler.

Ele está absolutamente estupefato. É outro pedido de dinheiro!

Urgente: Você deve enviar imediatamente 1,5 mil dólares para sua conta de corretagem via Western Union. *PONTO*. Se não recebermos os fundos até as 12h de amanhã, seremos forçados a liquidar suas participações na XYZ, de acordo com os termos e condições do seu contrato de margem, que você não leu por preguiça ou burrice. *PONTO*.

Agora deu! Ele está farto! Com um suspiro, mais uma vez ele sai pela porta em direção a seu Ford T. Ele liga o motor e se dirige à farmácia local para resolver o problema. *Só pode ser um engano!*

Trinta minutos depois, ele chega à farmácia, com uma nuvem de poeira de um quilômetro de comprimento em seu rastro. O que está acontecendo com o clima? Além de tudo, essa seca! Suas plantações estão morrendo, suas galinhas estão magras como varetas, suas vacas pararam de dar leite e seus filhos estão por aí, com poeira no rosto e tossindo até perder o ar! É o fim dos tempos!

Mas ele não tem tempo para isso agora. Vai lidar com a ira de Deus mais tarde. Por enquanto, ele precisa se concentrar em Wall Street – *eles* são o inimigo!

Ele respira fundo, pega o telefone e pede à telefonista que o conecte à corretora que está tentando roubar suas economias, forçando-o a enviar ainda *mais* dinheiro, o que ele não tem no momento. Eles já roubaram tudo! Como isso pode estar acontecendo com ele? É como se estivesse em um pesadelo! E sem conseguir acordar!

Depois de uma breve pausa, ele ouve alguns cliques. Em seguida, o telefone toca duas vezes e, magicamente, ele está falando com a telefonista da central telefônica da empresa de corretagem do mal.

"Olá", diz a telefonista em um tom anasalado. "Obrigado por ligar para a Dewey, Cheetham & Howe. Como posso completar sua chamada?"

Ele faz uma imagem mental da mulher. Ele conhece o tipo. Magra, óculos de aros de chifre, tom condescendente. Ela *cheira* ao esnobismo de Nova York e Wall Street. Com raiva, ele pede a ela que o passe ao canalha que criou essa bagunça.

Alguns cliques depois, ele ouve a voz do canalha vindo do telefone, alta e clara, como se ele estivesse na porta ao lado. *Que tecnologia!*, ele pensa, *eu deveria ter comprado ações da Bell Telephone! Onde eu estava com a cabeça para comprar essa porcaria de XYZ?*

Mas ele tira esses pensamentos da cabeça. Ele precisa ser dominante com o corretor, mostrar quem é que manda. É a única chance de recuperar seu dinheiro.

"Olá", diz o corretor em um tom otimista. "Em que posso ajudar..."

Ele interrompe o corretor no meio da frase e libera sua santa ira – chamando-o de todos os nomes existentes e acusando-o de cometer todos os crimes possíveis, com exceção do Massacre do Dia de São Valentim, embora ele não duvidasse que esse safado ganancioso também estivesse em conluio com Al Capone.[15] E gagueja: "Não devo um centavo a você ou à sua firma. Tudo o que comprei foram cem ações da XYZ, nada mais, e...".

"Calma, calma, calma", diz o corretor, interrompendo-o. "Acalme-se! Você vai ter um ataque cardíaco sem motivo! Estamos de acordo, você só comprou cem ações da XYZ. Não há nada de estranho acontecendo. Você precisa relaxar."

O fazendeiro está incrédulo. "Nada de estranho? Se não há nada de estranho acontecendo, então por que diabos estou recebendo telegramas da sua empresa dizendo que se eu não enviar 2,5 mil dólares eles vão liquidar minha conta? Recebi dois destes essa manhã, com uma diferença de quinze minutos entre eles. O que você tem a dizer sobre *isso*?"

"*Ahhhh*, agora eu entendo", responde o corretor. "Isso são as chamadas de margem. A XYZ tem caído nos últimos dias – na verdade, tudo tem caído; o mercado inteiro está uma porcaria –, então o pessoal do escritório envia essas cobranças automaticamente. Desculpe-me por isso."

O fazendeiro fica confuso por um momento. Ele nunca tinha ouvido esse termo antes, "chamada de margem". O corretor nunca

---

15. O Massacre do Dia de São Valentim (o Dia dos Namorados nos Estados Unidos), ocorrido em fevereiro de 1929, foi um confronto entre mafiosos de dois grupos rivais de Chicago, um deles chefiado por Al Capone, e resultou em sete mortes. [N.T.]

mencionou nada a respeito. De repente, ele é atingido – *bam!* – como se Jack Dempsey tivesse dado um soco bem no seu estômago![16] Ele sente os joelhos fraquejarem. É aquele momento terrível em que nos damos conta pela primeira vez de que estamos na extremidade mais vulnerável de uma corrente irreversível de eventos colocada em movimento pela nossa própria idiotice. É essa expressão, "chamada de margem"... Ele leu sobre isso em algum lugar. Ele não tem certeza de onde, mas as implicações são terríveis. Ele pode ir à total falência! É hora de se fazer de bobo, ele pensa.

Ele precisa fingir que nunca ouviu falar a respeito. Por que não dar o nome certo para a coisa: uma exigência de pagamento imediato de um empréstimo de merda com juros altos? Pior ainda, eles estão com os 4 mil dólares que ele enviou como garantia! *Aqueles malditos!* Ele não tinha como saber que isso aconteceria. É um fazendeiro, e esse jargão financeiro foi criado para confundir pessoas como ele – gente leiga, boa, honesta e trabalhadora!

Além disso, o corretor nunca falou em "chamada de margem", só em comprar com margem. Isso dá ao fazendeiro uma posição moral elevada; é evidente que ele foi trapaceado. Ele tem todo o direito de exigir seu dinheiro de volta, sem dúvida alguma!

Animado com esse pensamento, o fazendeiro diz, em tom de ignorância: "Que diabos é uma chamada de margem? Você nunca falou nada sobre chamada de margem! Eu nunca *ouvi* falar nessa expressão antes! Pode acreditar que eu me lembraria de algo como...".

O corretor o interrompe com uma mentira descarada: "Claro que mencionei isso a você! Tivemos uma conversa inteira sobre isso! Eu expliquei toda a...".

"Não, você não explicou! Você nunca falou sobre nada disso..."

Outra cortada, outra mentira descarada: "Falei sim! Eu lembro de cada palavra da conversa! Eu lhe disse que, se as ações caíssem mais de 10%, você teria de enviar mais dinheiro para cobrir o déficit. É assim que a margem funciona. Suas ações são a garantia do empréstimo.

---

16. Jack Dempsey foi um boxeador norte-americano que conquistou o título mundial dos pesos-pesados entre 1919 e 1926. [N.T.]

Portanto, quando a XYZ caiu de 40 dólares para 37,50 dólares, sua garantia ficou abaixo do limite de 5%, que é o ponto de corte. Esse é o problema aqui – eu simplesmente não achei que isso aconteceria, porque o mercado tem estado tão forte...". O corretor da bolsa continua a falar, mas o fazendeiro para de escutar. Ele não consegue mais ouvir essa conversa fiada. Ele já sabe aonde o corretor está indo com esse papo, mas não consegue acreditar que o desgraçado esteja mentindo na cara dura!

Quando a ação chegou a 37,50 dólares, o valor de sua posição de mil ações caiu para 37,5 mil dólares, deixando sua conta com apenas 1,5 mil dólares de patrimônio líquido a partir do seu investimento de 4 mil dólares. *É aquele maldito empréstimo!* Ele ainda deve a coisa toda, 36 mil dólares, *mais os juros!* E agora eles estão exigindo mais garantias! Uma ação cair 5% não é nada, acontece o tempo todo. Ele foi preparado para fracassar – era tudo uma armadilha.

O fazendeiro consegue ver a equação exata em sua mente. Está bem ali, na frente dele, clara como o dia. Duas equações, na verdade:

Investimento inicial	**Valor após queda no preço**
Preço por ação = US$ 40	Preço por ação = US$ 37,50
Ações = 1.000	Ações = 1.000
Valor total do investimento = US$ 40.000	Valor total do investimento = US$ 37.500
Empréstimo de margem = 90% × US$ 40.000 = US$ 36.000	Empréstimo de margem (inalterado) = US$ 36.000
Patrimônio líquido da conta = 10% × US$ 40.000 = US$ 4.000	Patrimônio líquido da conta = US$ 37.500 – US$ 36.000 = US$ 1.500

Enquanto isso, o corretor ainda está falando, mentindo do jeito que só um corretor ganancioso sabe fazer! "Eu disse que havia um risco. Admito que disse que era improvável, mas, em minha defesa, o mercado esteve em alta nos últimos oito anos e tenho feito uma fortuna para meus clientes. Eu queria que você fizesse parte disso. Mas agora todos estão em pânico e o *mercado* inteiro está sendo destruído, não só a XYZ. É um cenário ruim para todos. O que posso dizer?"

"O que você pode dizer?", esbraveja o fazendeiro. "Que tal dizer que tudo isso é um monte de papo furado? Eu não sabia de nada disso. Você nunca me disse nada sobre chamada de margem e, de qualquer forma, não tenho dinheiro para mandar. Investi meus últimos 4 mil dólares nisso. Eu lhe disse daquela última vez, esse é todo o dinheiro que tenho em meu nome. Vou ficar sem nada."

"Bem, *isso* é lamentável", disse o corretor. "A empresa terá de liquidar sua posição antes que a ação caia ainda mais. Caso contrário, você acabará devendo *ainda mais* dinheiro."

O fazendeiro está incrédulo. "Liquidar?", ele gagueja. "O que isso *quer dizer*?"

"Quer dizer que venderemos automaticamente as ações da sua conta para pagar o empréstimo. Neste momento, a XYZ está sendo negociada a 37 dólares, portanto, se vendermos suas ações, você receberá de volta 37 mil dólares, menos o empréstimo que lhe concedemos, 36 mil dólares, mais os 50 dólares de juros acumulados; não tem como evitar isso. Portanto, você vai ficar com 950 dólares. Então você só precisa pagar minha comissão, que é de 2,5%. Esse é o padrão do setor e não temos permissão para descontá-la. De qualquer forma, se pegarmos 2,5% do total da negociação de 37 mil dólares, ficamos com 925 dólares. Essa é a minha comissão. Portanto, depois de deduzirmos os 925 dólares" – *nesse exato momento, o fazendeiro percebe por que esse bastardo o pressionou a comprar com margem: porque isso deixava a comissão dele dez vezes maior* –, "você fica com 25 dólares. Ah, espere, esqueci uma última coisa: as taxas de ingresso. Desculpe-me. Há uma taxa de ingresso de 3 dólares na compra e na venda. Não o obrigamos a pagá-la na entrada, então ela ficou lá como débito. Portanto, são 6 dólares, o que reduz seu total para 19 dólares. Se quiser, posso fazer isso para você agora mesmo", continua o corretor. "Eu provavelmente recomendaria isso a esta altura, considerando como as coisas estão ruins. Quer dizer, a última coisa que você quer é que sua conta fique negativa. Então, teremos que correr atrás de você para pagar a dívida que nos deve, e os agentes de cobrança não são tão simpáticos quanto..."

"Já ouvi o suficiente", esbraveja o fazendeiro. "Não sei o que está tentando fazer aqui, mas você nunca falou *nada* sobre chamada de margem ou sobre ter de enviar mais dinheiro se as ações caíssem. Eu não tenho mais dinheiro! Além disso, você me disse que a XYZ iria triplicar, que eu ganharia *mais* dinheiro do que conseguiria gastar, como o resto dos seus malditos clientes. Portanto, a essa altura, só quero cancelar a coisa toda. Quero que você encerre minha conta e me devolva os 4 mil dólares. Caso contrário, vou ter de..."

Cortando o fazendeiro com uma indiferença fria, o corretor continua: "Como eu estava dizendo, a última coisa que você quer é que a conta fique negativa. Então, você terá que enviar mais dinheiro para cobrir a dívida que terá conosco. Eu odiaria ver isso acontecer..."

"Dívida? Eu não tenho dívida com vocês! Não devo nada a vocês! Você nunca disse nada..."

"Eu odiaria ver isso acontecer", diz o corretor, retomando exatamente de onde parou. "De qualquer forma, não sei por que você continua dizendo que não sabe do que estou falando. Tudo isso foi explicado no contrato da nova conta que você assinou. Está tudo bem aqui, na minha frente: seu formulário de conta, o contrato de margem, a cláusula de taxa de juros; está tudo aqui. Então, como eu disse, sugiro enfaticamente que você venda agora mesmo, antes que sua conta fique negativa, entendeu?"

O fazendeiro perde as palavras. Ele se sente totalmente desalentado. Como ele pôde ser tão burro a ponto de não ler o contrato? Mas as letras eram tão pequenas. *O velho truque das letras pequenas!* Eles o pegaram! Além disso, ele é só um fazendeiro. Como poderia saber essas coisas?

Não é minha culpa... não é minha culpa... não é minha culpa... Ele continua se agarrando a essas quatro palavras, mas, por dentro, sabe que acabou. Ele perdeu tudo...

"De qualquer forma, esse é o meu conselho", continua o corretor. "Estamos em um momento muito difícil. Todos estão na mesma situação que você; todos estão recebendo chamadas de margem. Isso está acontecendo em todo o país, em todas as ações, e está colocando uma enorme pressão no mercado. Virou uma profecia autorrealizável. Quanto mais o mercado cai, mais contas são liquidadas, porque não conseguem pagar as chamadas de margem, o que gera mais pressão de venda no mercado, o que o faz cair ainda mais, disparando mais chamadas de margem, o que gera ainda mais pressão de venda, e assim por diante. Como eu disse, é um cenário muito ruim. E então, o que você quer fazer?"

O fazendeiro perde as palavras. Wall Street não apenas elevou o mercado a alturas inimagináveis, mas também o fez de uma forma que transformou a recente queda do Dow no equivalente financeiro de uma avalanche no topo do Monte Everest – não importa quão pequena ela comece, não há como detê-la antes que chegue ao sopé da montanha, crescendo e acelerando até destruir tudo em seu caminho. *Tudo.*

Com esse pensamento em mente, o fazendeiro responde ao corretor com duas palavras simples: "Venda tudo".

ESSA É A *INSANIDADE* de comprar uma ação usando uma margem de 90%. É o equivalente a entregar uma metralhadora destravada a uma criança e dizer: "Agora, tome muito cuidado, Joãozinho. Ela pode ser *beeeeeem* perigosa!".

Mas, é claro, tudo o que Joãozinho enxerga é o brilho da arma, além de sentir uma intensa excitação em todo o seu sistema nervoso central. É emocionante! De arrepiar! É a maldita natureza humana! Sob uma emoção intensa, quer estejamos comprando uma ação de merda com uma margem de 90%, quer estejamos segurando um explosivo M-80 aceso até que uma de nossas mãos exploda, tendemos a ter muita dificuldade de enxergar o perigo à nossa frente.

Foi por essa mesma razão que todos os futuros Joãozinhos-sem-mão continuaram a investir suas economias da vida toda em um mercado de ações em expansão, apesar de todos os avisos. O dia do acerto de contas chegaria em breve.

ENQUANTO ISSO, com a mania especulativa chegando a um nível febril, em 1928 a Dow Jones & Company decidiu acrescentar mais dezoito empresas ao seu índice de ações, elevando o número total de ações no Dow para trinta, que é o número atual.

O problema, entretanto, não era tanto com as trinta ações de grande capitalização que compunham o Dow. Embora seus preços estivessem inflados pelos padrões históricos, havia agora setecentas outras ações sendo negociadas na Bolsa de Valores de Nova York, e a qualidade delas se revelaria um grande problema. De fato, em 1929, a qualidade tinha se deteriorado tanto que a maioria dos certificados de ações não valia o papel em que haviam sido impressos.

E, para dar uma descontraída, tente adivinhar qual corretora estava liderando o lançamento das maiores merdas financeiras – merdas tão fedorentas e com estruturas tão completamente tóxicas que, quando implodissem, tornariam o cenário financeiro *tão* radioativo que seria inabitável para investidores humanos pelos próximos vinte anos.

Sim, você adivinhou: a Goldman Sachs.

Empregando uma estratégia que ela aperfeiçoaria nos cem anos seguintes, a Goldman começou devagar e, depois de ter certeza de que os enormes ganhos financeiros compensariam a destruição financeira em massa que certamente se seguiria, entrou com os dois pés no mercado e se tornou a sua mais prolífica criadora de merdas.

Quando outubro chegou, a Bolsa de Valores de Nova York tinha completado sua transição de ser a principal bolsa de valores do país para ser o marco zero financeiro de uma guerra termonuclear. Restava apenas uma pergunta.

Quando as bombas iriam explodir?

A IMPRENSA BATIZOU AQUELE DIA DE QUINTA-FEIRA NEGRA.

Esse foi o nome que eles cunharam oficialmente na sexta-feira, 25 de outubro, para descrever a carnificina do dia anterior na Bolsa de Valores de Nova York.

O Dow tinha despencado 11% no pregão de abertura, e o volume no meio do dia ultrapassou 11 milhões de ações. Naquela época, 11 milhões de ações era um número sem precedentes – mais de dez vezes o volume normal de negociação da bolsa para um dia inteiro –, e a tecnologia da época, o *ticker* eletrônico de ações, não conseguia acompanhar.

Ao meio-dia, o *ticker* estava três horas atrasado, exacerbando um pânico financeiro que já se espalhava por todo o país. Investidores pouco sofisticados – açougueiros, padeiros e fabricantes de castiçais – tinham investido toda a poupança de suas vidas em ações arriscadas, insensatamente compradas com uma margem de 90%. Com os poucos indicadores de ações disponíveis registrando horas de atraso, ninguém sabia como estava o mercado ou se estava prestes a receber um telegrama da Western Union.

Por volta das 14h, toda a esperança parecia perdida.

Então, um milagre aconteceu.

Do nada, o sentimento dos investidores deu uma guinada repentina e enormes ordens de compra começaram a inundar o mercado. Elas chegaram de uma só vez – espalhadas entre as maiores e mais importantes empresas do Dow –, e os preços das ações subiram vertiginosamente. Ainda mais convincente foi o fato de as ordens de compra terem vindo de um dos membros mais respeitados da Bolsa de Valores de Nova York, um corretor que administrava dinheiro para os Vanderbilt, os Rockefeller e o restante dos titereiros. Era um homem com a sólida reputação de estar por dentro de tudo.

Ao ver a compra massiva proveniente desse tipo de fonte bem conectada, os demais operadores da Bolsa de Valores de Nova York decidiram embarcar. Afinal, se os titereiros estavam comprando, significava que eles deviam saber de alguma coisa. E, sem mais delongas, quando a notícia começou a se espalhar entre os operadores, dos operadores para os corretores da bolsa e, depois, dos corretores da bolsa para os seus clientes, o mercado voltou à vida.

Na verdade, as compras não surgiram do nada. Os titereiros tinham imaginado que seria do interesse de todos (especialmente do interesse deles) manter a festa pelo maior tempo possível, de modo que juntaram seus fundos em uma série de ordens de compra massivas e as fizeram por meio de seu corretor habitual para telegrafar suas intenções.

Trata-se de um truque mais antigo que andar para a frente – fazer grandes ordens de compra em um curto período de tempo para aumentar o preço de uma ação – e funciona especialmente bem quando as pessoas que estão comprando são investidores conhecidos com um histórico de acerto.

Hoje em dia, chamamos esse tipo de "compra proposital" de manipulação de mercado, o que lhe renderia de três a cinco anos no Club Fed mais próximo. Mas, em 1929, não havia leis federais de valores mobiliários contra a manipulação de ações ou qualquer outra prática obscura que envolvesse a violação e a pilhagem de investidores desavisados. Era um jogo totalmente livre para todos, baseado na lei da selva, e a manipulação de mercado era o jogo favorito.

Qualquer que seja o caso, o plano funcionou brilhantemente.

No momento do fechamento, o Dow tinha recuperado quase tudo o que perdera durante o pregão da manhã, terminando o dia com uma queda de apenas 2%.

A sexta-feira transcorreu calmamente, com os investidores fazendo uma pausa para recuperar o fôlego. Tudo parecia bem.

Então veio a segunda-feira.

Essa segunda-feira *também* foi negra – muito mais negra do que a Quinta-feira Negra, na verdade – ou pelo menos foi assim que a imprensa a descreveu para oitenta milhões de norte-americanos em estado de choque quando pegaram seu jornal favorito na manhã seguinte e leram a manchete.

Elas eram iguais em todos os lugares: *Segunda-feira negra! Ações despencam! A morte de Wall Street! Fim do capitalismo!*

Entretanto, ao contrário da Quinta-feira Negra, em que uma recuperação no final da tarde salvou o dia, quando o mercado abriu para negociação na manhã de segunda-feira, ele começou a afundar como uma pedra e não parou mais. O banho de sangue começou exatamente às 9h30.

De uma só vez, todo o público investidor correu loucamente para uma única porta de saída e transformou o interior da Bolsa de Valores de Nova York em um armagedom financeiro. Antes do fim do dia, o Dow tinha perdido 11% de seu valor – fechando em 241 –, 33% abaixo do recorde histórico atingido apenas quarenta dias antes. Foi uma queda chocante. Pior ainda, feito um lutador premiado espremido nas cordas, o Dow foi salvo pelo sino das 16h, fechando em seu ponto mais baixo do dia sob uma enxurrada de vendas.

Aí veio a terça-feira.

Essa terça-feira também foi negra – ainda mais negra do que a Segunda-feira Negra, que tinha sido muito mais negra do que a Quinta-feira Negra, ou ao menos foi assim que a imprensa descreveu esse último episódio de armagedom financeiro para um público norte-americano já em pânico, ainda tentando digerir as manchetes tóxicas dos dias anteriores.

As manchetes eram as mesmas em todos os lugares.

Terça-feira Negra! As ações despencam ainda mais! Agora é mesmo a morte de Wall Street! Não estamos brincando! Sério! A festa acabou, ok? Foram dois dias seguidos! Cuidado, banqueiros pulando das janelas!

Infelizmente, dessa vez as manchetes estavam certas.

Nesse último dia negro, a Terça-feira Negra de 29 de outubro de 1929, o mercado despencaria mais 12% e continuaria despencando pelos três anos seguintes. O Dow só chegaria ao fundo do poço em 8 de julho de 1932. O preço de fechamento naquele dia – 41,22 – caíra 90% em relação ao recorde histórico do Dow, em setembro de 1929.

É claro que o mercado não caiu em linha reta – nunca cai. Não é assim que o mercado funciona. Mesmo na mais feroz baixa do mercado, ainda há ralis[17] – "ralis dos tontos", no jargão de Wall Street, ou "pulos do gato morto" – à medida que as perdas se consolidam. Esses ralis são raquíticos, de curta duração e caracterizados por um volume muito baixo. E assim que terminam, o mercado começa a cair de novo e chega a uma nova mínima.

Esse foi o caso durante o período de três anos que se seguiu ao *crash* de outubro, quando uma série de ralis dos tontos ofereceu breves vislumbres de esperança a uma nação em estado de choque, cujo sistema financeiro inteiro – e a economia subjacente – estava à beira do abismo.

Aí eles caíram no abismo.

Como uma fileira de dominós bem colados um ao outro, o colapso do mercado de ações levou ao colapso do sistema bancário, que levou a uma crise de crédito em todo o país, que contaminou uma economia já em desaceleração e a paralisou. O problema era profundo: o povo norte-americano tinha perdido completamente a confiança no sistema financeiro do país e começou a se preparar para uma tempestade.

Era a profecia autorrealizável definitiva, e os resultados foram catastróficos.

O volume do mercado de ações caiu para níveis anêmicos e os bancos começaram a entrar em colapso devido a corridas aos seus cofres. As pessoas perceberam que o dinheiro que achavam que estava esperando por elas em segurança no banco tinha sido, na verdade, emprestado a especuladores de Wall Street que estavam comprando ações de merda com uma margem de 90%. O comércio literalmente parou.

Foi a era dos *hobos*, das filas de sopa e da pobreza abjeta.[18]

---

17. No jargão dos investimentos, "rali" significa uma alta abrupta no mercado de ações, após um período de queda ou estagnação. [N.T.]
18. De grande popularidade no contexto da Grande Depressão, o termo "*hobo*" significa pessoa sem-teto, que vagueia pelos Estados Unidos em busca de trabalho, locomovendo-se muitas vezes como passageiro clandestino do sistema ferroviário daquele país. [N.T.]

Famílias colocaram seus pertences em carriolas imprestáveis e atravessaram o país em busca de satisfazer suas necessidades básicas, como comida, abrigo e emprego remunerado.

Todos os três difíceis de encontrar, especialmente o último.

A taxa de desemprego chegou a 33%, pois um em cada três norte-americanos simplesmente não conseguia encontrar um emprego, e os poucos empregos que encontravam eram para trabalhadores não qualificados, que realizavam tarefas braçais em troca de salários baixíssimos. O progresso simplesmente cessara. Era a Grande Depressão.

Foi então que, em 1934, na esteira dessa turbulência econômica, o governo enfim decidiu intervir e botar ordem no caos. Era hora de controlar Wall Street, ou pelo menos *fingir* controlar Wall Street. Em 1934, por meio de uma lei aprovada pelo Congresso, a Comissão de Valores Mobiliários dos Estados Unidos (United States Securities and Exchange Commission – SEC) nasceu oficialmente.

Na condição de vigia principal do país, a agência teria poderes sobre todas as atividades relacionadas à emissão e à negociação de qualquer tipo de ativo – ações, títulos, opções, fundos mútuos e qualquer outro instrumento financeiro que fosse oferecido publicamente aos investidores. Sua missão era muito clara: restaurar a confiança de um país repleto de investidores extremamente irritados por terem sido depenados por um exército de operadores desonestos de Wall Street, um grupo tão ganancioso que acabou explodindo o mercado de ações e depenando a si próprio.

O Congresso acreditava – com razão – que, sem um mercado de ações e um sistema bancário em que as pessoas pudessem confiar, a recuperação econômica seria praticamente impossível.

Os congressistas delegaram a crítica missão de escolher o primeiro presidente da agência à autoridade máxima do país, o presidente dos Estados Unidos.

À época, era o bom e velho FDR, Franklin Delano Roosevelt. Um homem de grande visão, um justo que certamente estava à altura da tarefa, ou pelo menos era o que se pensava. Só que você nunca vai adivinhar quem ele decidiu escolher para cuidar do galinheiro: o Lobo de Wall Street original.

CAPÍTULO 5

O VELHO JOE KENNEDY E O SELVAGEM MUNDO DA OPERAÇÃO VENDIDA

POR UM LADO, escolher o manipulador de ações mais famoso de Wall Street para ser o primeiro presidente da SEC fazia todo o sentido. Afinal de contas, se você quer se livrar de todas as fraudes em Wall Street, por que não contratar seu maior fraudador? Por outro lado, *também* é o equivalente a escolher um lobo para cuidar das ovelhas e depois esperar que ele resista à sua própria natureza e não transforme as ovelhas em refeição.

De qualquer forma, esse foi o caso do primeiro presidente da SEC, Joseph P. Kennedy, um escroque completo, cuja única qualidade redentora foi o fato de ter gerado um filho chamado John Fitzgerald, que acabou se tornando o 35º presidente dos Estados Unidos. Mas, para além dessa feliz doação de esperma presidencial, não só o "velho Joe" foi um dos mais notórios manipuladores de mercado da história de Wall Street, mas também se especializou em uma estratégia de negociação altamente tóxica que teve um papel importante no desencadeamento do *crash*.

Especificamente, Joe Kennedy operava vendido, ou seja, ele apostava que os preços de determinadas ações cairiam, tomando-as emprestadas e vendendo-as imediatamente para estabelecer a chamada posição vendida. Quando apostava certo (e o preço das ações caía), ele conseguia comprar de volta as ações pelo preço mais baixo, devolvê-las ao credor e embolsar a diferença. Quando ele apostava errado (e o preço das ações subia), depois de recomprar as ações e devolvê-las ao credor, ele ficava com um prejuízo.

Você está confuso?

Se sim, você não está sozinho.

A maioria das pessoas acha a ideia de vender uma ação que no momento você não possui para lucrar com a queda dela uma coisa difícil de entender. E essa coisa fica ainda mais confusa quando se acrescenta o fato de que é preciso primeiro tomar emprestadas as ações e depois devolvê-las em algum momento no futuro, com a esperança de conseguir algum lucro nesse meio-tempo. Francamente, quando você considera todos os obstáculos que tem de superar, parece trabalho demais para apostar que o preço de uma ação vai cair.

Por exemplo: de quem você toma emprestadas as ações? Quanto custa esse empréstimo? Por quanto tempo você pode ficar com elas? Como você as devolve? Quanto dinheiro é necessário para fazer a negociação real? O que fazer se a negociação for ruim para você?

São perguntas como essas, e muitas outras, que fazem com que a maioria dos novos investidores evite operar vendido. Do ponto de vista deles, é uma operação muito complicada e cheia de riscos; portanto, é melhor deixá-la para os profissionais.

Mas será que isso é verdade?

Operar vendido é mesmo tão complicado? É algo tão cheio de riscos que deve ser evitado como uma praga? Ou será que operar vendido tem uma reputação desnecessariamente ruim e pode ser uma ferramenta valiosa para um investidor astuto?

Como a maioria das coisas na vida, a verdade está em algum lugar no meio, embora, de uma perspectiva prática, esteja você no lado vendido ou no lado comprado, quando se envolve em qualquer tipo de estratégia de negociação de curto prazo com mais do que alguns dólares que você reservou para uma especulação saudável, você está a caminho da decepção. Você verá exatamente o porquê disso um pouco mais adiante, mas, por enquanto, deixe-me apresentar um exemplo real de como operar vendido para que você entenda isso direito e não seja induzido a entrar nessa por causa de um corretor interesseiro ou qualquer outro consultor.

Por exemplo, digamos que um *robinhooder*[19] de 25 anos, entediado com a pandemia, esteja pensando em como investir seu último auxílio emergencial. Até agora, ele tem se saído extremamente bem no lado comprado do mercado, comprando ações meme e negociando-as com lucro.

Para aqueles que não estão familiarizados com o termo "ação meme", trata-se de um rótulo dado a uma ação que se tornou popular entre pequenos investidores por motivos que pouco têm a ver com os fundamentos da empresa. Em vez disso, o interesse é alimentado principalmente por fatores culturais compartilhados via redes sociais, incluindo o desejo de demonstrar apoio a uma determinada empresa ou marca. Não surpreende que as ações meme tenham a tendência de ser extremamente voláteis, sendo negociadas por um longo período muito acima de seu valor intrínseco e, em seguida, caindo de volta ao chão de forma estrondosa.

No entanto, apesar disso, nos últimos seis meses, o jovem *robinhooder* vem ganhando muito dinheiro com ações meme, transformando 25 mil dólares em 150 mil dólares, e sua confiança intumesceu feito uma espinha gigante. Como muitos investidores antes dele, ele acredita que seu recente sucesso é resultado da combinação de um sexto sentido aguçado com uma habilidade especial que só ele tem, em oposição ao fato óbvio de que um mercado em alta ergue todos os barcos, incluindo suas ações meme supervalorizadas, que, como todo o resto, subiram junto com a maré. De fato, ele está tão confiante que quer intensificar seu jogo e começar a atuar nos dois lados do mercado – comprado *e* vendido – e, por um golpe de sorte, já identificou a primeira ação para isso.

Ele acredita que essa é a situação perfeita, ou seja, ele tem certeza de que a empresa é uma merda completa e que as ações dela estão fadadas a cair. No momento, ela está sendo negociada a 40 dólares na NASDAQ, e ele tem certeza absoluta de que vai chegar a zero. A única coisa que o impede de operar vendido nessas ações é que ele não está familiarizado com todas as nuances. Ele entende os fundamentos de operar vendido, mas ainda acha a coisa toda um pouco confusa, e realmente precisa de orientação profissional.

---

19. Referência a clientes da corretora Robinhood, popular entre gerações mais recentes por sua interface inteiramente digital, via aplicativo móvel. [N.T.]

Por esse motivo, ele decide que sua conta na Robinhood não é o lugar certo para executar sua primeira operação vendida. Em vez disso, ele pega o telefone e liga para seu corretor da bolsa, Jimbo Jones, que trabalha em uma empresa de prestígio em Wall Street. Jimbo tem sido seu corretor de ações nos últimos anos, embora o *robinhooder* não tenha feito muitos negócios com ele. Ao contrário de sua conta no Robinhood, que é divertida e empolgante, sua conta com Jimbo é um tédio infernal. Além disso, apesar de ser um amigo, Jimbo Jones é um paspalho pomposo.

"Então, diga-me, jovem Robinhood", brinca Jimbo. "Como posso ajudá-lo?"

Jovem Robinhood! Então é isso o que funcionários de Wall Street como Jimbo pensam de pessoas como ele: *somos só fogo de palha! Produtos da pandemia! Sanguessugas da sociedade, tirando onda com o seguro-desemprego e o auxílio emergencial.*

"Considero o nome um elogio", responde Robinhood. "Mas eu não roubo dos ricos para dar aos pobres. Eu recebo dinheiro de graça do governo e o invisto em ações meme. Qual é o problema?"

"Nenhum problema, jovem Robinhood. Você deve estar muito orgulhoso."

"Estou orgulhoso, *muito* orgulhoso. Mas e aí, como estão as coisas em Wall Street hoje? Já roubou alguma viúva ou órfão?"

"Ainda não", responde Jimbo. "Mas o dia está só começando. Ainda tenho esperanças."

"Bem, boa sorte nessa", diz Robinhood. "Tenho certeza de que você terá sucesso. De qualquer forma, preciso de sua ajuda. Quero operar vendido em uma ação e nunca fiz isso antes."

"Certo, em que ação você quer operar vendido?"

Robinhood hesita por um momento. "Bem... antes de lhe dizer, eu só quero que saiba que fiz minha lição de casa, então não tente me convencer a não fazer isso. Não vai adiantar."

"Tudo bem, você tem minha palavra. Em que ação quer operar vendido?"

Com isso, Robinhood dá a Jimbo uma explicação detalhada sobre por que a tal empresa é a maior operação vendida da história das operações vendidas. Ele passa por tudo – balanço patrimonial, histórico anual de negociações, o declínio das vendas, as despesas gerais inchadas, o modelo de negócios antiquado e a equipe de administração egoísta. Aí ele desvia do curso e começa a conversar com Jimbo sobre seu incrível histórico e senso de oportunidade sobrenatural. Depois de alguns segundos muito difíceis, Jimbo para de escutar.

O velho ditado segundo o qual "um pouco de conhecimento é perigoso" começa a pipocar no cérebro de Jimbo. Operar vendido nessa ação é algo muito arriscado, pois há uma boa chance de que a coisa se volte contra ele. Será que ele deve tentar convencer Robinhood a desistir? Já há muitos investidores operando vendido nessas ações, o que cria o risco de um grande *short squeeze*! Se o jovem Robinhood não tomar cuidado, ele acabará de volta à floresta de Sherwood sem ter onde cair morto!

Um *short squeeze* ocorre quando o preço de uma ação (ou de qualquer ativo) aumenta rapidamente, fazendo com que os operadores vendidos incorram em perdas significativas, o que então força muitos deles a comprar de volta as ações para atender às chamadas de margem. Por sua vez, esse aumento na demanda faz com que o preço suba ainda mais, exacerbando as perdas dos operadores vendidos que ainda restam, agora sob maior pressão para recomprar as ações em um esforço de redução das perdas. Isso leva a um aumento ainda maior no preço das ações, colocando os poucos operadores restantes sob pressão ainda maior, e assim por diante – eis o *squeeze*, ou aperto!

Houve um caso famoso desse tipo no início da década de 1980, quando os irmãos Hunt, sediados no Texas, tentaram ludibriar o mercado de prata. Em um período de seis meses, os irmãos acumularam discretamente uma enorme posição em futuros e opções de prata, tornando-se efetivamente um dos maiores detentores de prata do mundo. Como os irmãos continuaram a comprar mais e mais prata, eles elevaram ainda mais o preço, causando um enorme *squeeze* no mercado de prata – e os operadores vendidos que *apostaram* contra o preço da prata foram forçados a cobrir suas posições a preços muito mais altos, incorrendo em enormes perdas.

O resultado final é que operar vendido pode ser um jogo perigoso; melhor deixá-lo para os profissionais, com anos de experiência e bolsos bem fundos.

"...e eu ganhei tanto dinheiro", continua Robinhood, "que acho que a essa altura não dá para negar que nasci para isso. Na verdade, depois de dominar o lado vendido do jogo, acho que vou abrir meu próprio fundo de *hedge*." Robinhood dá uma risadinha. "Na verdade, se você quiser, pode vir trabalhar para mim, Jimbo. Vou lhe pagar bem... se você fizer por merecer."

É isso!, pensa Jimbo. *Se o Robin-otário quer pular de um penhasco financeiro, quem sou eu para impedi-lo. Sem mencionar que as comissões sobre operações vendidas são tão generosas quanto no lado comprado, e o dinheiro extra virá bem a calhar em minhas próximas férias na praia!*

"Com certeza!", exclama Jimbo. "Você vai se dar bem nisso. Se eu fosse você, entraria vendido com os dois pés na porta."

"Eu sabia", diz Robinhood. "Até um cínico safado igual você não consegue contestar minha lógica. Tudo bem, quero operar vendido em mil ações. Isso dá 40 mil dólares, certo?"

"Opa, opa, opa, muita calma nessa hora", diz Jimbo. "Antes de fazermos qualquer coisa, preciso ver se conseguimos pegar as ações emprestadas. Acho que sim, mas me dê um segundo."

"O que acontece se não pudermos pegá-las emprestadas?"

"Aí você não pode operar vendido", diz Jimbo. "É uma violação da SEC, e não estou com vontade de ser multado hoje, pelo menos não por você. E mesmo se você *pudesse* operar a descoberto – sem pegar as ações emprestadas –, não seria o ideal. É muito arriscado. Você acabará com o que é chamado de *falha na liquidação* em sua conta."

"Falha na liquidação das ações?"

"Sim, das ações", diz Jimbo. "Quer você venda mil ações a descoberto ou mil ações que você possui, a pessoa que acabar comprando essas ações vai esperar que elas apareçam na conta dela em algum momento. Elas não podem simplesmente *não* chegar. Agora, só para ficar claro, não estou falando de *office-boys* a pé correndo por Lower Manhattan, coletando e entregando certificados físicos de ações de todos os compradores e vendedores. Isso acabou lá na década de 1960. O volume ficou tão grande que eles precisavam fechar a bolsa um dia por semana para colocar em dia toda a papelada. De qualquer forma, é por isso que hoje em dia tudo é feito digitalmente. Agora são apenas uns e zeros, e tudo é registrado em um livro-razão eletrônico. Mas isso não muda o fato de que, quando um investidor vende um grupo de ações e outro investidor compra esse grupo de ações, o comprador espera que as ações digitais do vendedor apareçam na sua conta na data de liquidação, e o vendedor espera que o dinheiro do comprador também apareça. Vou voltar às operações vendidas em um segundo; é apenas mais fácil começar com as operações compradas. Digamos que você tenha 100 mil dólares e queira comprar mil ações de 40 dólares, em vez de operar vendido com elas. Eu faria um pedido ao meu operador para comprar mil ações da empresa XYZ a 40 dólares. Ele compraria as ações em seu nome e – *bum!* – alguns segundos depois, elas apareceriam na sua conta e seu saldo em dinheiro diminuiria em 40 mil dólares, certo?"

"Sim, e...?"

"Eu lhe pergunto", continua Jimbo, "se você fosse verificar o livro-razão digital, que nome você veria listado como o proprietário dessas ações? O seu?"

"Sim, claro", diz Robinhood.

"Errado", diz Jimbo. "Você veria o nome da *minha* empresa lá. Todas as ações são mantidas no que hoje chamamos de *street name*. Isso significa que o proprietário registrado digitalmente é a corretora que *vende* as ações ao cliente, e não o comprador real."

"Isso parece *suspeito*", diz Robinhood.

"Não é suspeito", ele retruca. "Você continua sendo listado como o *beneficiário* das ações no nosso registro interno, então não há diferença financeira para você. Isso só torna mais fácil acompanhar tudo, ou seja, todas as compras e vendas que acontecem. Sem isso, o sistema ficaria sobrecarregado. De qualquer forma, quando você abriu sua conta aqui", continua Jimbo, "você assinou um monte de formulários, e um deles nos deu o direito de manter todas as ações da sua conta em *street name*, bem como emprestá-las para quem deseja operar vendido. E isso é um *baita* negócio em Wall Street. Temos um departamento inteiro chamado departamento de empréstimo de ações que não faz nada além disso, o dia todo. Eles ligam para corretoras, fundos de *hedge*, fundos mútuos e qualquer outra pessoa para quem possam emprestar ações mediante o pagamento de uma taxa. É extremamente lucrativo. Então, quando eu digo que você precisa pegar as ações emprestadas antes de operar vendido, agora você sabe de onde elas vêm. Não é mágica."

"Entendi", diz Robinhood. "Estou pegando emprestadas as ações da sua empresa, mas na verdade elas pertencem aos clientes."

"Exatamente! E se você não pegar as ações emprestadas quando tentar operar vendido, então quem estiver do outro lado da negociação não receberá a entrega eletrônica na data de liquidação – e é aí que você pode se foder *de verdade*!"

"E por quê?"

"Depois de dez dias sem entregar as ações ao comprador, eles estão autorizados a comprar as ações sem pedir para você e mandar a conta para a minha empresa. Depois disso, adivinha para quem minha empresa manda a conta?"

"Para mim", responde Robinhood.

"E, a propósito, quando eles comprarem as ações, será pelo preço mais alto possível, para maximizar a sua perda. E é por isso que você nunca deveria querer operar vendido sem antes pegar as ações emprestadas, mesmo que isso fosse legal."

"Entendi", diz Robinhood. "Nunca ficar a descoberto."

"Seria uma receita para o desastre. De qualquer forma, nesse caso, é uma discussão vazia neste caso. Acabei de receber uma mensagem do departamento de empréstimo de ações e eles têm as ações disponíveis, então estamos prontos para seguir em frente. Deixe-me guiá-lo passo a passo agora – começando com a criação de uma conta de margem para você. Preciso fazer isso agora para você operar vendido. Só um segundo..."

"Por que preciso de uma conta de margem?", pergunta Robinhood. "Eu faço tudo em uma conta-corrente no Robinhood. Eu não gosto de contas de margem."

"Bem, infelizmente, você não tem escolha. Não dá para operar vendido com uma conta-corrente. Veja, tecnicamente, o dinheiro que você envia não vai para pagar as ações. Ele será usado como garantia para as ações que estamos emprestando a você. Não estamos autorizados a conceder empréstimos, nem a aceitar garantias, numa conta-corrente. É uma lei federal que nos obriga a fazer isso em uma conta de margem, beleza?"

"Sim, tranquilo."

"Ok, perfeito", diz Jimbo. "Tudo bem, já tenho o número da conta. Estamos prontos. Portanto, a primeira questão é: em quantas ações você deseja operar vendido? Você pode pegar emprestadas quantas ações quiser."

"Acho que mil", responde Robinhood.

"Você *acha*?"

"Bem, quero dizer, não tenho certeza de como isso funciona", diz Robinhood. E agora com confiança: "Minha experiência é outra. Eu encontro ações vencedoras, Jimbo. É assim que eu ganho muito dinheiro! De qualquer forma, quanto me custariam mil ações? Uns 50 mil dólares?"

Incrível!, pensa Jimbo. *Nunca alguém que sabe tão pouco pensou que sabia tanto! Será um prazer ver esse cara se lascar!*

"Tudo bem, meu amigo", Jimbo diz calorosamente. "Vou lhe explicar como isso funciona. O requisito de margem inicial para operar vendido é de 150% do valor da negociação, portanto, para operar vendido..."

"Cento e cinquenta por cento?", responde Robinhood, interrompendo Jimbo. "Não vou investir 60 mil dólares para operar vendido em ações que valem 40 mil dólares! Isso é loucura! Não vale a pena."

"Calma – você não precisa investir 60 mil dólares!", diz Jimbo, percebendo quão totalmente ignorantes são esses *robinhooders*. Mesmo coisas simples como requisitos de margem são coisa de outro mundo para eles. "Você se esqueceu de incluir os 40 mil dólares que receberá quando vender as mil ações que pegou emprestadas. A ação está atualmente em 40 dólares, então, se você vender mil ações, acabará com 40 mil dólares na sua conta, o que significa que só precisa enviar *20 mil dólares* para atingir o requisito de margem de 150%. Entendeu?"

"Sim", responde Robinhood. "Então, com 40 mil dólares, consigo na verdade operar vendido em *2 mil ações*, certo?"

"Exatamente", diz Jimbo. "É basicamente 50% de qualquer valor em que você deseja operar vendido. Agora, vou lhe perguntar uma coisa: quanta confiança você tem na sua ideia? Você está extremamente confiante? Ou você está só confiante? Tem uma grande diferença, amigo."

"Ah, sei disso", diz Robinhood. "E estou extremamente confiante, ok? Na verdade, nunca estive tão confiante sobre nada em toda a minha vida. Está bom assim?"

"Incrível", diz Jimbo. "Quer dizer, estou muito impressionado, para dizer o mínimo."

"Sim", diz Robinhood, "as ações estão a caminho de zero. Sem dúvidas quanto a isso."

"Ok, uau! Bem, agora você me convenceu também. Nesse momento, quanto dinheiro você tem em sua conta Robinhood?"

"Pouco mais de 150 mil dólares. Quase tudo lucros. Nada mal, hein?"

"Nada mal, meu amigo. E quanto disso está em dinheiro livre agora, que porcentagem?"

"Tudo em dinheiro!", diz Robinhood. "Comigo é assim, rapaz. Não mantenho posições por um ou dois dias. Meu *timing* é impecável, você entendeu?"

"Ah, sim, entendi", responde Jimbo. "Você transformou isso em uma ciência, certo?"

"É claro, mas eu também *nasci* para esse negócio. O que eu faço não pode ser ensinado. É um dom, um dom raro, eu diria. Ou talvez um sexto sentido, mais do que tudo. De qualquer forma, se você fizer a coisa certa aqui e mantiver sua comissão baixa, eu estaria disposto a lhe dar algumas dicas sobre ações em troca, meu garoto."

"Com certeza", diz Jimbo. "Você não terá que pagar um centavo de comissão para mim." *Porque vou esconder a comissão de você, como Robinhood faz.* "Abro mão totalmente, para você ver como acredito em você. Na verdade, considerando que *nós dois* estamos muito confiantes, eu sinceramente acho que você deveria vender um pouco mais. A única pergunta que tenho é: quanto tempo você acha que vai demorar até que as ações caiam? Você está falando de dias? Semanas? Meses?"

"Dias. *Talvez* duas semanas, *no máximo*. Certamente menos de um mês!"

"Ok, perfeito, então é definitivamente uma negociação de curto prazo", responde Jimbo. "A razão pela qual pergunto é que a taxa de juros do empréstimo está um pouco alta no momento, e, se você pretendesse mantê-la no longo prazo, começaria a pesar um pouco."

"Alta quanto?", pergunta Robinhood.

"Vinte por cento", responde Jimbo, "mas, dado o seu horizonte de tempo, não vai pesar muito. De qualquer forma, daqui para a frente, lembre-se de que quando você está operando vendido, *timing* é tudo. Em outras palavras, não basta estar certo. Você tem que estar certo com relativa rapidez, caso contrário, os juros sobre as ações que você emprestou começarão a afetar seus lucros. Faz sentido?"

"Sim", responde Robinhood, "mas por que a taxa está tão alta agora?"

"Oferta e demanda", diz Jimbo. "No momento, tem muitos outros investidores querendo emprestar as ações, o que na verdade é um sinal muito bom para você, certo? Quer dizer, normalmente a taxa fica em torno de 3%, então você obviamente está numa trilha certa. Tem muita gente operando vendido que concorda com você."

"Eu sabia", diz Robinhood. "Meu instinto para essas coisas é sobrenatural!"

"Você obviamente tem um dom, amigo." *Da autoilusão.*

"Sem dúvida", concorda Robinhood. "E é hora de eu fazer um bom uso desse dom. Quanto eu posso operar vendido? Qual é o máximo?"

"Bom, com os 150 mil dólares que você tem no Robinhood e os 10 mil dólares que você tem aqui comigo, são 160 mil dólares no total. O requisito de margem inicial para operar vendido é de 50%, então dobre o valor que você pode investir, o que dá 320 mil dólares. A 40 dólares por ação, o máximo seria 8 mil ações, o que equivaleria a 320 mil dólares certinho. Mas acho que você deveria começar com um pouco menos, só por segurança. Você deveria começar operando sete mil ações. Isso representaria um desembolso de só 140 mil dólares. É claro que você ganhará um pouco menos de dinheiro quando as ações caírem, mas dessa forma você terá algum dinheiro de reserva para o caso de as ações irem para o lado errado temporariamente."

Robinhood, completamente surpreso, diz: "Do que você está falando? Essa negociação não vai para o lado errado! Só tem um lado, que é direto para a privada. O que eu quero dizer é que, agora, as ações estão tão...". Jimbo para de ouvir para considerar em quantos problemas ele pode se meter por permitir que um novato completo como Robinhood pegue todo o seu patrimônio líquido e o use como garantia para operar vendido em uma ação que já está fortemente vendida. Existem enormes riscos nessa estratégia, especialmente o de cair num daqueles *short squeezes* mencionados antes. Robinhood pode acabar sem nada em uma questão de segundos.

Ele viu acontecer algo assim pouco tempo atrás, com a Tesla. As ações foram tão fortemente vendidas que chegou ao ponto em que estavam basicamente *vendidas em excesso* e não havia mais ações para pegar emprestadas. Enquanto isso, cada uma daquelas operações vendidas representava um futuro comprador das ações. Em algum momento, eles tiveram que voltar ao mercado para recomprar as ações que tinham vendido a fim de devolver as ações que tinham tomado emprestadas. Isso criou uma enorme demanda reprimida. É como pegar um elástico e esticá-lo o máximo que der. Quando você finalmente o solta, ele volta voando exatamente na direção oposta, rápida e violentamente.

No caso da Tesla, bastaram algumas notícias positivas e os "comprados" conseguiram comprar o suficiente em conjunto para começar a elevar o preço das ações. Isso começou a criar chamadas de margem para todas as pessoas que estavam operando vendidas, que entraram em pânico. Elas entraram no mercado ao mesmo tempo e começaram a comprar ações para tentar cobrir suas posições vendidas, o que elevou ainda mais o preço das ações, e assim por diante.

"Não quero ofender, rapaz", continua Robinhood, "mas vocês, caras de Wall Street, estão ultrapassados. Eu encontro na internet todas as informações de que preciso."

Foda-se o compliance*!*, pensa Jimbo. "Não me ofendi. Então, já que você está tão confiante..."

"Estou."

"Eu recomendaria que você vendesse sete mil ações e mantivesse uma pequena quantia de reserva, só para garantir. Sete mil ações custariam 140 mil dólares para você, que você precisaria transferir ainda hoje da sua conta Robinhood, e..."

"Sem problemas."

"Ok, perfeito", continua Jimbo. "Agora, bem rápido, vou lhe mostrar como essa coisa dá dinheiro quando você cobre sua posição vendida, tudo bem?"

"Beleza, vá em frente."

"Bom, se operarmos vendidos em sete mil ações a 40 dólares, então 280 mil dólares vão parar na sua conta na corretora. Então você terá que depositar outros 140 mil dólares para atender ao requisito de margem mínima, o que levará o saldo total da sua conta para 420 mil dólares. Então, digamos que a ação caia para 20 dólares e você decida que deseja cobrir a posição vendida. O que faríamos seria entrar no mercado e comprar as sete mil ações a 20 dólares por ação, o que custaria apenas 140 mil dólares – e então o dinheiro seria deduzido da sua conta de corretagem, reduzindo o saldo para 280 mil dólares. Então, quando recebêssemos as ações na data de liquidação, nós as devolveríamos ao departamento de empréstimo de ações, e o seu lucro seria o que quer que estivesse em sua conta além dos 140 mil dólares que você depositou inicialmente para atender à exigência de margem. Nesse caso, seriam 140 mil dólares; esse seria o seu lucro. É assim que você ganha dinheiro quando opera vendido. Faz sentido?"

"Com certeza", responde Robinhood, "mas não tem por que cobrir essa posição vendida a 20 dólares por ação. Essa coisa vai a zero. Mas talvez eu cubra a posição a 1 dólar por ação, porque não sou ganancioso como vocês de Wall Street. Então, o que eu ganharia a 1 dólar por ação?"

"Se você cobrisse a 1 dólar por ação, isso significaria que gastaria só 7 mil dólares para recomprar as ações; então simplesmente deduz 7 mil de 280 mil e obtém um lucro de 273 mil dólares. Agora, é claro, você também tem que pagar juros de 18% sobre as ações que pegou emprestadas, mas esses 18% seriam sobre um ano e você só ficou com as ações por um mês. Portanto, os juros de um mês seriam de cerca de 1,5%, então você pagaria 1,5% de 280 mil dólares – que era o valor de mercado das ações no dia em que você as pegou emprestadas –, o que equivale a 4,2 mil dólares em juros. Portanto, no fim das contas, seu lucro líquido seria de 268.800 dólares."

"Aí eu gosto", diz Robinhood.

"Quem não gostaria? Agora, bem rápido, só para lhe dar o outro lado da equação – aí pelo menos você fica ciente disso –, se a ação subisse 20 dólares por ação, digamos que para 60 dólares, então, quando você recomprasse as ações, você teria um prejuízo em sua conta. As sete mil ações, pelas quais você recebeu só 280 mil dólares quando operou vendido, custariam 420 mil dólares. Você teria perdido 140 mil dólares."

"Não estou preocupado com isso. Não tem como essas ações subirem. Elas são um desastre anunciado."

"Justo", responde Jimbo, "mas, só para você saber, todas as contas de margem, incluindo a sua, têm um requisito mínimo de manutenção para todas as vendas a descoberto, que é de 130%. Portanto, se a ação subir mais de 20%, o que neste caso seria algo superior a 48 dólares, sua conta cairá abaixo do requisito mínimo de manutenção. Você receberá uma chamada de margem e terá que mandar mais dinheiro para reforçar o saldo. Se você não mandar, eles começarão a recomprar as ações automaticamente para cobrir a posição vendida sem nem avisar você. Em outras palavras, eles estão constantemente marcando sua posição a mercado para ver quanto valeria sua conta se você a cobrisse. Se o saldo cair abaixo de 130%, você precisa mandar mais dinheiro. Quanto mais a ação sobe, mais dinheiro você tem que mandar. Não estou tentando pôr água no seu chope nem nada, mas, por uma questão de *compliance*, tenho que dizer isso a você."

"Chega de conversa negativa por hoje. Estou pronto para começar. Quero operar vendido em sete mil ações agora mesmo."

"Uma jogada ousada. Vamos fazer isso, só um segundo."

Enquanto Jimbo executa a transação, Robinhood está radiante. É o começo de algo muito grande. Ele *sabe* disso. Ele consegue sentir a coisa em suas vísceras. Com essa simples transação, ele abriu um universo de possibilidades. Armado com seu conhecimento – não, sabedoria, porque ele tem não só conhecimento, mas também uma *sabedoria* incomum para sua idade –, ele pode operar vendido, comprado ou ambos ao mesmo tempo. É difícil imaginar que há apenas nove meses ele trabalhava como almoxarife na Costco. E agora... tudo isso!

"Pronto!", declara Jimbo. "Você está oficialmente vendido em sete mil ações da GameStop a 40 dólares por ação. Parabéns e desejo-lhe sorte com isso, rapaz."

"Sorte?", pergunta Robinhood. "Sorte é para os perdedores. Isso tem a ver com talento – nada mais, nada menos. Em breve você vai ver: a GameStop vai a zero!"

"Perfeito", responde Jimbo. "Só não se esqueça de mandar seu dinheiro. Tem que estar aqui até 14h de amanhã, no máximo."

"Sei disso", diz Robinhood com desdém.

"Só não se esqueça. Dinheiro aqui, 14h. Amanhã, 14 de janeiro."

Clique.

Pobre Robinhood!

A menos que você tenha se escondido debaixo de uma pedra nos últimos três anos, tenho certeza de que você sabe o que aconteceu na sequência.

A GameStop se tornou um dos maiores *short squeezes* da história de Wall Street, subindo para mais de 400 dólares por ação no final de janeiro de 2021, apesar de seu valor intrínseco ser de 5 dólares por ação, na melhor das hipóteses. No centro desse *short squeeze* estava uma revolta populista de milhões de pequenos investidores que se reuniam num fórum *on-line* sobre ações chamado WallStreetBets.

Em termos técnicos, o WallStreetBets, fundado em 2016 por um homem chamado Jaime Rogozinski, é um subreddit, o que significa que para acessar o fórum é necessário passar primeiro pelo site Reddit. Em termos práticos, o WallStreetBets é o Velho Oeste dos investimentos, um lugar onde as sutilezas sociais normais que se poderia esperar em qualquer sala de bate-papo *on-line* não pornográfica deixam de existir. Em vez disso, as pessoas se referem umas às outras como macacos retardados (considera-se isso um grande elogio no WallStreetBets) e expõem as virtudes de colocar até o último dólar num único investimento e tentar a sorte. No jargão do WallStreetBets, esse ato de suicídio financeiro é conhecido como "YOLO", que significa *"you only live once"* – você só vive uma vez.

Seja qual for o caso, não tem como negar que de vez em quando alguém no WallStreetBets surge com uma ideia inteligente de investimento; se toda a comunidade apoiá-la e começar a comprar, tome muito cuidado!

Foi o caso das ações da GameStop, depois que um membro respeitado da comunidade, que atendia pelo pseudônimo de Roaring Kitty – Gatinho que Ruge –, apresentou um argumento bastante convincente sobre por que as ações da GameStop estavam fundamentalmente subvalorizadas e como os operadores vendidos profissionais, que vinham atacando impiedosamente a empresa e reduzindo o valor de suas ações, estavam errados. Era necessário apenas um rápido aumento de compras e não só as ações voltariam a subir para onde era seu lugar, com base no seu valor fundamental, como os operadores vendidos também começariam a receber chamadas de margem e seriam forçados a cobrir suas posições, o que criaria ainda mais compras de ações e aumentaria ainda mais o preço.

Foi assim que tudo começou: com uma postagem convincente do Gatinho que Ruge.

O que aconteceu foi inacreditável.

Agindo em conjunto, milhões de pequenos investidores conseguiram reunir poder de compra suficiente para elevar o preço da GameStop a um nível tão escandalosamente alto que mesmo os operadores vendidos mais bem financiados – dois fundos de *hedge* em particular, o Citron Capital e o Melvin Capital – foram forçados a cobrir suas posições vendidas após sofrerem perdas massivas.

No caso do Melvin Capital, as perdas foram tão vultosas que foi necessário uma infusão de dinheiro de investidores externos, no valor de 2,75 bilhões de dólares, para ele continuar de pé. No caso do Citron, as perdas não foram tão vultosas, embora ainda tenham somado dezenas de milhões de dólares, o suficiente para levar o gestor do fundo, Andrew Lef, a anunciar publicamente que estava abandonando de vez as operações vendidas.

Por sorte, consegui marcar entrevistas presenciais com Andrew Lef e Jaime Rogozinski para conhecer os dois lados da história. Ironicamente, quando fiz a mesma pergunta a cada um deles – "Como você resumiria o *short squeeze* da GameStop em uma frase?" –, ambos responderam quase exatamente com as mesmas palavras: "Uma desgraceira total."

Do ponto de vista de Andrew, foi uma desgraceira porque lhe custou dezenas de milhões de dólares e não havia nenhuma razão racional para as ações subirem tanto – a não ser o fato de que oito milhões de pequenos investidores, entediados com a pandemia e recebendo dinheiro grátis do governo, decidiram provar aos fundos de *hedge* que podiam bombar qualquer ação que quisessem, quer isso fizesse sentido, quer não. O fato de que as ações da GameStop certamente se espatifariam no chão, explicou Andrew, fazendo com que todos esses pequenos investidores perdessem cada dólar que tinham colocado nesse YOLO, não parecia importar para eles. Desde que os fundos de *hedge* aprendessem uma lição, por eles tudo bem.

É claro que a previsão de Andrew estava exatamente certa.

Em 28 de janeiro, a GameStop atingiu um recorde histórico de 483 dólares por ação, e então voltou para o chão no mesmo dia, depois que as duas principais plataformas por meio das quais os WallStreetBettors vinham executando suas negociações – a Robinhood e a TD Ameritrade – os proibiram de comprar mais ações da GameStop. A venda, por outro lado, ainda seria permitida. O impacto foi nada menos que devastador.

Proibir todas as novas compras e ao mesmo tempo permitir a venda equivalia a despejar todo o Oceano Atlântico numa minúscula fogueira. No final do dia, a GameStop tinha caído para 112 dólares, fechando no mínimo da sessão e apagando bilhões de dólares em valor.

Que razões essas duas empresas deram para tomar essa atitude extrema?

Para a Robinhood, que era menor que a TD Ameritrade e tinha reservas de capital muito menores, as compras coletivas realizadas por seus milhões de pequenos clientes colocaram a empresa em risco de quebrar os requisitos de capital que os reguladores estabeleceram para lidar exatamente com esse tipo de cenário – ou seja, quando os clientes de uma corretora criam um risco sistêmico para todo o sistema de compensação ao construir uma posição concentrada em uma ação volátil.

Por que o risco sistêmico?

Bem, se você se lembra do que eu disse anteriormente neste capítulo, toda transação tem dois lados. Quando alguém compra ações em bloco, outra pessoa tem que vendê-las, e as duas corretoras no meio, de cada lado da negociação, estão garantindo a parte delas, quer o cliente pague, quer não pela transação. Para a Robinhood, isso significava que a empresa era pessoalmente responsável pelos bilhões de dólares em compras de ações que estavam sendo feitas todos os dias pelo seu exército de pequenos clientes. Portanto, se uma ação da GameStop caísse rapidamente e os clientes que tinham acabado de comprá-la não pudessem ou não quisessem pagar pelo que de repente se tornara uma transação ruim, a empresa teria de cobrir a perda.

Vi exatamente esse cenário se desenrolar no meu primeiro dia como corretor de ações.

Se você se lembra do filme, a data era 19 de outubro de 1987, mais conhecida como Segunda-feira Negra. Naquele sombrio dia de outubro, o Dow Jones caiu 508 pontos num único pregão, e a empresa para a qual eu trabalhava, a L. F. Rothschild, foi forçada a fechar as portas. Ironicamente, o que acometeu a empresa não foram suas próprias transações; na verdade, foram as transações imprudentes de um dos seus clientes institucionais, a Haas Securities, que tinha mais de 500 milhões de dólares em negociações em aberto executadas através da Rothschild, colocando a própria empresa em risco. Quando o mercado quebrou, a Haas perdeu tanto dinheiro que não conseguiu honrar as suas negociações em aberto – transferindo 500 milhões de dólares em passivos para o balanço da L. F. Rothschild.

O resto, como dizem, é história.

Em uma questão de dias, a L. F. Rothschild quebrou seus requisitos de capital líquido e foi forçada a fechar as portas após cem anos de atividade.

Por mais problemático que esse cenário fosse para a pouco capitalizada Robinhood, ela enfrentava outro enorme problema que complicava ainda mais as coisas. Especificamente, não só ela era responsável pelas compras diárias de ações dos seus clientes, como também estava exposta nas contas de margem deles. Em essência, qualquer cliente que tivesse comprado GameStop com a margem (o que, infelizmente para a Robinhood, eram quase todos os seus clientes) representava um enorme risco potencial – porque, se o preço da ação da GameStop caísse rapidamente e ela não conseguisse vender as posições dos clientes enquanto eles ainda tivessem patrimônio líquido em suas contas para cobrir as perdas, a Robinhood seria obrigada a cobri-las.

Era um desastre potencial em formação – deixando a Robinhood sem outra escolha a não ser restringir imediatamente todas as novas compras de ações da GameStop. Se não tivessem feito isso, a plataforma teria sido fechada pelos reguladores no dia seguinte por violar os requisitos de capital líquido. A decisão era a maior das situações perde-perde, não importando que caminho tomassem.

De fato, no instante em que anunciou que iria encerrar a compra de ações da GameStop, ela sentiu a justa ira de toda a comunidade WallStreetBets, que a acusou abertamente de estar em conluio com os operadores vendidos. O fato de que ela não tinha outra escolha não era uma desculpa crível para oito milhões de pequenos investidores, que assistiram, horrorizados, à queda da sua ação favorita, levando os sonhos deles junto com ela.

O motivo para a TD Ameritrade, que é maior, ter encerrado as compras não foi tanto por estar espremida contra a parede, mas sim uma combinação de gestão de risco interno (como a Robinhood, ela era financeiramente responsável por cada negociação em aberto) com a manutenção da ordem no mercado. Na opinião da Ameritrade, o preço da GameStop ganhou independência em relação aos seus fundamentos. Ele estava sendo manipulado para cima por um exército bem organizado de pequenos e furiosos investidores dispostos a mandar Wall Street para o inferno, quer ganhassem dinheiro, quer não.

No final, a maioria não ganhou – incluindo os poucos WallStreetBettors que entraram no negócio cedo o suficiente para fechar a banca.

O que deu errado?

Alimentada pela ganância, pela pressão dos pares e por uma crença tácita de que a festa nunca iria acabar, a grande maioria deles não só se recusava a vender como continuava a comprar até não poder mais. Então, para piorar a situação, a grande maioria deles comprou as ações com margem, o que fez com que fossem completamente depenados quando as ações entraram em colapso.

Foi exatamente por esse motivo que o fundador do WallStreetBets, Jaime Rogozinski, também se referiu à ascensão e queda da GameStop como "uma desgraceira total", que, segundo ele, "nunca deveria ter acontecido". Indo um pouco mais longe, ele disse: "Foi um exemplo clássico de excesso de uma coisa boa. O *short squeeze* fez sentido até talvez 80 dólares por ação, mas, depois disso, tornou-se ridículo e quase todo mundo no *site* perdeu dinheiro".

Seu argumento faz sentido, especialmente quando se considera o preço da GameStop hoje.

Atualmente, o preço é de pouco mais de 23 dólares por ação, já que a empresa ainda tenta encontrar uma maneira de renovar um modelo de negócios antigo e cansado, construído com base nas vendas em lojas físicas.

Por último, o que aconteceu com o jovem Robinhood e sua conta com Jimbo?

Bem, para dizer o mínimo, o *timing* do Robinhood não poderia ter sido pior.

Poucos dias depois de ele ficar vendido a 40 dólares por ação, as ações da GameStop passaram de 100 dólares, mas Robinhood perdeu todo o seu investimento muito antes disso. Quando as ações bateram nos 50 dólares, ele recebeu uma chamada de margem da firma de Jimbo, dizendo:

> *A menos que você nos transfira imediatamente mais 20 mil dólares para que sua conta volte a atingir o requisito mínimo de manutenção da empresa, encerraremos sua posição para você!*

Obviamente, isso era algo que Robinhood simplesmente não tinha como fazer. Ele tinha gastado toda a sua reserva financeira estabelecendo a posição inicial vendida, ficando sem nenhuma margem para o caso de a operação dar errado.

Em resposta, a empresa de Jimbo cobriu a posição vendida de Robinhood sem pensar duas vezes, deixando um saldo negativo na conta dele de pouco menos de 5 mil dólares. Se Robinhood algum dia vai pagar essa quantia é uma questão de especulação, embora, se você estiver familiarizado com o velho ditado sobre o fogo e a frigideira, acho que é justo dizer que a frigideira sumiu faz tempo, deixando a empresa de Jimbo direto no fogo.

Então, com tudo isso em mente, faz sentido tentar operar vendido ou essa é uma tática que deve ser deixada para os operadores profissionais?

A esta altura, a resposta deve ser óbvia: é melhor deixar para os profissionais, embora, falando francamente, eu lhe daria o mesmo conselho sobre operar comprado também, em termos de tentar ganhar dinheiro por meio de estratégias de negociação de curto prazo ou por meio da escolha individual de ações.

Mas estou me adiantando.

Antes de me aprofundar em como ganhar dinheiro *de verdade* no mercado de ações de forma sustentável, vamos retomar de onde paramos com nossa breve história de Wall Street – com a formação do meu órgão regulador favorito: a SEC.

CAPÍTULO 6
UM PODEROSO GOLPE DUPLO

PARA SER JUSTO, como o principal vigia dos Estados Unidos na área financeira, a SEC acabou se revelando muito melhor do que o que havia antes dela. O único problema é que o que havia antes dela era basicamente nada, portanto, isso não quer dizer muita coisa. De fato, antes de 1934, investir no mercado de ações era como dar um passeio por Tombstone, Arizona – antes de os Earps chegarem à cidade.[20]

Se você tivesse sorte, poderia ter uma tarde agradável e voltar para casa sem ser roubado ou assassinado. Alguma hora, porém, sua sorte acabaria, você se veria no lugar errado, na hora errada, e enfrentaria a sombria ilegalidade do Velho Oeste.

Esse era o caso do mercado de ações dos Estados Unidos durante os Loucos Anos 1920.

Fosse um CEO corrupto fazendo um comunicado de imprensa falso, um corretor sem escrúpulos recomendando uma ação sem valor ou um titereiro de Wall Street amarrando um investidor desavisado em um lançador de alvos humano e gritando a palavra "já!", era impossível desviar de todas as balas. Elas vinham de todos os lugares, de todas as direções e sem nenhum aviso.

---
20. A cidade de Tombstone, no estado norte-americano do Arizona, é um símbolo do Velho Oeste enquanto época e local fora do alcance das leis. Foi nessa cidade que aconteceu um dos enfrentamentos mais célebres entre foras da lei e forças de segurança estatais – estas, na ocasião, representadas pelos irmãos Virgil e Wyatt Earp e agregados. [N.T.]

Em algum nível, investir no mercado era como fazer uma aposta em um cassino corrupto.

Não só as probabilidades estavam naturalmente contra você, mas também havia uma segunda camada de corrupção em cada jogo em que você entrasse. A cada lançamento de dados, a cada giro da roleta e a cada mão de cartas que você recebia, havia engenheiros e crupiês também participando do jogo, e eles aumentavam ainda mais as probabilidades contra você. A combinação dos dois tornava a vitória impossível.

Essa era a realidade do mercado de ações dos Estados Unidos... antes de a SEC dar o ar da graça.

COLOCAR UM LOBO PARA CUIDAR DAS OVELHAS; *permitir que uma raposa cuide do galinheiro; deixar que os internos governem o hospício; eleger um incendiário para ser chefe dos bombeiros.*

Em retrospecto, deveria ter sido óbvio desde o início que, com o velho Joe Kennedy no topo da cadeia alimentar regulatória, não demoraria muito para a merda bater no ventilador. Afinal de contas, quando há tantas metáforas sobre os riscos de dar poder a alguém com um histórico de exploração desse mesmo poder, deve haver alguma sabedoria nisso.

Seja qual for o caso, apesar da moralidade questionável de Joe Kennedy – ele era mentiroso, trapaceiro, mulherengo, manipulador, lobotomizador,[21] contrabandista e um antissemita de primeira classe, que adorava Adolf Hitler –, ele ainda assim era um excelente administrador e fez algumas coisas muito úteis. Portanto, vamos começar com as coisas boas.

Com Joe Kennedy no timão, a primeira tarefa da SEC foi controlar a barafunda dos cassinos corruptos de Wall Street, instituindo um conjunto claro de regras básicas a serem seguidas por todos. Todos – não só as pessoas que trabalhavam em Wall Street, mas também as empresas que

---

21. Referência ao episódio em que, em 1941, Joe Kennedy forçou Rosemary, sua filha mais velha, à época com 23 anos, a passar por uma lobotomia devido às suas convulsões e ataques de raiva. Como resultado do procedimento, Rosemary se tornou física e verbalmente incapaz, passando o resto da vida em clínicas psiquiátricas, com pouco ou nenhum contato com a família. Escondido pela família Kennedy, o caso só veio a público duas décadas depois, após a morte de Joe Kennedy. [N.T.]

lá captavam dinheiro, pessoas que investiam nelas e todos os outros que tornavam toda a coisa possível. Pela primeira vez na história, havia um conjunto coeso de leis federais sobre valores mobiliários que poderia ser legalmente aplicado em todos os estados.

É impossível exagerar a importância dessa distinção interestadual.

Com seu amplo mandato federal e seu braço de fiscalização interno, a SEC podia abrir processos em qualquer estado e intimar qualquer pessoa ou entidade suspeita de fraude. Essa lista incluía banqueiros, corretores, comerciantes, analistas, advogados, contadores, as bolsas, as agências de classificação e qualquer indivíduo que pudesse impactar o mercado.

De acordo com as leis federais de valores mobiliários, *todos* agora eram legalmente obrigados a ser justos e honestos ao lidar com clientes. E embora a capacidade de combater fraudes em valores mobiliários possa hoje ser dada como garantida, em 1934 essa foi uma mudança tectônica. Na verdade, se você perguntasse a um corretor da bolsa dos Loucos Anos 1920 o que ele pensava sobre lidar de forma honesta e justa com seus clientes, ele teria inclinado a cabeça para o lado e só teria olhado para você por um momento, do jeito que uma pessoa faz depois de ouvir algo que desafia completamente a lógica. Então ele iria gargalhar na sua cara e dizer: "Por que eu faria isso? Aqui é *Wall Street*, não os escoteiros. Honestidade e justiça são fantasias infantis que é melhor deixar para crianças em idade escolar".

Acha que estou exagerando? Se a história nos ensina uma coisa, é que os seres humanos podem ser extremamente péssimos quando todos ao seu redor se comportam igualmente mal.

Por exemplo, na Roma antiga, eles alimentavam leões com escravizados, ao som dos aplausos e do regozijo dos seus *morais* cidadãos. E durante a Inquisição Espanhola, cristãos tementes a Deus estripavam milhões de judeus e muçulmanos por serem infiéis e depois voltavam para casa, para as suas famílias, e sentiam-se mais próximos de Deus. E depois houve as atrocidades indescritíveis da Alemanha nazista, com judeus e outros sendo massacrados aos milhões. O fato é: o que uma sociedade considera moral ou aceitável num determinado momento pode ser um crime contra a humanidade em outro momento.

O mesmo vale quando coisas menores estão em jogo.

Imagine ir a um médico na década de 1930 e pedir a ele que apague o cigarro enquanto lubrifica a luva de borracha antes do seu exame de próstata. Da sua perspectiva do século XXI, você tem todo o direito de exigir isso, mas, da perspectiva dele, da década de *1930*, sua exigência parece ridícula. Afinal, todo mundo fuma cigarro o tempo todo! Seus pacientes fumam, assim como sua esposa, seus colegas, seus filhos adultos e até mesmo seu pai, que está no hospital neste momento com uma máscara de oxigênio e um cigarro pendurado na boca.

Então o médico se sente a própria voz da razão quando diz: "Relaxe, meu jovem. Eu nunca fui de soprar fumaça na bunda de um paciente, então apenas abra essas nádegas e você ficará bem...". E, com isso, ele dá uma tragada lenta e profunda num bastão de câncer da sua marca favorita e sopra um jato espesso de fumaça na direção do esfíncter do paciente.

Da mesma forma, existem inúmeras outras normas que hoje consideramos normais e que eram ideias revolucionárias quando foram introduzidas. Um desses princípios é que os corretores de Wall Street devem ser justos e honestos e colocar os interesses dos clientes acima dos seus próprios. Hoje, consideramos esse comportamento moralmente óbvio, mas é *evidente* que não era esse o caso antes de 1934, quando Wall Street utilizava os investidores como bucha de canhão humana e depois dormia como um bebê ao apagar das luzes.

O IMPACTO DA SEC nas empresas de capital aberto foi igualmente profundo.

Pela primeira vez, havia agora um conjunto claro de regras em vigor para a emissão de títulos e o levantamento de capital. Foi implementado um sistema centralizado de registro para todas as novas ofertas de valores mobiliários, com um formulário de proposta padronizado para agilizar o processo de revisão.

Sob o novo sistema, todos os novos lançamentos de valores mobiliários deveriam ser submetidos à SEC na forma de um prospecto. Após recebido, ele seria revisado pela divisão de finanças corporativas da agência, onde passaria por rodadas de comentários e revisões entre a agência e o emissor. Após a aprovação final, os valores mobiliários eram considerados "legalmente registrados" e podiam ser vendidos ao público, desde que uma cópia do prospecto acompanhasse a venda.

Foi aqui, durante esse processo de aprovação, que a SEC tomou uma das decisões mais brilhantes dos seus 89 anos de história. Na verdade, foram *duas* decisões em uma – um verdadeiro golpe duplo – que criaram uma tempestade perfeita para a formação de capital.

A primeira decisão brilhante foi basear seu processo de análise no conceito de divulgação irrestrita. Por definição, "divulgação irrestrita" significa que uma empresa deve disponibilizar todas as informações pertinentes ao público para que os investidores em potencial possam tomar uma decisão embasada. Entre outras coisas, isso inclui fornecer uma descrição detalhada do negócio principal da empresa, da situação financeira atual, das perspectivas de crescimento, da equipe de gestão e do número de ações em circulação; os tipos de títulos que está oferecendo; o nome dos maiores acionistas; e qualquer fator de risco importante que possa afetar o investimento.

Na visão da SEC, se uma empresa quisesse captar dinheiro do público norte-americano, ela precisaria estar disposta a contar ao público norte-americano o que ela tem de bom, de ruim e, *principalmente*, de feio. Veja bem, em termos práticos, um prospecto não deve funcionar como uma peça *sexy* de marketing a expor o brilhante futuro de uma empresa. Ele deve ser o *oposto*, o que faz dele o documento mais importante que você poderia analisar quando se trata de tomar uma decisão de investimento embasada. Na verdade, sem ele, você está voando às cegas.

Embora seja possível só passar os olhos por algumas seções de um prospecto, deve-se prestar mais atenção às seções a seguir.

- **O resumo**: normalmente a seção mais lida, o resumo está localizado no início do prospecto e fornece aos investidores uma breve visão geral dos principais pontos contidos no documento, o que inclui o objetivo da oferta, uma breve descrição do negócio, os riscos envolvidos, as finanças do emissor, a equipe de gestão e qualquer outro detalhe que possa interessar a um investidor.
- **Dados do mercado e do setor**: essa seção se baseia principalmente em relatórios setoriais de terceiros e fornece aos investidores informações

sobre o mercado e o setor em que a empresa opera. Isso inclui características específicas como o tamanho do setor, sua taxa de crescimento, as principais tendências do setor e o cenário competitivo. Também apresenta as principais métricas nas quais a empresa se baseará para medir seu sucesso futuro. Exemplos disso são o número de usuários ativos diários, o crescimento ano a ano das vendas em cada loja e a receita média por cliente. Essa seção também pode incluir informações sobre o ambiente regulatório atual e quaisquer riscos que o emissor possa enfrentar em decorrência dele.

- **Finanças consolidadas**: essa seção fornece demonstrativos financeiros padronizados e dados financeiros adicionais relevantes sobre o emissor. Entre outras coisas, isso inclui um balanço patrimonial atualizado, uma demonstração de resultados e uma análise de fluxo de caixa, além de projeções futuras para todos os itens acima. Em alguns casos, essa seção também inclui informações sobre uma transação futura, como uma fusão ou uma aquisição, e como isso afetará as finanças da empresa do ponto de vista do fluxo de caixa e do lucro.
- **Discussão e análise da gerência**: escrita em um "tom mais coloquial" do que o restante do prospecto, essa seção oferece aos investidores uma compreensão básica da posição financeira atual da empresa e suas perspectivas de crescimento futuro. Inclui informações sobre as operações da empresa, os resultados financeiros anteriores, a liquidez atual, os recursos de capital e os principais fatores de risco.
- **Negócios**: essa seção fornece uma descrição detalhada dos produtos, serviços e operações comerciais gerais de uma empresa – incluindo informações sobre a história da companhia, seu mercado-alvo e quaisquer vantagens competitivas que ela tenha. Também pode incluir detalhes sobre os principais clientes, fornecedores e parceiros estratégicos da empresa, além de qualquer contrato em vigor que seja importante para os negócios da empresa. Essas informações podem ajudar um investidor a tomar uma decisão embasada sobre se deve ou não investir na empresa, fornecendo a ele uma visão geral abrangente das operações da empresa e das oportunidades e desafios que ela enfrenta.
- **Equipe de gestão**: essa seção fornece aos investidores informações importantes sobre as pessoas responsáveis pela administração

cotidiana da empresa. Normalmente, inclui informações sobre os principais executivos e membros-chave da equipe de gestão, como seus nomes, formação, experiência e qualificações, bem como suas funções e responsabilidades dentro da empresa.
- **Principais acionistas**: essa seção fornece aos leitores uma lista de indivíduos ou entidades que possuem uma participação significativa no emissor e fornece informações importantes sobre suas identidades e participações acionárias, além de quaisquer afiliações que possam ter com o emissor. Essas informações podem ser cruciais para os investidores, pois as ações dos principais acionistas podem ter um grande impacto sobre o emissor e o valor dos títulos que estão sendo oferecidos. Por exemplo, os principais acionistas podem ter a capacidade de influenciar as decisões da diretoria do emissor ou de votar em questões importantes, como fusões, aquisições e pagamento de dividendos. Como resultado, é importante que os investidores entendam quem são os principais acionistas e se suas metas pessoais de investimento estão alinhadas com as deles.
- **Relacionamentos e transações com partes relacionadas**: refere-se a transações financeiras que foram (ou serão) conduzidas entre o emissor e determinadas partes relacionadas, como os diretores, conselheiros e principais acionistas do emissor. Essas transações podem incluir empréstimos, vendas ou compras de ativos, serviços prestados ou recebidos, ou qualquer outro tipo de transação financeira. É importante que os investidores estejam cientes dessas transações, pois elas podem apresentar conflitos de interesse ou a possibilidade de influência indevida por parte das partes relacionadas. O prospecto deve fornecer informações completas sobre essas transações, incluindo os termos e condições, o objetivo da transação e a contrapartida envolvida. Essas informações podem ajudar os investidores a entender a natureza e a extensão das relações entre o emissor e as partes relacionadas e a avaliar os potenciais riscos e benefícios do investimento nos títulos que estão sendo oferecidos.
- **Fatores de risco**: essa seção destaca os possíveis riscos e incertezas que podem afetar os negócios e o desempenho financeiro da empresa. Os fatores de risco mais comuns incluem riscos de mercado,

como mudanças na demanda, na concorrência e nas condições econômicas; riscos operacionais, como interrupções na cadeia de suprimentos, falhas tecnológicas e mudanças regulatórias; riscos financeiros, como mudanças nas taxas de juros, taxas de câmbio e classificações de crédito; riscos legais, como ações judiciais, investigações e mudanças nas leis ou regulamentações; e riscos ambientais, como desastres naturais e questões relacionadas a mudanças climáticas. Além disso, como a divulgação dos fatores de risco ajuda a proteger a empresa de responsabilidades futuras (decorrentes de fatores de risco não divulgados), as empresas tendem a adotar uma abordagem do tipo "sem segredos", listando todos os riscos possíveis, independentemente de serem remotos ou irrelevantes. Portanto, é importante manter-se atento ao ler essa seção e não sucumbir à "fadiga dos fatores de risco", em que tudo se transforma em um grande borrão e você acaba deixando de compreender a importância de cada fator de risco.

Sobre qual vem a ser a seção mais importante, no final das contas, você nunca deve subestimar a importância da equipe de gestão para o sucesso de uma empresa. Por exemplo, embora uma equipe de gestão de alto nível quase sempre descubra uma maneira de fazer uma empresa funcionar, mesmo que seu modelo de negócios inicial acabe sendo decepcionante – nesse caso, eles simplesmente mudarão para um novo modelo e seguirão em frente –, uma equipe de gestão de baixa qualidade pode pegar a melhor ideia do mundo e mandá-la direto para o fundo do poço, levando os acionistas junto com eles.

BEM, ESSA FOI A MINHA DESCRIÇÃO OFICIAL de um prospecto da SEC.
Se você me pedisse para descrever um prospecto da SEC em termos mais "práticos", aí a explicação que eu lhe daria seria *um pouco* diferente. Eu diria:
"O prospecto é um documento chato, feio e horripilante que tem o objetivo de assustar qualquer pessoa que o leia, exceto os investidores mais experientes. Ele destaca todos os riscos possíveis da pior maneira possível, e minimiza qualquer potencial positivo, usando poderosos

avisos de isenção de responsabilidade. Consequentemente, se você ler o prospecto médio da primeira à última página, há 95% de chance de acabar dando no pé sem fazer o investimento."

Por quê?

"Porque, para o olho destreinado, ele faz com que as coisas pareçam muito arriscadas, inibindo qualquer outra conclusão que não seja a de sair correndo."

Portanto, aí estão dois pontos de vista opostos sobre como ler um prospecto.

Qual deles está certo?

Como acontece com a maioria das coisas na vida, a verdade está em algum lugar no meio.

No entanto, deixe-me esclarecer uma coisa para você: eu *não* estou tentando dizer que um prospecto oferece ao leitor uma visão *injusta* das perspectivas de negócios de uma empresa. O que estou dizendo é que todos os alertas e fatores de risco que você encontrará no prospecto de uma empresa provavelmente também estarão no prospecto de todas as *outras* empresas de porte semelhante e do mesmo setor. Em outras palavras, a grande maioria dos desafios e fatores de risco que o prospecto de uma empresa destaca são os mesmos desafios e fatores de risco que seus concorrentes seriam obrigados a destacar.

Em outras palavras, os negócios, em geral, são difíceis – para *todos*.

Há riscos em cada esquina e perigo em cada curva. Não importa o tipo de negócio que você esteja analisando, há inúmeras armadilhas que podem bagunçar o coreto de uma empresa: pode haver dificuldade para levantar capital, desafios com a cadeia de suprimentos, problemas com os concorrentes, clientela fraca, problemas com dívidas, uma recessão profunda, inflação descontrolada, possíveis processos judiciais, mudanças na tecnologia, uma pandemia global e assim por diante.

Portanto, dada essa realidade, o que você deve sempre ter em mente ao analisar um prospecto?

A resposta é: o *contexto* do que você está lendo.

Em outras palavras, de uma perspectiva sóbria e sem emoção, como os aspectos positivos e negativos *desse* prospecto específico se comparam aos mesmos aspectos positivos e negativos dos prospectos de empresas de porte semelhante no mesmo setor? Esse é, de longe, o aspecto mais importante a ser considerado ao se tomar uma decisão de investimento.

Em essência, o *tempo*, como se vê, não é a única coisa que é relativa.

O mesmo vale para o risco, as recompensas e todos os outros fatores em um prospecto.

Einstein, suspeito, ficaria muito orgulhoso.

Seja qual for o caso, é por isso que é fácil para um investidor experiente enxergar através do viés negativo de um prospecto típico. Sabendo que a maior parte do documento tem uma linguagem padronizada, presente em *todos* os prospectos, ele tem o contexto adequado para tomar a decisão certa. Por outro lado, um investidor novato tenderá a ter dificuldades com isso. Como *não* teve o benefício de analisar um número suficiente de prospectos, ele *não tem* o contexto adequado para tomar a decisão certa. Entre a forma inflamada com que os fatores de risco são destacados e a forma subestimada com que as vantagens são apresentadas, sua opinião sobre a empresa tende a se inclinar para o lado negativo e o impede de chegar à conclusão correta.

Por exemplo, digamos que um investidor iniciante esteja lendo um prospecto do dólar norte-americano. Qual seria a conclusão dele?

Bem, obviamente, haveria *muitos* pontos positivos no prospecto, certo? Afinal, além de o dólar ser a moeda de reserva global, os Estados Unidos têm a maior economia do mundo, são a única superpotência mundial e, em toda a sua história, nunca deixaram de pagar suas dívidas.

Mas e quanto aos pontos negativos? *Meu Deus* – por onde começar?

De cara, o prospecto falaria sobre como o Federal Reserve imprimiu enormes somas de dinheiro, ao mesmo tempo mantendo as taxas de juros em zero por um tempo insanamente longo. Esses dois fatos, por si sós, não apenas servem como enormes *red flags*, mas também seriam listados um após o outro, junto com inúmeros outros fatores de risco numerosos demais para serem contados. Afinal, esta é a natureza das moedas nacionais: elas são um negócio confuso, mesmo as melhores delas. Mas, é claro, essa distinção não será percebida pela maioria dos investidores iniciantes.

Na verdade, quando termina de ler o prospecto, ele já está praticamente em estado de choque. O que o Federal Reserve estava pensando?, ele se pergunta. Por que eles levariam o dólar para águas desconhecidas e criariam uma enorme incerteza em todo o mundo? O prospecto dizia que, para muitos economistas, uma depreciação assim extrema do dólar poderia resultar em uma grave deterioração do seu valor percebido.

Quando um investidor novato termina de ler isso, ele está horrorizado.

Apesar de essas coisas não serem nem de longe tão ultrajantes quanto parecem, o investidor está se perguntando como o prospecto poderia sequer sugerir tal coisa. Parece insano! *Irresponsável!* Isso nunca poderia acontecer, pelo menos não nesta vida. É algo que desafia a lógica. *Somos os Estados Unidos!*

Mas, ainda assim, o dano está feito.

O investidor nunca mais verá o dólar da mesma forma. As sementes da dúvida foram plantadas em seu subconsciente, onde permanecerão em silêncio, feito um vírus adormecido.

De fato, dependendo do nível de conhecimento que o investidor tem sobre o mercado de câmbio global, ele pode acabar pensando que somente alguém fora de si seria louco o suficiente para investir no dólar norte-americano neste momento.

Mas – *espere* – e todos os aspectos positivos que ele leu sobre o dólar? Não são suficientes para compensar os pontos negativos e dar a eles uma imagem precisa do dólar norte-americano?

Infelizmente, não.

Novamente, um prospecto, por sua própria natureza, é projetado para fazer com que os aspectos positivos pareçam menos positivos e os negativos pareçam mais negativos e, para ser sincero, provavelmente é melhor assim. Afinal, apesar dos desafios que isso cria para um investidor não sofisticado, o fato de os corretores serem obrigados a enviar um prospecto a cada investidor em potencial serve como uma poderosa compensação a todas as besteiras e mentiras que tendem a sair da boca dos corretores no calor do momento. Na verdade, como alguém que presenciou isso em primeira mão, no mais alto nível, posso dizer que você ficaria chocado com o que os corretores dizem quando estão lançando uma nova emissão. E não estou falando apenas da Stratton Oakmont, que descanse em paz; nem de longe![22] Estou falando de todas as grandes empresas de Wall Street, da Goldman Sachs para baixo. No calor do momento, quando seus corretores da linha de frente estão tentando fechar uma venda, as besteiras jorram como as Cataratas do Niágara.

O principal é o seguinte: para ter uma visão completa de uma empresa, você deve começar pelo prospecto e lê-lo com muito cuidado, mas depois fazer uma pesquisa adicional para adquirir o contexto adequado. Nunca se esqueça de que *todas* as empresas enfrentam desafios na tentativa de expandir seus negócios. Quer se trate de uma empresa de primeira linha que paga dividendos, de uma empresa *high-tech* de rápido crescimento e tecnologia inovadora, ou de uma *start-up* incipiente que parece tão ruim no papel que pode fazer um investidor vomitar, haverá inúmeros fatores de risco que precisam ser considerados no contexto.

VAMOS À SEGUNDA DECISÃO BRILHANTE DA SEC, que foi a de não incluir uma "análise de mérito" no processo de aprovação de um prospecto. Em outras palavras, a SEC não tenta determinar quais empresas têm probabilidade de sucesso e quais não têm. *Graças a Deus!*

Afinal, os bravos homens e mulheres que trabalham na divisão corporativa da SEC não têm a menor ideia de quais empresas serão bem-sucedidas. Como poderiam ter? A maioria deles acabou de sair da faculdade ou de uma pós-graduação em Direito.

Mas deixe-me dar um passo adiante.

Como *eu* mesmo poderia saber, se *eu* decidisse aceitar um emprego lá – ha! –, sendo que estou trabalhando com capital de risco há 35 anos?

Este é o meu ponto de vista: no final das contas, mesmo os maiores capitalistas de risco do mundo acertam apenas três vezes em dez, e isso se tiverem sorte. De fato, se você conversar com qualquer um deles, eles lhe contarão inúmeras histórias sobre todos os diferentes negócios que eles decidiram deixar passar e que acabaram se tornando algumas das maiores empresas do mundo.

---

22. Epicentro de um escândalo financeiro em meados dos anos 1990, a Stratton Oakmont foi uma corretora do autor. [N.T.]

A conclusão é que tentar escolher vencedores e perdedores é um negócio de acertos e erros em qualquer setor, sendo que até mesmo o melhor dos melhores acerta em apenas uma pequena fração das vezes. Por exemplo, você sabe quantas pessoas dispensaram Sylvester Stallone quando ele lhes mostrou o roteiro de *Rocky*? Quer arriscar um palpite?

Foi todo mundo em Hollywood! Todos os geniais chefes de estúdio, que tinham chegado ao topo da profissão por causa de suas extraordinárias habilidades para escolher vencedores, acharam o filme uma ideia estúpida e com pouco apelo comercial, especialmente com um ator desconhecido como Sylvester Stallone para fazer o papel principal.

Talvez se Ryan O'Neal fosse o protagonista, o filme seria um sucesso.

Quem?

Sim, exatamente.

Se você tem menos de 50 anos, provavelmente não sabe quem é Ryan O'Neal, mas ele estava na moda no início dos anos 1970, quando Sylvester Stallone era um zé-ninguém passando por dificuldades. Todos achavam que Ryan O'Neal estava destinado a se tornar a maior estrela das bilheterias da história de Hollywood, e que Stallone deveria mudar de emprego e se tornar segurança ou dublê. Mas, é claro, *Rocky* ganhou o Oscar de melhor filme, Stallone se tornou um nome conhecido e Ryan O'Neal se tornou o garoto-propaganda dos fracassados.

Novamente, escolher vencedores é sempre um negócio arriscado, e é ainda mais arriscado do que o normal quando se trata de empresas de capital aberto. Há simplesmente variáveis demais envolvidas e muitas coisas que podem dar errado com muita facilidade. Sem falar que nunca se sabe quando o céu se abrirá e alguém entrará pela porta com uma nova ideia ou uma nova perspectiva, e o que antes era o pior negócio do mundo, destinado à falência, agora está a caminho de se tornar a próxima Apple ou Google.

É por essa exata razão que a decisão da SEC de basear seu processo de aprovação na divulgação irrestrita e na ausência de uma análise de mérito acabou sendo um golpe duplo irresistível para a formação de capital e criou o cenário de investimento moderno do qual todos nós nos beneficiamos.

Entretanto, essa falta de uma análise de mérito cria alguns desafios para o investidor médio. Por exemplo, não seria mentira se um corretor cheio de lábia dissesse que o prospecto que ele lhe enviou recebeu o aval da SEC, como se isso de alguma forma equivalesse a um *selo de aprovação* da SEC.

A realidade é tudo, menos isso.

Por exemplo, na pior das hipóteses, um prospecto "com aval" significa simplesmente que a SEC aprovou a maneira pela qual a empresa divulgou a porcaria que é, uma porcaria tão suja e rançosa que qualquer um que invista nela deve estar louco! Em alguns prospectos, até mesmo o próprio escritório de contabilidade da empresa afirma que a empresa terá sorte se conseguir sobreviver por mais um ano. Ela tem uma concorrência massiva, nenhuma posição no mercado, patentes questionáveis, uma marca registrada sem valor e uma equipe de gestão propensa a falhas e com um histórico consistente de levar empresas à falência.

No entanto, apesar das várias *red flags* desse prospecto, o que o corretor destaca para o investidor iniciante é o brilhante aval que ele recebeu da SEC. E, embora *haja* uma pequena frase na capa dizendo que a SEC não está fazendo um julgamento sobre os méritos da empresa, poucas pessoas se dão ao trabalho de lê-la, pois a letra é muito pequena. E, mesmo que a lessem, o corretor rapidamente justificaria o fato – trata-se de um procedimento operacional padrão em todas as empresas de Wall Street.

Vou lhe contar uma pequena história.

Todos vocês sabem como minha carreira em Wall Street começou, certo?

Como mencionei anteriormente, ela começou em uma conceituada empresa de corretagem chamada L. F. Rothschild, que vendia ações de alta qualidade na Bolsa de Valores de Nova York – pelo menos na *maior* parte do tempo. Eles também não tinham problemas em rolar na sarjeta de vez em quando para ganhar uns trocados a mais.

"Afinal, Wall Street é assim mesmo!", explicaram-me. De qualquer forma, depois de seis meses exaustivos no programa de treinamento da Rothschild, passei no exame para corretor e apareci no trabalho na segunda-feira de manhã pronto para conquistar o mundo.

E, mais uma vez, infelizmente para mim, a data era 19 de outubro de 1987 – a porra da Segunda-feira Negra!

Nas seis horas e meia seguintes, assisti, chocado, à queda de 508 pontos no mercado em um único dia e, sem mais delongas, a L. F. Rothschild foi obrigada a fechar as portas e eu fiquei sem emprego.

Lembro-me daquele dia como se fosse ontem. Os corretores caminhavam de cabeça baixa, com o rabo entre as pernas, e todos murmuravam: "Merda! Já era! Não consigo acreditar! Já era!". E eu dizia: "Como assim, já era? Eu nem comecei! Como pode ter acabado?". A partir daí, as coisas só pioraram. Desci as escadas e, na primeira página do *New York Post*, vi a manchete:

A MORTE DE WALL STREET!

Em seguida, logo abaixo dela: uma foto sombria do pregão da Bolsa de Valores de Nova York, com um *close* em alguns homens acima do peso, malvestidos e com expressões horríveis. Em seguida, logo abaixo, o seguinte subtítulo:

CORRETORES VÃO VIRAR MOTORISTAS DE TÁXI

Em retrospecto, acho que foi o subtítulo que me pegou.

Percebi naquele momento que a coisa já era mesmo, assim como minha vida. Eu tinha 24 anos e havia abandonado a faculdade de odontologia, e, menos de sete meses antes, havia declarado falência.

A história resumida era que, depois de abandonar a faculdade de odontologia, eu tinha iniciado um negócio de carnes e frutos do mar, que rapidamente escalou para o uso de 26 caminhões e, em seguida, também rapidamente, foi à falência. Basicamente, eu tinha cometido todos os erros possíveis que um jovem empresário poderia cometer: tinha expandido demais, estava subcapitalizado e estava crescendo na base do crédito. E, *sem mais delongas*, a empresa faliu e eu também. Foi assim que cheguei a Wall Street.

Então, depois de seis longos meses no programa de treinamento da L. F. Rothschild, eu estava de volta à estaca zero, ou seja, falido, desesperado e sem conseguir pagar o aluguel. E com Wall Street em pânico e novas contratações suspensas, fui forçado a aceitar um emprego fora de Wall Street, em uma pequena corretora em Long Island chamada Investors Center.

Investors Center – só o nome já me dava calafrios.

Eu estava acostumado a nomes como Lehman Brothers, Goldman Sachs e Merrill Lynch. Nomes que tinham peso por trás deles e que repercutiam em Wall Street. Eu não conseguia me imaginar dizendo: "Oi, aqui é Jordan Belfort, da Investors Center, no cu do mundo, Long Island. Estou tão próximo de Wall Street quanto você, portanto, as chances de eu saber algo que você não sabe são mínimas – na verdade, nenhuma. Você quer me enviar algum dinheiro para administrar? Provavelmente você nunca mais o verá".

Tenho certeza de que você já assistiu ao filme *O lobo de Wall Street* pelo menos uma vez, e provavelmente mais do que isso. Uma das cenas clássicas do filme é quando eu entro pela primeira vez no dilapidado escritório da Investors Center e fico de queixo caído. Olho em volta e não há uma única coisa no local que remeta à riqueza, ao sucesso ou a Wall Street. Não há computadores nas mesas, nem assistentes de vendas, nem corretores de terno e gravata. Há apenas vinte velhas mesas de madeira, metade delas sem ninguém, e um bando de adolescentes crescidos, vestindo jeans e tênis e com cara de pouco inteligentes.

Enquanto o gerente me entrevistava, um garoto sentado a cerca de dois metros de nós se destacava feito um pavão. Ele estava ao telefone com um cliente, era alto, magro e tinha um rosto mais comprido do que o de um cavalo puro-sangue. Não tinha mais de 20 anos e parecia estar vestido para as férias. De repente, ele se levantou da cadeira e começou a gritar ao telefone e a repreender o pobre do cliente. O gerente e eu viramos a cabeça para ouvir.

"Ah, dá um tempo!", gritou o corretor com cara de cavalo. "Não me importo com o que esse prospecto estúpido diz! A única coisa para a qual um prospecto serve é para assustá-lo; só isso! Ele diz tudo de ruim e nada de bom. Portanto, eis o que quero que você faça: quero que vá ao banheiro, feche a porta, apague as luzes e leia o prospecto no escuro. Essa é a melhor maneira de fazer isso, porque essa ação está indo direto para a lua, e não quero que você perca essa oportunidade. Pode ser assim?" Em seguida, ele se sentou calmamente em seu lugar e esperou por uma resposta.

"Esse é Chris Knight", disse o gerente. "Nosso melhor corretor. Ele tem reputação de sobra, beleza?"

"Acho que sim", respondi. "Mas ele está indo um pouco rápido demais e sem se importar com as garantias. Mas quem sou eu para julgar, né? Eu também ouvi umas doideiras na Rothschild. Não tinha nenhum coroinha por lá." Dei ao gerente um sorriso de irmão de armas, como se dissesse: "Não se preocupe, eu sei o que acontece em uma sala de vendas de Wall Street. Não vou caguetar você!".

De fato, eu não estava mentindo sobre os corretores da Rothschild não serem coroinhas. Nos seis meses em que estive lá, ouvi pelo menos uma dúzia de vezes exatamente a mesma frase sobre ir ao banheiro e ler um prospecto no escuro. Ela deve estar em algum manual secreto de treinamento de vendas, eu pensei, embora certamente a SEC não tivesse conhecimento disso. Afinal, era uma clara violação de uma regra da SEC que versa sobre a distribuição de ações de acordo com um prospecto.

É assim que a lei *deveria* funcionar: durante o período de distribuição, que começa quando o prospecto de uma empresa é registrado na divisão de finanças corporativas da SEC e termina trinta dias após o início da negociação das ações, *as únicas* informações que podem ser transmitidas aos investidores são as contidas no prospecto. Qualquer outra informação está estritamente fora dos limites. Você não pode nem mesmo mencioná-la – nem em um roteiro de vendas, um folheto de marketing, uma propaganda ou em uma frase aleatória dita por um corretor de ações idiota como Chris Knight. Quem faz isso viola a lei.

O problema é que essa lei funciona muito melhor na teoria do que na prática.

Nas trincheiras, é assim que a venda de uma nova emissão de fato *acontece*. Ela é dividida em quatro fases distintas.

1. **A fase de escassez:** o processo começa quando um corretor telefona para um cliente e diz que há uma nova emissão muito interessante que será lançada nas próximas duas semanas, e que o cliente deveria mesmo comprá-la. O corretor passa os próximos sessenta segundos oferecendo ao cliente uma breve descrição da empresa, concentrando-se principalmente no fato de que a oferta é limitada, o que

significa que as ações subirão assim que começarem a ser negociadas. A única má notícia é que, como o negócio está muito visado, o corretor pode conseguir para o cliente só algumas ações. Mas a boa notícia é que elas são tão valiosas quanto ouro, portanto, o cliente deve contar com a sorte de o corretor ter conseguido até mesmo esse número. Nesse ponto, o cliente agradece profusamente ao corretor.

2. **A fase de pré-enquadramento**: é aqui que o corretor inicia o processo de tentar minimizar o impacto negativo que o prospecto terá sobre o cliente, caso ele decida lê-lo. O corretor começa explicando que, como se trata de uma oferta de novos valores mobiliários, ele é legalmente obrigado a enviar um prospecto ao cliente – mas depois acrescenta: "Sei que você é muito ocupado, portanto, não precisa perder seu tempo *lendo* tudo. É um material chato, então você provavelmente vai só passar os olhos nele. É o que a maioria das pessoas faz. Quer dizer, não me entenda mal, é uma empresa incrível e tudo mais, portanto, se você gosta de ler esse tipo de coisa, vá em frente, e boa sorte para não dormir no meio".

3. **A fase da oração**: depois de desligar o telefone, o corretor envia o prospecto por e-mail ao cliente para cumprir sua obrigação, de acordo com a lei da SEC. Em seguida, ele fecha os olhos e reza a Deus para que o cliente não o leia. Se o cliente o ler, o corretor aguarda uma ligação telefônica furiosa ou, no mínimo, confusa, que certamente virá – momento em que ele executará a etapa quatro.

4. **A fase de neutralização**: como o corretor já estava esperando essa ligação, ele preparou uma resposta para neutralizar o assustador efeito do prospecto tóxico. Dependendo de seu nível de ética, ele escolherá entre várias respostas prontas que vão desde passar um pouco da linha – contando algumas histórias sobre outras empresas que eram exatamente como essa e que se tornaram grandes vencedoras – até mergulhar de cabeça no lado sombrio da força, usando a famosa frase: "Quero que você vá ao banheiro e leia o prospecto no escuro".

De qualquer forma, voltando à minha entrevista na Investors Center, quando Chris Knight de repente se levantou da cadeira de novo e gritou ao telefone: "Ah, pare com isso! Pelo amor de Deus, Bill! Você está sendo ridículo. O prospecto traz só o pior cenário possível. Além disso, o preço da nova emissão é de só 10 centavos. Sim! Como você poderia errar com 10 centavos por ação, me diga?".

Inclinei-me em direção ao gerente e sussurrei: "Ele acabou de dizer 10 centavos por ação?".

"Sim, por quê?", respondeu o gerente. "Qual é o problema?"

"Nenhum", respondi. "Só nunca ouvi falar de uma ação tão barata."

Naquele momento, Chris Knight bateu o telefone com raiva e murmurou: "Rato desgraçado! Desligou na minha cara! Que coragem! Porra, eu vou matar esse cara!".

Lancei um olhar preocupado para o gerente.

"Está tudo bem", disse ele. "O cara não escapa da próxima vez."

Concordei com a cabeça, mas tinha algo muito errado acontecendo ali. Eu podia sentir isso no fundo da minha barriga. Uma empresa que abre capital a 10 centavos de dólar? *Deve ser uma porcaria de verdade*, pensei.

É claro que, a essa altura, eu já sabia que a SEC não realizava uma análise de mérito, de modo que as maiores merdas podem ser vendidas por meio de um prospecto aprovado. Eu tinha aprendido tudo sobre divulgação irrestrita quando estava estudando para o exame de corretor. Mas aprender isso em um livro era uma coisa – ver isso acontecer na vida real, com um corretor como Chris Knight, era uma coisa muito diferente. Naquele exato momento, de fato, eu não tinha tanta certeza de que a ausência de avaliações de mérito fosse realmente uma coisa boa, dado o potencial de abuso.

Seja qual for o caso, a situação toda parecia *errada*, como se toda essa operação – a Investors Center – nem devesse existir. Não fazia sentido que algo assim pudesse ser permitido. Por outro lado, porém, logo atrás do gerente, havia duas placas na parede que contavam uma história bem diferente. Uma delas era grande e retangular e tinha letras em azul-claro, indicando que a Investors Center era um orgulhoso membro da National Association of Securities Dealers, a NASD, ou Associação Nacional de Corretores. A outra placa era quadrada e mostrava que a Investors Center era uma corretora devidamente licenciada e aprovada para fazer negócios pela SEC. Fiquei chocado. Apontei para as duas placas na parede e disse: "Então, vocês são licenciados de verdade? *Uau*, que incrível!".

O gerente pareceu ofendido. "Como assim?", ele respondeu. "É lógico que somos licenciados!" Ele apontou para uma fileira de cinco cubos transparentes em sua mesa. Cada um tinha cerca de cinco centímetros de altura e continha um minúsculo prospecto reduzido em seu interior. "Aqui estão algumas das emissões anteriores que fizemos." Ele pegou um dos cubos e o jogou para que eu o examinasse mais de perto. "Tudo o que fazemos aqui é completamente legítimo."

Incrível!, eu pensei. *Quem diria que um lugar como esse pudesse ser mesmo legítimo?*

Em retrospecto, eu estava muito errado.

Não apenas a Investors Center era a coisa mais distante de uma corretora legítima, mas também havia coisas que eu aprenderia lá que acabariam abrindo caminho para uma das viagens mais loucas da história de Wall Street.

Mas, deixando isso de lado, o que eu *deveria* estar pensando naquele dia, sentado naquela cadeira, admirando aquele minúsculo cubo transparente, com seu minúsculo prospecto interior, era: *sem análise de mérito? Isso sim é uma faca de dois gumes!*

Antes de avançarmos, ainda há mais umas poucas informações que preciso compartilhar com você sobre o assunto da divulgação – começando pelo fato de que as exigências não terminam depois que a empresa abre o capital. Há divulgações periódicas que as empresas precisam fazer para manter os investidores informados.

Vamos examinar rapidamente as quatro mais comuns:

1. **Formulário 10-K**: um relatório abrangente que todas as empresas de capital aberto devem apresentar anualmente nos Estados Unidos. Em termos leigos, é o chamado "pé no chão" dos formulários de divulgação financeira e inclui tudo o que você precisa saber – e a melhor parte é que ele é totalmente auditado, sob pena de perjúrio. Tanto o CEO quanto o CFO têm de assinar um documento dizendo que, até onde sabem, tudo o que está lá dentro é 100% verdadeiro: nada de besteiras, nada de exageros, nada de contabilidade criativa, nada de inventário contado duas vezes. Trata-se de uma adição recente da

SEC, uma tentativa de reprimir CEOs e CFOs mentirosos e trapaceiros (que, no passado, apresentavam números falsos e escapavam com um tapinha na mão). Agora, se eles conscientemente apresentarem informações falsas, há uma excelente chance de que o FBI bata à porta deles e lhes ofereça uma passagem só de ida para a prisão.

2. **Formulário 10-Q**: uma versão reduzida de seu irmão mais velho, o 10-K, que deve ser preenchida uma vez a cada três meses, em vez de uma vez por ano. A outra principal diferença entre os dois é que, ao contrário do 10-K, o 10-Q não é auditado, o que significa que as informações dele não são tão confiáveis. Ainda assim, o 10-Q pode ser muito útil como um sistema de alerta antecipado, apontando problemas com o fluxo de caixa, a cadeia de suprimentos, o gerenciamento de estoque e outros aspectos do negócio de uma empresa que acabarão aparecendo no 10-K.

3. **Formulário 8-K**: usado para anunciar qualquer mudança significativa em uma empresa, pode ser preenchido a qualquer momento. Exemplos comuns de preenchimentos de 8-K são o anúncio de uma aquisição, um pedido de falência, uma mudança na gerência principal ou no conselho de administração e a emissão de novas ações. Em termos práticos, uma publicação 8-K pode ser o melhor amigo ou o pior pesadelo de um operador de curto prazo, dependendo de como a notícia é recebida e de como ele está posicionado no mercado.

4. **Formulário 13-D**: muitas vezes chamado de "formulário de propriedade beneficiária", o 13-D é usado para anunciar publicamente que uma pessoa ou um grupo acumulou mais de 5% das ações em circulação de uma empresa. Como parte do processo, o investidor é obrigado a revelar quaisquer intenções que tenha além de simplesmente ganhar dinheiro de forma passiva como investidor. (Se não tiver intenções ativas, ele pode preencher uma versão reduzida desse formulário, chamada 13-G). As intenções *ativas* mais comuns são assumir o controle da empresa por meio de uma oferta pública de aquisição, como Elon Musk fez recentemente com o Twitter, ou se tornar um investidor ativo, com o objetivo de forçar mudanças importantes nas operações em andamento da empresa ou em sua estrutura de capital para aumentar o valor para os acionistas.

Além desses Quatro Grandes, há vários outros formulários de divulgação, mas esses são os mais comentados e que orientam a grande maioria das decisões de investimento das pessoas.

ANTES DE CONTINUARMOS, há um ponto crucial que preciso enfatizar: a maior vantagem que Wall Street tem sobre a Main Street é a percepção de que eles *sabem* algo que a Main Street não sabe. É uma percepção que foi aprimorada quase à perfeição nos últimos cem anos, à custa de incontáveis bilhões de dólares em publicidade, pelas contrapartes igualmente sem alma de Wall Street na Madison Avenue.[23]

Por meio de uma combinação de mala direta, anúncios em *outdoors*, *spots* de rádio, comerciais de TV e, nos últimos vinte anos, toneladas e toneladas de publicidade *on-line*, a Madison Avenue alcançou com sucesso a missão de colocar o tom mais sedutor de batom vermelho no mais fedorento, feio e ganancioso de todos os porcos do mundo: Wall Street.

Ficou confuso? Vou explicar melhor.

O fato real é que você não precisa de Wall Street para administrar seu dinheiro.

Simplesmente *não precisa*; você poderia fazer um trabalho muito melhor administrando-o você mesmo.

Acha que estou exagerando?

Ok, eu entendo. Mas e quanto a Warren Buffett? Ele parece o tipo de homem que gosta de exagerar?

Definitivamente não, certo? Não é da natureza dele.

Ele é um homem de fala mansa e grande sabedoria, um homem em quem você certamente pode confiar.

De fato, acho que todos concordamos que Warren Buffett é uma fonte confiável de conselhos sobre investimentos, certo?

Sim. De fato, ele é.

Então, com isso em mente, aqui está uma das citações mais recentes de Warren Buffett sobre a comunidade financeira. Ela vale a pena: "Eu preferiria dar meu dinheiro a um bando de macacos jogando dardos na

---

23. A Madison Avenue é uma rua de Nova York em que se encontra a sede de grandes conglomerados do marketing e da publicidade mundiais. [N.T.]

S&P 500 do que a um corretor de Wall Street ou a um gestor de fundos de *hedge*. Não é nada pessoal, mas os macacos vão vencer Wall Street nove em cada dez vezes."

Entretanto, as coisas eram muito diferentes há apenas trinta anos.

Quando cheguei a Wall Street, em 1987, você realmente precisava de um corretor de ações se quisesse saber o que estava acontecendo no mundo financeiro para além do que podia ler na edição matutina do *Wall Street Journal*, que, por definição, era notícia velha.

Para isso, uma das frases de venda clássicas que escrevi em meu primeiro roteiro na minha corretora, a Stratton Oakmont, tinha a ver exatamente com essa questão – como a disparidade de informações coloca o investidor médio em uma *enorme* desvantagem em relação a um corretor de Wall Street, que está em cima do lance no mercado. O roteiro era para a Eastman Kodak, que, na época, era uma empresa de primeira linha na Bolsa de Valores de Nova York. Fazia pouco tempo, a Kodak tinha sido processada pela Polaroid por violação de patente, fazendo as ações caírem como uma pedra, de mais de 100 dólares por ação para 40 dólares, como resultado da nuvem de litígio que pairava sobre a cabeça da empresa.

A tese do roteiro era simples.

Muitas instituições têm cláusulas restritivas em seus estatutos corporativos que as impedem de se envolver com empresas que estejam enfrentando grandes litígios. Assim, uma vez que o litígio fosse resolvido, elas voltariam a investir nas ações e as fariam disparar de volta à lua. Por isso, incluí exemplos de três outras empresas que passaram por situações semelhantes às da Kodak. Assim que o litígio foi resolvido, as ações voltaram a subir e rapidamente atingiram novos patamares. Era um roteiro poderoso, com certeza, que fazia sentido em todos os níveis, tanto lógico *quanto* emocional. Mas havia uma frase-chave no final que fazia tudo funcionar.

A frase era tão poderosa que, quando você a dizia ao cliente, havia uma chance muito grande de ele o *interromper* bem no meio da fala e dizer: "Isso é mesmo verdade", ou "Com certeza absoluta", ou lhe desse um grunhido de reconhecimento, como quem diz: "É, nisso vocês têm razão, e muita!".

Em essência, essa frase-chave não apenas deixava claro para o cliente que ele precisava comprar as ações agora – *antes* de ler sobre o acordo no jornal –, mas também destacava a importância de ter em sua vida um corretor de ações baseado em Wall Street, apesar da comissão extra que o corretor talvez cobrasse. No final das contas, o corretor mais do que valia a pena.

A frase-chave vinha bem no final da apresentação, logo antes de você perguntar sobre o pedido de compra.

Era assim: "Jim, o segredo para ganhar dinheiro em uma situação como essa é se posicionar *agora*, antes do acordo do litígio, porque quando você ler sobre isso no *Wall Street Journal* já será tarde demais".

Assim, a mensagem ficava clara: se você não estiver em Wall Street, basicamente *não* terá chance de ganhar dinheiro no mercado de ações. As informações trafegam muito lentamente, a ponto de, ao chegar ao *Wall Street Journal* ou a qualquer outra fonte de notícias a que você tenha acesso, já não vão valer um centavo furado. A essa altura, todos os operadores, analistas e corretores de ações de Wall Street já sabem dos fatos e agiram de acordo com eles – comprando, vendendo ou mantendo. Para garantir essa vantagem, os corretores de Wall Street tinham computadores especiais em suas mesas, chamados Quotrons, que lhes davam acesso a cotações em tempo real e também a um serviço de notícias exclusivo, chamado Bloomberg, que trazia notícias financeiras importantes diretamente para as mesas, à velocidade da luz.

E, para desequilibrar ainda mais a balança, todas as grandes empresas de Wall Street tinham mensageiros acampados na sede da SEC em Washington, esperando que as empresas de capital aberto fizessem suas divulgações. No momento em que elas chegavam, os mensageiros entravam em ação – pedalando, correndo, dirigindo e enviando por fax essas divulgações urgentes para os analistas financeiros de suas respectivas empresas, que as analisavam, dissecavam e depois as reuniam em relatórios de pesquisa exclusivos, que eram então compartilhados com os operadores, corretores e, por fim, com seus clientes.

Todas essas vantagens estavam sutilmente implícitas naquele argumento poderoso no final do meu discurso de vendas. E nas raras ocasiões em que o cliente ainda estava cético ou dizia que preferia fazer negócios usando um corretor local, podia-se acrescentar: "Jim, não estou querendo interferir no relacionamento que você tem com seu corretor local em Oklahoma. Tenho certeza de que ele faz um trabalho muito bom para você quando se trata de coisas como títulos de gado e relatórios de safra, mas, quando se trata de ações, estou bem aqui em Wall Street, sentindo de perto o mercado. Enquanto seu corretor local está ocupado lendo o *Wall Street Journal* de ontem, eu estou por dentro das notícias de amanhã...", e assim por diante. Não era possível que um investidor em uma fazenda em Oklahoma ou em uma linha de montagem em Michigan pudesse competir com um corretor em Wall Street. Entre a lacuna de informações, a lacuna tecnológica e a incapacidade dos clientes de comprar uma ação sequer sem pegar o telefone e ligar para um corretor de ações, eles não tinham a menor chance.

Mas e hoje?

Alguma das coisas que acabei de descrever se parece remotamente com o mundo digital de hoje, um mundo em que as informações chegam a cada smartphone, laptop e computador em qualquer lugar do mundo, na velocidade da luz?

Absolutamente não. Nem de longe.

Esse discurso velho e cansado que Wall Street ainda está tentando desesperadamente passar para o público investidor – de que eles têm informações que o público não tem – é pura, puríssima besteira, besteira de alta qualidade.

Sim, houve um tempo em que isso era verdade. Mas esse tempo já ficou para trás.

Desde 2001, todas as empresas de capital aberto são legalmente obrigadas a colocar suas divulgações no banco de dados *on-line* da SEC, o EDGAR – tornando todos os 10-K, 10-Q, 8-K e 13-D instantaneamente disponíveis para qualquer investidor do mundo que tenha acesso à internet.

Em poucas palavras, a lacuna de informações foi eliminada.

Para obter as informações mais recentes sobre qualquer empresa de capital aberto, basta acessar a internet e digitar www.edgar.com e, *voilà*, você terá todas as informações de que precisa na ponta dos dedos.

Então é o que temos: o poder da divulgação irrestrita, na ausência de uma análise de mérito.

Isso criou um golpe duplo irresistível para a formação de capital e lançou as bases para que o mercado de ações dos Estados Unidos fosse objeto da inveja mundial.

Mas é claro que isso levaria tempo.

Em 1934, o país ainda estava em frangalhos.

A Grande Depressão era diferente de tudo o que os Estados Unidos já tinham vivido. Houve antes muitas altas e baixas, e pânicos ocasionais, mas o que estava acontecendo agora era muito diferente. As pessoas estavam com raiva. Amargas. Exigindo mudanças. A SEC foi fundada para lhes *proporcionar* essa mudança. Para isso, a agência tinha duas missões principais:

1. Restaurar a confiança dos investidores.
2. Fazer com que os Estados Unidos voltassem a investir.

Era uma missão nobre, com o sucesso da primeira missão abrindo caminho para a segunda. Em essência, se conseguissem convencer o público norte-americano de que o campo de jogo tinha sido nivelado, ele se sentiria mais confortável para começar a investir de novo.

Na teoria, um plano brilhante.

O único problema é que era mais fácil falar do que fazer.

Para descongelar o mercado de capital, ambos os lados precisavam aderir – Wall Street e o público investidor. Ambos tinham que concordar que o campo de jogo tinha sido nivelado e que o novo conjunto de leis mobiliárias era justo para todos. Caso contrário, seria apenas mais do mesmo e, embora eu tenha certeza de que Wall Street aceitaria isso de bom grado, o público norte-americano não aceitaria. Ele estava cansado. Farto. Já tinha sido enganado muitas vezes e não voltaria à mesa de negociações sem uma mudança real.

Por sua vez, Wall Street estava nervosa – na verdade, não; estava *aterrorizada*.

Mais de cem anos de ganância e excesso estavam finalmente sendo colocados em rédea curta, e esse novo conjunto de leis de valores mobiliários não era nada desprezível. Divulgação irrestrita, registro de novos títulos, negociação justa e honesta, colocar o cliente em primeiro lugar – noções radicais para a década de 1930, e nada parecido tinha sido tentado antes.

Mas, ainda assim, que escolha Wall Street tinha?

Por mais chocante que parecesse, o povo norte-americano estava falando sério de verdade dessa vez. Os gloriosos dias de violação e pilhagem da aldeia financeira estavam enfim acabando.

Foi assim que Wall Street decidiu fazer a coisa certa e engolir esse sapo.

Os líderes dos maiores bancos e corretoras de Wall Street se reuniram e concordaram em aceitar o novo conjunto de regras. Dali em diante, eles as honrariam, cumpririam e transformariam a Bolsa de Valores de Nova York em um lugar mais amável, gentil e justo, onde as necessidades dos investidores estariam sempre em primeiro lugar. Afinal de contas, fariam isso pelos Estados Unidos, e os Estados Unidos tinham sido incrivelmente bons com eles. O país os tornara ricos e poderosos além de seus sonhos mais loucos, e agora era hora de retribuir um pouquinho. Seria uma espécie de renascimento, uma nova era; se preferir, uma era de uma Wall Street brilhante, esperançosa e ética.

Inacreditável, não é?

Se você acredita em alguma dessas bobagens – que, em um momento de crise nacional, Wall Street encontrou seu centro moral e concordou em sacrificar lucros por um bem maior –, tenho um terreno para lhe vender no centro de Wakanda.

Sinceramente, você acha mesmo que esses bastardos gananciosos cairiam sem lutar? De jeito nenhum! O que veio a seguir foi a versão financeira da birra de uma criança de 10 anos: "Se não pudermos continuar jogando com as regras antigas, levaremos nossa bola para casa e ninguém mais vai jogar. E *pronto*!". E foi exatamente isso que Wall Street fez.

As grandes empresas simplesmente se recusaram a cooperar.

"É injusto", alegaram. "É antiamericano! É uma conspiração comunista! Não aceitaremos essas novas regras, e nem pretendemos cumpri-las. Não registraremos títulos. Não publicaremos prospectos. Não faremos divulgação irrestrita. E certamente não colocaremos as necessidades dos nossos clientes acima das nossas. Por que diabos faríamos isso? Vocês acham que somos loucos ou algo assim? Como vamos ganhar dinheiro sendo honestos?"

E assim começou um boicote.

Artigos foram publicados nos principais jornais. Membros da oposição foram difamados publicamente. Ações judiciais foram movidas na Suprema Corte dos Estados Unidos. Naquele que foi o maior esforço de *lobby* da história dos Estados Unidos, os titereiros de Wall Street entraram em guerra contra o Congresso, insistindo para que modificassem essas novas e ridículas leis mobiliárias. Até que isso acontecesse, o mercado de ações permaneceria fechado. Não haveria novos negócios, nenhum capital novo e nenhuma concessão de crédito.

A mensagem era clara: até haver cooperação, os Estados Unidos serão mantidos como reféns.

Funcionou.

Sob a intensa pressão do monopólio quase total de Wall Street sobre o capital e a concessão de crédito, o Congresso diluiu as leis de títulos para uma versão mais amigável, criando isenções massivas para a Bolsa de Valores de Nova York. A bolsa, em sua maior parte, poderia se autorregular, e as ações de fiscalização não teriam a mesma força quando se tratasse de reprimir os titereiros.

Não é de surpreender que os arquitetos do conjunto *original* de leis da SEC tenham ficado completamente arrasados, embora não *tanto* quanto ficaram com a decisão seguinte de FDR.

Veja bem, Roosevelt ainda tinha um problema.

Wall Street não confiava nele.

Do ponto de vista deles, FDR era um estranho, um idealista convicto com tendências comunistas, que era considerado abertamente hostil aos negócios norte-americanos. Consequentemente, até mesmo essa versão diluída das leis federais de valores mobiliários ainda era um obstáculo a mais para os titereiros de Wall Street. Na opinião deles, se cedessem um centímetro a FDR, ele tomaria um metro e, antes que percebessem, estariam sob seu jugo.

Assim, o impasse continuou.

Para romper o impasse, FDR precisava de alguém para *vender* o plano a Wall Street, alguém de dentro, que eles conhecessem e em quem pudessem confiar. Caso contrário, o mercado permaneceria fechado, as pessoas sofreriam e a Grande Depressão continuaria.

Foi por isso que Roosevelt escolheu o velho Joe Kennedy, para grande desgosto de seus principais assessores e dos autores da primeira rodada de leis mais rigorosas.

Eles ficaram chocados e indignados, assim como a imprensa. As manchetes eram: *Diga que não fez isso, Joe! Eles colocaram o lobo para cuidar das ovelhas. O que vai acontecer agora?*

Mas Roosevelt tinha seus motivos.

Ele sabia que Kennedy era exatamente o tipo de vendedor cheio de lábia que, com uma piscadela e um aceno de cabeça, poderia fazer com que Wall Street entrasse no jogo. E foi exatamente isso que ele fez.

Seu plano era diabolicamente simples: "Nunca teremos os recursos para vigiar toda Wall Street, o tempo todo, então precisamos ser práticos quando o assunto é a aplicação da lei, em termos de quem vigiamos de perto e quem não vigiamos. Em essência, há certas pessoas em quem sabemos que podemos confiar, que obedecerão a todas essas novas leis, e há todas as outras, em quem não podemos confiar. Para as pessoas em quem confiamos, a regulamentação é tranquila. Simplesmente entregaremos a elas um conjunto de leis que elas são obrigadas a seguir, e seus padrões morais internos cuidarão do resto. E quanto a todos os outros, nós os vigiaremos como malditos falcões".

E foi isso que o velho Joe fez.

Ele convenceu seus ex-parceiros de crime a aceitarem requisitos rigorosos de divulgação no lado das finanças corporativas da equação, prometendo um sistema de justiça de dois níveis no lado da execução da equação.

"Será ainda *melhor* do que antes", explicou ele a seus colegas titereiros. "Restaurar a confiança dos investidores criará mais dinheiro para roubarmos e, quando vocês forem pegos com a mão na botija regulatória, vou garantir que a SEC faça vista grossa ou lhes dê um tapinha na mão. Coisa simples, sem nem o esforço de levantar uma sobrancelha. Estabeleceremos um padrão excepcionalmente alto para a abertura de novas investigações e lhe daremos o benefício da dúvida quando estivermos interpretando os resultados. E nas raras ocasiões em que um de nossos golpes sair tão fora de controle que o público acabe perdendo tanto dinheiro que até a imprensa se envolva, eu me certificarei de que a SEC nos permita apontar para algum idiota de baixo escalão, que diremos que ficou ganancioso e agiu por conta própria, e o transformaremos em bode expiatório, deixando a instituição seguir em frente. Vai ser incrível, senhores. Vocês têm minha palavra. Todos de acordo?"

NÃO É DE SURPREENDER que todos tenham concordado.

Afinal de contas, era um plano realmente brilhante elaborado por um Lobo de Wall Street das antigas, magicamente transformado em um lobo em pele de cordeiro.

O velho Joe começou a trabalhar quieto.

Seu primeiro passo foi dividir a comunidade financeira em dois grupos separados: os mocinhos e os bandidos. No primeiro grupo, ele colocou as pessoas e instituições que considerava confiáveis. Os membros incluíam os chefes dos maiores bancos de Wall Street, corretoras, fundos mútuos, fundos de investimento, agências de classificação, escritórios de advocacia e de contabilidade, além dos executivos de alto escalão das trinta empresas de capital aberto do Dow. Era basicamente um "quem é quem" de todos os responsáveis por desencadear o *crash*.

Mas não era assim que o velho Joe enxergava seus ex-parceiros de crime.

Para ele, tratava-se de homens honrados, e, como todos os homens honrados, estes poderiam ser regulados pelo sistema de honra. Afinal de contas, esses homens vinham das famílias certas, frequentavam os internatos certos, iam para as universidades certas e pertenciam aos *country club* certos. Eles cresceram sob o sistema de honra e entendiam sua importância. Para eles, o código de honra era uma tradição sagrada que devia ser respeitada e protegida a todo custo, ou pelo menos era isso que diziam a si mesmos e aos outros quando o violavam.

Então, no segundo grupo – os assim chamados bandidos – o velho Joe colocou todos os outros, ou seja, as pessoas e instituições que não faziam parte do *establishment*. E embora fosse injusto dizer que ele os considerava *indignos de confiança*, o fato de estarem *fora* do *establishment* os tornava desconhecidos e, portanto, precisavam de vigilância cerrada para evitar que causassem danos.

Mas, é claro, esses dois conjuntos de regras não existiam no papel. O velho Joe era inteligente demais para isso. Ele sabia que isso violaria um dos princípios mais básicos da Constituição – a saber, igual tratamento perante a lei – e seria imediatamente derrubado pela Suprema Corte dos Estados Unidos. Portanto, *oficialmente*, havia apenas *um* conjunto de regras que se aplicava a todos.

Na prática, porém, a história era bem diferente.

Por meio de uma combinação de aplicação seletiva e distribuição de tapinhas nas mãos de membros do *establishment* nas raras ocasiões em que eles faziam algo tão flagrante que simplesmente não podia ser ignorado, os negócios continuaram como sempre nas maiores empresas de Wall Street, e o reinado dos titereiros seguiu em frente.

Agora, antes de irmos mais além, há um pequeno tema que quero tratar rapidamente com você. Eu bem sei o que você pode estar pensando agora.

Você pode estar pensando: *Ah, Jordan, todo esse ataque à SEC parece um pouco conveniente vindo de um cara como você, que foi processado pela SEC por manipulação de mercado e acabou pagando uma multa de 3 milhões de dólares. Você provavelmente acha que foi injustamente perseguido por um sistema que está moralmente falido e podre até a medula.*

Se é isso que está pensando, eu entendo perfeitamente. Compreendo que pode parecer ser isso, caso não se conheça a história completa. Vai parecer que ainda guardo rancor e estou querendo pegar a SEC na porrada.

Portanto, deixe-me tirar um momento para esclarecer as coisas: nada poderia estar mais longe da verdade. Não tenho o menor problema com a SEC e certamente nunca me senti nem um pouco prejudicado. Mesmo na cadeia, onde os presos estão constantemente jurando sua absoluta inocência, eu costumava dizer: "Sou o único homem culpado em Shawshank!".

Entendeu?

Nunca tive qualquer ilusão de ser um homem inocente, acusado injustamente por alguns investigadores desonestos e, em seguida, preso por um sistema judiciário que queria me prejudicar. Eu era culpado, pura e simplesmente! Infringi a lei e recebi o que merecia. Nunca tentei minimizar ou encontrar desculpas para isso.

De fato, em retrospecto, ser pego pela SEC acabou sendo uma das melhores coisas que já me aconteceram. Ter caído em desgraça me ensinou lições inestimáveis que, de outra forma, eu nunca teria aprendido, lições que serviram de base para a vida incrível que tenho hoje.

Portanto, mais uma vez, meu problema com a SEC não tem *nada* a ver com interações passadas ou com a forma como eles me trataram. Na verdade, tem a ver com o fato de que *eles*, a SEC, sabem *exatamente* o que está acontecendo nas grandes empresas de Wall Street – todo o tráfico de informações sigilosas, a manipulação de ações, as bolhas, as fraudes, as malfeitorias – e não fazem *nada* para impedir, a não ser aplicar multas *ridiculamente* pequenas que têm o impacto de uma multa por excesso de velocidade.

Voltando ao velho Joe, seu plano funcionou perfeitamente, e a SEC foi lançada com o apoio de Wall Street. Conforme prometido, a Bolsa de Valores de Nova York retomou suas operações, embora as coisas tenham continuado lentas pelos dez anos seguintes. Com a taxa de desemprego oscilando em 33% e o mundo à beira de outra Grande Guerra, o pouco dinheiro que as pessoas *tinham* era destinado aos títulos de guerra dos Estados Unidos, à medida que a produção se acelerava para derrotar a máquina de guerra de Hitler.

A economia de guerra começou devagar, mas logo ganhou força e, quando a guerra terminou, estava crescendo de uma forma inédita.

No fim das contas, a Segunda Guerra Mundial mudou tudo.

Ela desencadeou um turbilhão econômico sem igual na história, com Wall Street substituindo Londres como o epicentro financeiro do mundo. Abençoados com vastos recursos naturais e um oceano para protegê-los em ambas as costas, os Estados Unidos saíram da guerra quase totalmente ilesos. Suas fábricas estavam em expansão, o capital estava entrando, as pessoas estavam trabalhando e o mercado de ações estava pronto para uma grande corrida de altas. Ainda assim, foram necessários mais nove anos para que o Dow recuperasse totalmente o terreno perdido com o *crash* de 1929.

No entanto, quando enfim se recuperou, não foi sem uma ironia.

Havia rumores sobre um novo jogo na cidade, e as declarações eram ousadas. Afirmava-se que ele mudaria tudo.

E para melhor.

CAPÍTULO 7

A VERDADE SOBRE O GRANDE *CRASH* E OUTRAS COISAS IMPORTANTES

Pronto para uma informação chocante e desanimadora? Aí vai.

O Dow levou mais de 25 anos para se recuperar totalmente do *crash* de 1929 e da Grande Depressão que se seguiu. Foram 25 anos sombrios, desanimadores e miseráveis.

Especificamente, o Dow atingiu o recorde histórico de 381,76 em 3 de setembro de 1929 e não conseguiu ultrapassar esse nível até 23 de novembro de 1954, ou seja, quase 25 anos e três meses depois.

A primeira vez que ouvi essa informação foi em 1987, quando estava estudando para meu exame de corretor. Lembro-me de ter ficado totalmente surpreso com ela. Naquela época, eu estava lendo sobre os perigos das posições alavancadas durante os Loucos Anos 1920 e como elas criaram uma bomba-relógio que explodiu na Segunda-feira Negra. Também aprendi como tanto o governo federal quanto o Federal Reserve cometeram alguns erros graves naqueles primeiros anos – aumentando as taxas quando deveriam tê-las reduzido, subindo os impostos quando deveriam tê-los abaixado, arrochando a oferta de moeda quando deveriam tê-la afrouxado e aumentando as tarifas sobre as importações, fazendo com que o comércio empacasse.

No final, foi uma espiral viciosa de queda que fez com que o Dow Jones despencasse 90%, atingindo a maior baixa de todos os tempos, 41,22, em 8 de julho de 1932, um ano muito ruim, para dizer o mínimo. Em seguida, o índice começou a se recuperar, lenta e dolorosamente, nos 25 anos seguintes.

Em retrospecto, parece bastante estranho que, apesar do enorme *boom* econômico da Segunda Guerra Mundial, Wall Street *ainda* não tivesse conseguido fazer com que o Dow voltasse a subir. Até porque, ao final da guerra, os Estados Unidos tinham se tornado uma superpotência econômica, com fábricas em expansão por todo o país. O desemprego estava baixo, o ânimo estava elevado e a produção industrial tinha aumentado 300% em relação ao seu ponto mais alto antes do *crash*. Mas, por alguma razão inexplicável, isso ainda não era suficiente. Levaria mais nove anos, após o fim da Segunda Guerra Mundial, para que o Dow finalmente superasse a máxima registrado antes do *crash*.

Chocante, não? Quer dizer, ficamos quase impressionados com a *audácia* absoluta desses banqueiros e corretores dos Loucos Anos 1920, que levaram o mercado a um nível tão acima do seu valor fundamental. É um fato absolutamente espantoso que mesmo uma guerra mundial e o gigante industrial que surgiu em seu rastro *ainda* não tenham sido suficientes para fazer com que o turrão Dow ultrapassasse o pico anterior à queda.

Supõe-se que o mercado de ações deva servir como um dos principais indicadores da economia subjacente, isso numa perspectiva futura de seis a nove meses. Então, como é possível que, no final da Segunda Guerra Mundial, com a economia crescendo em níveis sem precedentes e o futuro dos Estados Unidos parecendo tão brilhante quanto possível, o Dow ainda estivesse em baixa, em 181,43, ou 50% abaixo de sua alta anterior ao *crash*?

O que deu errado com o mercado de ações e por que ele não se recuperou com o restante da economia? Na verdade, há um excelente motivo: isso não está nem *perto* de ser verdade!

Trata-se de uma estatística falsa, baseada em suposições erradas e informações ausentes. Na realidade, o Dow levou apenas *sete* anos e dois meses para se recuperar por completo. Especificamente, em 5 de novembro de 1936, enquanto o país ainda *estava* no meio da Grande Depressão, o Dow conseguiu atingir um novo recorde histórico de 184,12, ultrapassando o recorde histórico anterior de 381,15, em 1929. Sei que parece um erro de digitação, mas não é.

Como 184,12 poderia ser um novo recorde histórico, se é consideravelmente *mais baixo* do que o recorde histórico anterior de 384,15?

Primeiro, suas habilidades matemáticas são irretocáveis: 381 é definitivamente maior que 184. Em segundo lugar, você está certo sobre "deixar passar alguma coisa". De fato, três coisas:

1. O impacto da deflação.
2. Pagamento de dividendos.
3. A composição do Dow.

Deve-se considerar esses três fatores para se obter uma leitura precisa do desempenho real do Dow. Caso contrário, a imagem que você terá será drasticamente distorcida. Agora, se estiver analisando o Dow em um período de tempo muito curto – talvez dois ou três meses –, ainda será possível obter uma leitura precisa sem levar em conta esses três fatores. Mas, para além disso, a imagem fica mais distorcida a cada dia, até ficar completamente errada. Por que isso acontece? Bem, vamos começar com o número um.

1. O impacto da deflação

Nos últimos 85 anos, a economia dos Estados Unidos tem, no geral, experimentado uma inflação constante, com os preços subindo lentamente ano após ano. Em alguns anos, eles aumentam mais, em outros, menos, mas, no geral, continuam aumentando.

Entretanto, esse *não* foi o caso durante a Grande Depressão. Entre 1930 e 1935, ocorreu exatamente o oposto. Pela primeira vez na história, a economia do país passou por uma *deflação* massiva, com os preços de bens e serviços despencando. O preço de tudo, de carros a casas, passando por alimentos, óleo para aquecimento, gasolina, ônibus e corte de cabelo, caiu 33% em todos os setores.

E como isso afetou o preço do Dow? Como tudo o mais, o valor real do Dow (e de qualquer índice de ações) sempre será relativo à economia subjacente. Por exemplo, digamos que o Dow esteja sendo negociado atualmente a 500 pontos e que, no momento, o preço de uma casa média seja de 3 mil dólares, o preço de um carro médio seja de 100 dólares, seus serviços públicos custem 3 dólares por mês e um galão de leite, uma dúzia de ovos, um pão e um quilo de carne moída custem, em conjunto, 10 dólares.

Aí um desastre acontece.

Ocorre uma Grande Depressão e, de uma só vez, os preços dos bens e serviços começam a cair, tudo ao seu redor começa a cair e fica 33% mais barato. O preço de uma casa nova cai para 2 mil dólares, o carro novo cai para 66 dólares, os serviços públicos mensais caem para 2 dólares, e um galão de leite, uma dúzia de ovos, um pão e um quilo de carne moída caem de 10 dólares para 3,50 dólares. Enquanto isso, o Dow não se move nem um centímetro.

Então, com isso em mente, deixe-me fazer uma pergunta: à luz dessa variação de 33%, qual é o valor real do Dow, em termos de seu poder de compra econômico? O poder de compra é o mesmo do antigo Dow de 500 pontos ou o poder de compra aumentou?

A resposta é clara: *aumentou*.

Em quanto? Em 33%, sob termos econômicos reais, dando a um Dow de 500 pontos o poder de compra de 667 pontos se o dólar tivesse permanecido inalterado. Para deixar claro, isso não é uma construção teórica; é uma realidade econômica que afetará seu bolso de forma muito profunda. Por esse motivo, as estatísticas econômicas são relatadas de duas maneiras distintas.

1. Termos nominais.
2. Termos reais.

Quando uma estatística está sendo relatada em "termos nominais", isso significa que ela não foi ajustada a partir de fatores externos para ter mais contexto. Você está vendo o número como ele aparece na natureza. Por outro lado, quando uma estatística está sendo relatada em "termos reais", significa que ela foi ajustada a partir de fatores externos para ter mais contexto. Alguns exemplos disso são os ajustes por inflação, deflação, flutuações cambiais, flutuações sazonais e mudanças no tamanho da população, só para citar alguns. Quando se compara o valor de um ativo durante um longo período de tempo, se não forem feitos ajustes, os resultados podem se tornar insignificantes.

Em 1936, o Dow, com 185 pontos, parecia estar mais de 50% abaixo de seu recorde histórico em termos nominais. Em termos reais, ele era, na verdade, 33% mais valioso do que parecia e apenas 20% abaixo de seu recorde histórico. E isso me leva ao ponto número dois.

2. O impacto dos dividendos

Aí vai uma história insana.

Você já ouviu falar da IBM, a International Business Machines, certo?

Bem, nos velhos tempos, na década de 1970, quando eu era criança, a IBM era uma das maiores e mais conhecidas empresas do mundo inteiro. Apelidada de "Big Blue" por causa de seus computadores azuis, do logotipo azul e branco e porque era vista pelos investidores como a mais azul das *blue chips*,[24] a empresa empregava mais de 350 mil pessoas em 170 países e tinha vendas anuais de mais de 15 bilhões de dólares (na época em que 15 bilhões de dólares realmente significavam alguma coisa). E, embora a administração da IBM tenha começado a estragar tudo no início dos anos 1980 – primeiro, perdeu o *boom* dos PCs, depois o *boom* dos servidores e, por fim, o *boom* da internet –, ela ainda é uma empresa enorme até hoje. Atualmente, tem mais de 280 mil funcionários, receita anual superior a 59 bilhões de dólares e uma ação que é negociada a 120 dólares na Bolsa de Valores de Nova York, fazendo parte do Dow.

Mas é claro que, por maior que seja, como todas as empresas gigantes, ela não começou assim. Até mesmo a IBM teve um início humilde, que remonta ao final do século XIX, quando um inteligente germano-americano chamado Herman Hollerith teve a ideia de usar "cartões perfurados" de papelão para substituir a contagem manual a fim de concluir a difícil tarefa do censo de 1890. Em suma, ele estava tentando criar um computador antes de Edison inventar a lâmpada e antes de as pessoas usarem eletricidade.

---

24. São consideradas *blue chips* ações de empresas de alta reputação, o que confere a seus papéis alto valor e liquidez. O termo foi emprestado do pôquer, em que as fichas azuis são as mais valiosas. [N.T.]

Surpreendentemente, os cartões perfurados funcionaram de forma brilhante, o negócio prosperou e eles abriram o capital da empresa em 1910. Duas décadas depois, ela se tornou parte do Dow. Portanto, com essa incrível história de sucesso em mente, tente adivinhar quanto dinheiro você teria agora se tivesse investido 100 dólares na IBM quando ela abriu seu capital, em 1910.

Presumo que esteja pensando que esse é um número bem grande. Quer dizer, como poderia *não ser*, com uma história de sucesso dessas? Bem, se é isso mesmo que você está pensando, está 100% certo.

Um investimento de 100 dólares na IBM em 1911 valeria atualmente pouco mais de 4 milhões de dólares. Bem impressionante, não é mesmo?

Hum... Não tenho tanta certeza.

Por que, para ser honesto, não fiquei endoidecido na primeira vez que vi esse número. Não estou dizendo que eu não ficaria *feliz* com um investimento de 100 dólares se transformando em 4 milhões de dólares. Isso seria completamente maravilhoso. O que estou dizendo é que eu esperava que o número fosse um pouco maior, como talvez 10 ou 20 milhões de dólares. Afinal, estamos falando de uma empresa relativamente pequena em 1910, que 75 anos depois se tornou a empresa mais lucrativa do mundo por um fator de quase duas vezes e meia! Não sei... Só pensei que, considerando o tamanho *insano* que a empresa acabou tomando, um investimento de 100 dólares valeria ainda mais.

Bem, como você vai ver, meus instintos estavam corretos.

Havia um fator crucial que foi omitido do cálculo, e esse fator altera o resultado de forma assombrosa: a IBM vem pagando dividendos desde a década de 1930.

Na verdade, há *duas* maneiras de ganhar dinheiro com as ações de uma empresa. A primeira maneira é por meio da valorização do capital, uma maneira elegante de dizer que você seguiu o antigo ditado de investimento de comprar na baixa e vender na alta. No jargão de Wall Street, o lucro resultante é chamado de "ganho de capital", que nos Estados Unidos é dividido em duas categorias.

1. **Ganhos de capital de curto prazo**: incluem ganhos em todos os investimentos mantidos por menos de um ano e são tributados da mesma forma que a renda normal.
2. **Ganhos de capital de longo prazo**: incluem ganhos em quaisquer investimentos mantidos por mais de um ano e atualmente são tributados a uma alíquota de 15%, o que, salvo os investidores de baixa renda, é um percentual substancialmente menor do que o que as pessoas pagam sobre a renda comum. (A economia para cada faixa de imposto nos Estados Unidos está no gráfico a seguir.)

Alíquotas de imposto federal (Estados Unidos, 2023)

Alíquota de imposto (%)	Solteiros	Casais com declaração conjunta	Economia (%)
10%	US$ 0–11.000	US$ 0–22.000	0%
12%	US$ 11.001–44.725	US$ 22.001–89.450	3%
22%	US$ 44.726–95.375	US$ 89.451–190.750	7%
24%	US$ 95.376–182.100	US$ 190.751–364.200	9%
32%	US$ 182.101–231.250	US$ 364.201–462.500	17%
35%	US$ 231.251–578.125	US$ 462.501–693.750	20%
37%	US$ 578.126+	US$ 693.751+	22%

Além disso, é importante lembrar que as alíquotas de impostos podem mudar com o tempo, portanto, é essencial manter-se informado e consultar um profissional da área tributária para entender como seus investimentos específicos serão tributados em um determinado ano.

A SEGUNDA FORMA de ganhar dinheiro com uma ação é quando a empresa paga dividendos. "Dividendo" é a distribuição de uma parte dos lucros da empresa a todos os seus acionistas, inclusive os acionistas públicos. Ou seja, se você tem ações de uma empresa que paga dividendos, quando esses dividendos forem distribuídos você receberá sua justa parte. Por exemplo, a IBM paga um dividendo trimestral de 1,50 dólar por ação, portanto, para cada ação que você possui, você receberá 1,50 dólar no final de cada trimestre, ou um total de 6 dólares por ano.

A partir daí, você pode descobrir *outro* número importante chamado "rendimento de dividendos". Continuando com o exemplo da IBM, você divide o dividendo anual de 6 dólares por ação pelo preço atual da ação, de 120 dólares, e chega a um número expresso em porcentagem, que, nesse caso, é de 5%. Em outras palavras, se você simplesmente comprar a IBM e mantê-la, e a ação permanecer exatamente onde está, você ainda terá um ROI de 5% ao ano.

Veja como isso fica no papel.

Rendimento de dividendos = Dividendo anual / Preço atual da ação

Ação A:
Preço de compra (t – 1 ano) = US$ 120
Preço (hoje) = US$ 120
Dividendo = US$ 6 por ação
ROI = (retorno líquido sobre o investimento / custo total) × 100%
Retorno líquido sobre o investimento = (preço – preço de compra) + dividendo
ROI = ((US$ 120 – US$ 120) + US$ 6) / US$ 120 = 0,05 × 100% = 5%
ROI = 5%

De modo geral, há dois tipos de dividendos.

1. **Dividendos regulares**: pagos trimestralmente, em sua maior parte, e podem vir na forma de dinheiro ou ações adicionais.
2. **Dividendos especiais**: pagamentos únicos que podem ser feitos a qualquer momento e também podem vir na forma de dinheiro ou ações adicionais. As empresas podem anunciar um dividendo especial por uma série de motivos, inclusive:
   - **Dinheiro extra em caixa**: uma empresa pode ter uma quantia significativa de dinheiro extra em caixa e não precisar dela para operações imediatas ou expansão. Nesse caso, a empresa pode optar por distribuir um dividendo especial aos acionistas como como uma forma de devolver parte desse dinheiro a eles.
   - **Um evento único**: se uma empresa vender um ativo significativo ou receber um grande acordo judicial, ela pode optar por distribuir um dividendo especial como forma de devolver parte desse dinheiro extra aos acionistas.

- **Mudança na estratégia de negócios**: uma empresa pode estar mudando sua estratégia de negócios e não precisar mais manter tanto dinheiro em caixa. Nesse caso, a empresa pode optar por distribuir um dividendo especial aos acionistas.
- **Para apaziguar a pressão dos acionistas**: os acionistas ativos podem pressionar uma empresa a distribuir dividendos especiais, especialmente se a empresa tiver um histórico de pagamento regular de dividendos e tiver uma quantidade significativa de dinheiro em caixa.

Quando uma empresa é jovem e está passando por um rápido crescimento, é muito raro que ela pague dividendos, pois precisa de cada dólar para financiar o crescimento futuro. No entanto, se a empresa chegar a um ponto em que esteja gerando caixa suficiente para financiar todas as suas operações e seu crescimento futuro, o conselho de administração poderá declarar um dividendo, que será distribuído a todos os acionistas da empresa com base em sua porcentagem de participação.

De uma perspectiva histórica, há determinados setores que têm rendimentos de dividendos muito altos, o que os torna extremamente atraentes para investidores mais velhos que buscam renda adicional para complementar sua aposentadoria. Por exemplo, empresas de serviços públicos, empresas de petróleo e gás e empresas do setor de serviços financeiros tendem a ter rendimentos de dividendos muito altos e fazem pagamentos aos acionistas a cada três meses. Para um aposentado, cuja única outra fonte de renda é o cheque mensal da Previdência Social, um portfólio composto de ações de alto rendimento pode ser a diferença entre sobreviver por pouco e viver uma vida de luxo.

Para isso, há duas maneiras de lidar com sua receita de dividendos trimestrais:

1. **Você pode gastá-la**: embora alguns investidores realmente vivam da sua renda de dividendos, não há nenhuma lei que diga que você não pode pegar seu último cheque de dividendos e ir para Las Vegas por alguns dias. O que quero dizer é que esse dinheiro é *seu* e você pode

fazer com ele o que quiser! Melhor ainda, porém, você poderia fazer a coisa *responsável* e tentar a opção número dois.
2. **Você pode reinvestir o dinheiro**: supondo que você não precise da renda para pagar suas despesas, essa é definitivamente a melhor opção. A maioria das empresas que pagam dividendos oferece um programa de reinvestimento de dividendos, que permite que você transfira automaticamente seus dividendos para compras adicionais de ações. Abordarei esse assunto com muito mais detalhes em um capítulo posterior, quando explicarei como usar a composição de longo prazo para maximizar o retorno de seus investimentos.

Para receber um dividendo futuro, você precisa estar nos registros da empresa antes de uma determinada data – conhecida como "data de registro". Se você comprar uma ação após a data de registro, não terá direito a receber o próximo dividendo.

A data ex-dividendo é a data em que a ação começa a ser negociada sem o dividendo, geralmente definida dois dias úteis antes da data de registro.

Quando uma ação fica ex-dividendo, o preço da ação normalmente cai no valor exato do dividendo, porque do valor de cada ação é reduzido o valor do dividendo que foi pago. Por exemplo, se as ações de uma empresa estiverem sendo negociadas a 100 dólares por ação e a empresa declarar um dividendo de 1 dólar por ação, na data do ex-dividendo o preço das ações normalmente cairá para 99 dólares para refletir o fato de que as ações agora estão sendo negociadas sem o dividendo de 1 dólar.

PARA CALCULAR O IMPACTO que os dividendos tiveram no período de recuperação de 25 anos do Dow, há dois pontos importantes que precisam ser considerados.

1. Primeiro, há uma relação inversa entre o tamanho do rendimento dos dividendos de uma empresa e o preço de suas ações. Especificamente, à medida que o preço das ações de uma empresa cai, seu rendimento de dividendos aumenta. Por outro lado, à medida que o preço das ações de uma empresa aumenta, seu rendimento de dividendos

diminui. É uma matemática simples, mas vamos usar as ações da IBM como exemplo para enfatizar esse ponto. Se as ações da IBM caíssem 50% – de 120 para 60 dólares por ação –, seu rendimento de dividendos de 5% dobraria automaticamente para 10%. Por outro lado, se o preço da IBM subisse 50% – de 120 para 240 dólares por ação –, seu rendimento de dividendos de 5% seria automaticamente reduzido à metade, para 2,5%. Novamente, só matemática simples.

2. Em segundo lugar, embora o *preço* das ações de uma empresa tenda a aumentar constantemente, o tamanho de seus *dividendos* tende a permanecer teimosamente constante. A razão para isso é que as empresas farão quase tudo o que puderem para não mudar os dividendos que pagam aos acionistas, pois até mesmo a menor redução pode levar a consequências desastrosas para as ações. Se você pensar bem, isso faz todo o sentido. Por quê? Porque se uma empresa achar necessário reduzir seus dividendos trimestrais, isso é um forte sinal de que ela está tendo problemas de fluxo de caixa. Além disso, os preços de muitas ações são sustentados por seus dividendos, graças aos investidores ávidos por rendimento que são atraídos por essa renda. Portanto, mesmo a menor redução tende a exercer uma pressão enorme sobre o preço das ações, já que esses mesmos investidores ávidos por rendimento começam a vender suas ações para comprar as de outra empresa, que tenha um rendimento de dividendos mais alto. Por essas mesmas razões, o conselho de administração de uma empresa tende a autorizar um corte de dividendos apenas como último recurso.

Assim, com isso em mente, quando o Dow caiu 90% durante a Grande Depressão, que impacto isso teve sobre os rendimentos de dividendos das trinta empresas que compunham o Dow? Antes de responder, lembre-se de que o principal ponto aqui é que não estou falando de nenhuma mudança no valor real, em dólares, dos dividendos de cada empresa – que, para a maioria, permaneceu constante. Estou me referindo ao impacto que a queda de 90% teve sobre o rendimento dos dividendos de cada uma das trinta empresas e, coletivamente, sobre o rendimento médio dos dividendos do Dow. E, é claro, a resposta é que o rendimento de dividendos de cada empresa subiu em sincronia com a queda de 90%, assim como o rendimento médio de dividendos do Dow.

Especificamente, entre 1930 e 1945, o rendimento médio de dividendos das trinta ações do Dow foi de 14%, um número *realmente* impressionante em termos históricos (hoje, o rendimento médio de dividendos do Dow é de apenas 1,9%).

Em termos práticos, isso significava que qualquer investidor durante esse período que mantivesse o Dow e reinvestisse seus dividendos estaria dobrando seu investimento a cada cinco anos, mesmo que o Dow não se movesse nem um centímetro. Os dividendos, por si só, já eram suficientes.

Para enfatizar esse ponto, vamos voltar ao meu cálculo original sobre o valor atual de um investimento de 100 dólares feito na IBM quando ela abriu seu capital, em 1910.

Sem dividendos, se você se lembra, o valor atual era de 4 milhões de dólares. E embora transformar 100 dólares em 4 milhões de dólares não seja nada desprezível, isso não me impressionou muito, dada a duração do período. Bem, dê um palpite bem ousado sobre qual seria o valor desse *mesmo* investimento hoje se você tivesse reinvestido todos os dividendos que a IBM pagou aos acionistas nos últimos cem anos. Acho que você ficará *muito* surpreso com a resposta.

Pronto?

O número salta para *140 milhões de dólares.*

Isso mesmo: *140 milhões de dólares,* o que é mais de 1 milhão de vezes o caralho do dinheiro que você investiu no começo!

Bom, não sei quanto a você, mas esse número não só me endoidece de verdade, mas também explica por que, em termos reais, o Dow não demorou nem perto de 25 anos para se recuperar totalmente da Grande Depressão e superar seu recorde de 383 antes da queda.

Na verdade, quando se faz o ajuste com a deflação e se incluem os dividendos extraordinariamente altos do Dow durante esse período, vê-se que o índice atingiu um novo recorde apenas sete anos depois, quando chegou a 185 em 5 de novembro de 1936.

Vamos ver essa matemática. Já fizemos o ajuste para a deflação, o que tornou cada ponto do Dow 33% mais valioso (em termos reais), ou seja, 62 pontos adicionais. Isso faz com que o valor real do Dow passe de 185 para 247. Em seguida, para ajustar o rendimento de dividendos do Dow de 14%, usamos a chamada Regra dos 72,[25] que afirma que, a uma taxa de 14%, você dobrará seu dinheiro a cada cinco anos, e isso revela uma circunstância que, de outra forma, seria camuflada: o Dow tinha se recuperado por completo no final de 1936, dezenove anos antes do que pensa a maioria das pessoas, enquanto ainda estávamos no centro da Grande Depressão.

Mas então, em 1939, foi tomada uma decisão quase cômica de tão ruim que resultou em um declínio massivo no valor *real* do Dow. Isso nos leva à variável número três.

3. A composição do Dow

Deixe-me voltar à história da IBM uma última vez.

Embora a IBM tenha se tornado uma empresa razoavelmente bem-sucedida entre o momento em que a empresa abriu seu capital, em 1911, e o Grande *Crash*, em outubro de 1929, ela ainda não estava nem perto de ser um nome conhecido. O problema era que o *principal* negócio da empresa era o processamento de dados, e ela estava operando em uma época em que o termo "processamento de dados" ainda não existia.

De fato, quando ocorreu a Segunda-feira Negra, a IBM ainda não tinha entrado para o Dow.

Foi somente em 1932 que a Dow Jones & Company decidiu enfim incluir a IBM em seu índice de ações, apesar de a empresa ainda ser relativamente desconhecida do público em geral.

Naquela época, o Dow tinha caído mais de 90% em relação ao seu ponto mais alto antes do *crash* de 1929, e a IBM não tinha se saído muito melhor – despencando quase que colada ao Dow. À época, ela estava sendo negociada a 9 dólares por ação, bem abaixo do máximo de 234 dólares por ação registrado antes do *crash* em setembro de 1929.

Em suma, aqueles três anos tinham espalhado merda por todo lado.

---

25. A Regra dos 72 é uma maneira simples de calcular os juros compostos. Para descobrir quantos anos são necessários para dobrar seu dinheiro, você simplesmente pega o número 72 e o divide pela taxa de retorno atual.

Felizmente, porém, as coisas começaram a melhorar bem rápido, em especial para a IBM.

Quer por um puro golpe de gênio ou só uma sorte danada, quem quer que tenha sido o responsável por fazer com que a IBM fizesse parte do Dow deveria receber um prêmio Nobel de escolha de ações. Literalmente três semanas depois de ela passar a fazer parte do índice, FDR venceu a eleição presidencial prometendo um "New Deal" para os Estados Unidos, que teve a consequência não intencional de criar o maior pesadelo contábil da história de todos os pesadelos contábeis: o Social Security Act.[26]

De repente, todas as empresas dos Estados Unidos estavam legalmente obrigadas a registrar cada hora trabalhada por cada um de seus funcionários e, em seguida, pagar uma parte dos salários deles ao governo federal, que tinha que descobrir para quem, quando, onde e quanto *devolver* a cada um desses funcionários quando eles enfim completassem 65 anos e se qualificassem para receber esses benefícios. No final, só havia uma solução: a International Business Machines.

Com seus tabuladores de última geração e cartões perfurados protegidos por patente, a IBM tinha a única solução para o maior problema do país: o processamento de dados.

Assim começou o maior surto de crescimento da história corporativa. A IBM deixou de ser um fabricante de máquinas de somar e cartões perfurados que eram necessários apenas uma vez a cada dez anos, quando os Estados Unidos faziam seu censo, para se tornar a maior e mais valiosa empresa do mundo – superando sua concorrente mais próxima, a Exxon, em mais de 250%.

Uma história de sucesso realmente incrível, concorda?

Não só para a IBM, mas também para o esperto pessoal da Dow Jones & Company, que teve a sabedoria e a visão de incluir a IBM no Dow logo antes de ela entrar em seu lendário surto de crescimento que durou 47 anos – 47 *anos de crescimento meteórico, alta nos preços das ações e dividendos lá no alto*. Os acionistas da Big Blue desfrutaram de um retorno tão surpreendente que, se um investidor tivesse comprado uma mísera ação

---

26. Equivalente à Previdência Social no Brasil. [N.T.]

quando a IBM começou a fazer parte do Dow, a 9 dólares por ação, ela valeria US$ 41.272 em 1979. Em outras palavras, durante esses 47 anos de crescimento, a IBM teve um ROI de 458.600%.

Realmente incrível, certo?

Quer dizer, que sabedoria! Que capacidade de previsão! Quanta astúcia dos gênios que escolhem as ações na Dow Jones & Company! Mal podemos imaginar o *impacto* que a IBM deve ter tido sobre o índice durante todos esses anos. Sozinha, a empresa deve ter impulsionado o índice a patamares que ninguém sequer tinha *imaginado* antes, certo?

Na verdade, nem tanto.

Havia um pequeno problema: em 1939, algum idiota de primeira classe da Dow Jones & Company (ou talvez um grupo de idiotas, porque essa parece ser uma decisão idiota demais para ser tomada por uma única pessoa) decidiu remover a IBM do índice quando ela estava prestes a se tornar a empresa mais valiosa do mundo. É isto mesmo: sete anos depois de entrar para o Dow, a IBM foi removida.

Exatamente por que a Dow Jones & Company decidiu fazer isso não é muito importante, embora a versão resumida seja que eles estavam fazendo mudanças estruturais em *outro* de seus índices – *o Dow Jones Utility Index*[27] – e a IBM foi chutada no meio da confusão. No final, ela foi substituída pela AT&T, à época uma empresa bem maior do que a IBM.

De qualquer forma, essa acabou sendo uma decisão terrivelmente ruim.

Nos quarenta anos seguintes, a IBM superaria a AT&T em todas as métricas concebíveis, exceto no que se refere a irritar seus clientes com um serviço de atendimento ao cliente de péssima qualidade. Nessa área, a AT&T era a rainha inigualável. Em todas as outras áreas, especialmente no desempenho das ações, a diferença entre as duas empresas era absolutamente impressionante.

---

27. Criado em 1929, o Dow Jones Utility Index (DJU) acompanha o desempenho de quinze empresas de serviços públicos de capital aberto nos Estados Unidos. As empresas são selecionadas com base em sua capitalização de mercado, liquidez e representação de grupos do setor. O DJU é considerado um indicador importante do desempenho geral do setor de serviços públicos no mercado de ações.

Especificamente entre 1939 e 1979, quando enfim colocaram a IBM de volta no Dow, um investimento de mil dólares feito na AT&T teria valido só 2,5 *mil dólares*, enquanto o mesmo investimento na IBM teria valido mais de 4 milhões dólares.

A data exata em que a IBM foi incluída novamente no índice foi 16 de março de 1979.

Na época, o Dow estava sendo negociado a 841,18.

A pergunta de 1 milhão de dólares é: qual teria sido o valor do Dow em 16 de março de 1979 se a IBM nunca tivesse sido excluída?

Vou poupar o seu trabalho de adivinhar: a resposta é 22.740.

Chocante, não é?

De fato, é, mas esse é o impacto profundo que a IBM ou, para esses fins, qualquer outra ação pode ter sobre o Dow durante um período de tempo prolongado. É claro que o impacto pode ser para os dois lados. Assim como a decisão certa pode ter um impacto positivo sobre o Dow, a decisão errada pode ter um impacto negativo sobre o Dow.

Por que isso é importante?

Por três motivos.

Primeiro, essa é a terceira variável que faz com que a narrativa predominante – de que foram necessários 25 anos para que o Dow se recuperasse do *crash* – seja claramente falsa. Em termos reais, foram necessários só sete anos para a recuperação, e isso ocorreu quando o país ainda estava em meio à Grande Depressão.

Em segundo lugar, serve como um forte lembrete do valor de ser um investidor paciente e de longo prazo e não se assustar com um mercado em baixa feroz, vendendo no fundo do poço só porque todos ao seu redor estão dizendo que levará décadas para o mercado se recuperar.

Do ponto de vista histórico, isso simplesmente não é verdade.

Se você olhar para os últimos 150 anos, verá que a média do mercado de baixa dura menos de dois anos, e mesmo o pior mercado em baixa da história, que incluiu um colapso total da economia dos Estados Unidos, durou só sete anos. Em outras palavras, não dê ouvidos a idiotas e tenha paciência para caralho!

E, em terceiro lugar, deixa bem claro que um índice de trinta ações, como o Dow, não serve como uma referência precisa para o mercado acionário mais amplo dos Estados Unidos, independentemente do cuidado com que as empresas são escolhidas. Além de trinta ações ser uma amostra muito pequena, um índice como o Dow ignora a importância das empresas menores e de rápido crescimento, que têm desempenhado um papel fundamental na economia desde seus primórdios.

Obviamente, não sou a primeira pessoa a perceber isso.

A imprecisão do Dow como referência para o mercado de ações (e para a economia subjacente) tem sido um ponto de discórdia há mais de cem anos. Desde o início dos anos 1900, todos os presidentes, secretários do Tesouro e presidentes do Federal Reserve dos Estados Unidos tiveram que lutar contra a ideia equivocada do público de que o Dow é igual ao mercado e que uma queda no Dow significa que a economia está desacelerando. Na realidade, isso simplesmente não é verdade; o público sofreu uma lavagem cerebral para pensar que isso é verdade devido à maneira excessivamente simplista como as notícias financeiras são divulgadas – uma série de notícias diárias que mencionam a direção do Dow, alguns fatos estranhos e, em seguida, o que pode estar acontecendo com a economia dos Estados Unidos. No final, todos eles se misturam na mente da pessoa leiga e, depois de ouvir tudo isso muitas vezes... *bum!*, tudo se conecta.

De fato, desde 1923, uma empresa em particular, a Standard Statistics, vinha tentando criar um índice que servisse como referência mais precisa do que o altamente imperfeito Dow. Só havia um pequeno problema: em uma época anterior aos computadores, era mais fácil falar do que fazer isso.

Você já ouviu o dizer que "é na terceira vez que dá certo"?

Bem, esse foi o caso da Standard Statistics e suas várias décadas buscando criar uma referência mais precisa para o mercado de ações dos Estados Unidos e para a economia subjacente. Para ser bem-sucedido, o índice teria de ser ordens de magnitude melhor do que o bem-aceito Dow, que tinha se tornado sinônimo de mercado de ações.

Na verdade, no início da década de 1920, todos os jornais do país publicavam o fechamento do dia anterior do Dow na primeira página de sua seção de negócios, e a última febre midiática do país – notícias no rádio – resumia rapidamente os acontecimentos do dia anterior com uma simples frase: "Em Wall Street, o Dow Jones Industrial Average fechou ontem em alta de três pontos, com negociações frenéticas e os investidores comprando ações em resposta aos números de emprego mais fortes do que o esperado divulgados pelo Departamento do Trabalho", ou "Em Wall Street, o Dow Jones Industrial Average fechou em queda de seis pontos ontem, com um volume pesado de negociações e os investidores correndo para se proteger depois de o governo reportar uma desaceleração do crescimento econômico no terceiro trimestre, apontando para sinais de que os Estados Unidos estão à beira de uma recessão...", e assim por diante.

Mais uma vez, a mensagem era clara: o Dow é igual ao mercado de ações, e a economia e o Dow estão intrinsecamente ligados.

Enquanto isso, as deficiências do Dow eram flagrantemente óbvias para todos em Wall Street.

Em particular, três deficiências se destacavam.

1. O Dow usava uma amostra muito pequena para representar com precisão o mercado acionário mais amplo. Por exemplo, a NYSE já tinha mais de setecentas empresas listadas na época, e esse número estava crescendo com rapidez.
2. O Dow se concentrava em empresas industriais, e a economia dos Estados Unidos estava se tornando mais diversificada a cada dia que passava. Em algum momento, para manter sua relevância, o Dow começaria a incluir também empresas não industriais, mas isso só aconteceria muito mais tarde, na década de 1960.
3. Para simplificar a matemática, o Dow era calculado *ponderando o preço* de cada ação. Isso faz com que as ações com preços mais altos tenham um impacto muito maior do que as ações com preços mais baixos, independentemente do número de ações em circulação da empresa. Como consequência, em qualquer dia, as duas ações de preço mais alto no Dow determinam a direção da média.

Obviamente, a solução para essas deficiências era óbvia.

Desenvolver um índice que incluísse um número maior de ações, de um grupo mais amplo de setores, e calcular o índice usando a capitalização de mercado de cada empresa – ou seja, o valor de mercado atual de cada empresa em relação ao restante das ações do índice – e, em seguida, publicar o resultado diariamente na forma de um número simples.

As vantagens de usar a capitalização de mercado em vez da ponderação de preços são três.

1. Ponderar pela capitalização de mercado faz com que um índice seja mais afetado pelos movimentos de preços de empresas maiores, o que cria uma representação mais precisa do mercado acionário mais amplo e da economia subjacente.
2. Ponderar pela capitalização de mercado reflete o valor real de cada empresa, enquanto a ponderação pelo preço reflete quão alto é o preço das ações de uma empresa, independentemente de sua capitalização de mercado.
3. Ponderar pela capitalização de mercado reduz o impacto de desdobramentos de ações e outras medidas corporativas que levam a aumentos no preço das ações de uma empresa sem um aumento proporcional em sua capitalização de mercado.

Infelizmente, na ausência de computadores, implementar essas três soluções – mais ações, mais setores, ponderação da capitalização de mercado – provou-se algo extremamente desafiador. Por exemplo, até mesmo para calcular um índice ponderado pelo preço de trinta ações, como o Dow, era necessário um pequeno exército de contadores e estatísticos para processar os números todos os dias.

No entanto, a Standard Statistics não se intimidou e fez sua primeira tentativa em 1923. Publicando uma vez por semana para lidar com os desafios matemáticos, o primeiro índice da Standard consistia em 233 ações de um amplo grupo de setores e era propagandeado como uma ferramenta para identificar tendências gerais. Mas, infelizmente, a recepção de Wall Street foi, na melhor das hipóteses, morna. No fim das contas, um índice semanal de ações não era muito útil para identificar nada e, após alguns anos, a Standard abandonou o índice e voltou aos esboços.

A segunda tentativa ocorreu em 1926.

Aprendendo com o erro do passado, dessa vez eles criaram um índice diário. Composto de noventa ações de grande capitalização[28] de uma ampla gama de setores, ele foi concebido para ser uma versão nova e aprimorada do velho e cansado Dow. A Standard até mesmo deu ao seu novo produto um nome atraente – o Composite Index, ou índice composto –, em um esforço para torná-lo mais vendável tanto para Wall Street quanto para o público.

Uma vez mais, não deu certo.

Apesar de ser um indicador muito melhor do que seu concorrente de trinta ações, o Composite Index não conseguiu ganhar uma força comparável ao Dow, e durante os trinta anos seguintes não serviu de referência para nada. Mesmo assim, a Standard Statistics não se intimidou. De modo lento, mas constante, eles continuaram adicionando mais e mais ações ao Composite Index e continuaram a publicá-lo durante a Grande Depressão.

Aí aconteceu a fusão que abalaria as estruturas do setor de classificações.

Em 1941, a Standard Statistics se fundiu com uma de suas principais concorrentes, a Poor's Publishing, para formar a Standard & Poor's Corporation, que acabaria se tornando a maior agência de classificação do mundo. Finalmente, em 2011, assumiram até mesmo o controle operacional de seu principal rival, o Dow Jones Industrial Average, tornando a Standard & Poor's a incontestável líder global de todos os índices financeiros.

ENQUANTO ISSO, NO FINAL DA DÉCADA DE 1940, uma versão moderna do atual Complexo de Máquinas de Taxas de Wall Street começou a se estabelecer. Liderada por uma firma de corretagem emergente chamada Merrill Lynch, a relação simbiótica entre Wall Street e Madison Avenue se agigantou no palco com uma campanha de marketing de costa a costa

---

28. O termo "ações de grande capitalização" refere-se a uma empresa de capital aberto com capitalização de mercado superior a 10 bilhões de dólares. O termo "capitalização de mercado" refere-se ao valor total das ações em circulação de uma empresa e é calculado multiplicando-se o número de ações pelo preço atual das ações. Normalmente, ações de grande capitalização vêm de empresas bem estabelecidas e com um histórico de crescimento estável, sendo consideradas menos arriscadas do que as ações de pequena ou média capitalização.

dos Estados Unidos voltada para investidores comuns. Cinco anos após o lançamento da campanha, a Merrill Lynch deixou de ser uma empresa relativamente desconhecida para se tornar uma das maiores empresas dos Estados Unidos e um nome conhecido.

O restante de Wall Street aprendeu bem rápido.

Em pouco tempo, todas as grandes empresas estavam despejando na mídia campanhas publicitárias de vários milhões de dólares, destacando seu compromisso com a ética e seu histórico inigualável.

É claro que ambas as afirmações eram mentiras das grossas, mas a publicidade pode ser uma coisa poderosa, não é? Sobretudo quando exatamente a mesma mensagem está sendo reproduzida toda hora, como um disco arranhado, não importa para onde você vá.

E qual era essa mensagem fatídica?

Ironicamente, é a mesma mensagem reproduzida ainda hoje.

Trabalhando sem parar – 24 horas por dia, 7 dias por semana, 365 dias por ano –, o Complexo de Máquinas de Taxas de Wall Street promove em uma campanha publicitária ininterrupta para convencer os investidores comuns de um ponto crucial: que os especialistas de Wall Street podem fazer um trabalho melhor do que os investidores na administração do dinheiro deles. É isso! É disso que se trata toda a tramoia.

Seja por meio do acesso a pesquisas exclusivas, estratégias de negociação de ponta, produtos financeiros exóticos ou plataformas de negociação *on-line*, Wall Street conta com sua crença errônea de que você estaria financeiramente perdido sem eles.

Entretanto, nada poderia estar mais longe da verdade.

Acha que estou exagerando?

Bem, você se lembra do comentário que Warren Buffett fez sobre os macacos cegos jogando dardos no S&P 500?

Adivinhe.

Ele estava 100% certo.

Apesar de seus diplomas da Ivy League e estratégias "de ponta", as melhores e mais brilhantes mentes de Wall Street não conseguem vencer os macacos. Esses malditos símios superam os *Wall Streeters* da Ivy League nove em cada dez vezes.

Incrível, não é mesmo?

Quer dizer, quem imaginou que macacos cegos poderiam ser *tão* incríveis na escolha de ações?

É claro que o único problema é que não existe isso de macacos cegos, sem mencionar que os macacos não são exatamente o que eu chamaria de fáceis de usar. Eles podem ser criaturinhas ferozes e são muito inteligentes. Na verdade, eles são tão propensos a jogar a própria merda em você quanto a jogar dardos em um alvo.

Felizmente, porém, esse não era o argumento que Buffett estava tentando enfatizar – que você deveria ir ao zoológico local, sequestrar um bando de macacos, colocar vendas nos olhos deles e ensiná-los a jogar dardos no S&P 500.

De fato, tenho certeza de que, se alguém na plateia tivesse pressionado o Oráculo um pouco mais, ele teria dito algo do tipo: "Se você estiver disposto a seguir uma estratégia muito simples, não precisará se contentar em *vencer* Wall Street nove em cada dez vezes; você pode *esmagá-los* por completo o *tempo todo*".

E qual é essa estratégia incrível?

Para entendê-la direito, precisamos voltar um pouco no tempo, para 6 de março de 1957. Foi nesse dia fatídico, uma quarta-feira, que a Standard & Poor's lançou o primeiro índice de ações do mundo gerado por computador: o S&P 500.

Composto de 500 ações de alta capitalização de uma ampla gama de setores, esse novíssimo índice de ações acabaria se transformando na maior ferramenta de investimento do mundo, beneficiando o grupo de investidores com o qual Wall Street menos se importava: os investidores comuns.

Para ser claro, esse enorme benefício não veio de uma só vez. Ele se deu pouco a pouco, começando com a criação do S&P 500.

Essa foi a primeira etapa.

Levou 34 anos, mas a tecnologia enfim alcançou o sonho de dois homens muito perspicazes da Standard & Poor's Corporation. Ironicamente, eles não tinham ideia da arma que estavam prestes a lançar contra o Complexo de Máquinas de Taxas de Wall Street.

Em defesa deles, porém, haveria um intervalo de vinte anos entre o momento em que lançaram o índice e o momento em que ele foi transformado no maior macete de investimento do mundo. Além disso, essa transformação não viria de alguém de dentro da Standard & Poor's, mas sim de um jovem de Wall Street com um temperamento irritadiço e desprezo pelo *establishment*.

Seu nome era Jack Bogle.

O nome da empresa que ele fundou: Vanguard.

Em uma cena que poderia ter saído diretamente dos desenhos do Papa-Léguas – aqueles em que o Coyote tenta matar o protagonista com um míssil teleguiado que acaba se desviando da rota e explodindo ele próprio –, em 1976, John Bogle transformou o S&P 500 no equivalente financeiro de um míssil desgovernado e o apontou diretamente para o coração do Complexo de Máquinas de Taxas de Wall Street. Sua intenção? Explodir tudo!

O que motivou Jack Bogle a fazer isso?

A história resumida é que, naquela época, Bogle tinha recebido evidências inequívocas de algo que ele suspeitava há muito tempo sobre Wall Street, mas que não tinha como provar: que os mais qualificados selecionadores de ações eram uns enganadores de merda.

A história é a seguinte.

Desde o início dos anos 1900, publicou-se uma pequena, porém convincente, série de estudos acadêmicos que teorizavam que o mercado de ações era eficiente demais para ser vencido de forma consistente. O cerne da teoria era uma ideia simples: como todas as informações relevantes sobre as empresas de capital aberto estavam prontamente disponíveis, elas já tinham sido precificadas nas ações da empresa. Em outras palavras, em todos os momentos, os investidores já teriam incorporado todas as informações disponíveis em suas decisões de compra, o que era então refletido no preço das ações de cada empresa.

Essa teoria foi posta à prova pela primeira vez na década de 1930.

Na esteira do Grande *Crash*, um economista norte-americano chamado Alfred Cowles ficou obcecado com a ideia de que os principais analistas de Wall Street não tinham a menor noção de para onde o mercado rumaria a seguir. Se sabiam, por que não aconselharam seus clientes a vender antes do *crash*? Para ele, isso não fazia sentido. Será que, apesar de todos os seus sofisticados relatórios de pesquisa, eles não sabiam mesmo?

Para responder a essa pergunta, ele encomendou um estudo acadêmico que remontava a 1871 – comparando 7,5 mil recomendações de ações feitas pelas principais empresas de serviços financeiros de Wall Street com o desempenho real do preço de cada ação individual. Sem computadores, era um trabalho penoso, mas, depois de dois anos de análise de números, Cowles chegou a uma resposta.

As recomendações de ações feitas pelos principais gurus de investimentos de Wall Street não eram mais precisas do que as previsões de um adivinho. Dito de outra forma, Wall Street, como um todo, era completamente desonesta e não merecia todas as taxas que estava cobrando.

É claro que, para a versão da década de 1930 do Complexo de Máquina de Taxas de Wall Street, os resultados da conclusão de Cowles eram uma heresia financeira e, portanto, eles rapidamente a descartaram como tendenciosa e interesseira.

Mas as evidências se acumulavam, assim como a tecnologia para comprová-las.

No início da década de 1970, os computadores tinham enfim se tornado potentes o bastante para voltar aos primórdios de Wall Street e medir com precisão o desempenho de cada fundo mútuo em relação a uma versão teórica do S&P 500.

As informações de que eles precisavam estavam prontamente disponíveis. Estavam todas em algum cofre, em algum lugar, acumulando poeira – todos os preços de fechamento das ações, capitalização de mercado e rendimento de dividendos de todas as empresas que já tinham sido negociadas na Bolsa de Valores de Nova York, desde o Acordo de Buttonwood. Tudo o que os pesquisadores precisavam fazer era desenterrar a coisa toda.

Ademais, graças às tentativas da Standard & Poor's na década de 1920 de criar uma referência mais precisa do que o Dow de trinta ações, os pesquisadores tiveram uma grande vantagem na criação de uma versão teórica do S&P 500.

O restante dos cálculos agora era fácil.

Os pesquisadores simplesmente carregaram todos os dados de uma série de cartões perfurados da IBM em um dos *mainframes* da Big Blue e deixaram o computador fazer sua mágica.

Embora não tenham sido surpreendentes, os resultados foram um desastre para Wall Street.

Pela primeira vez na história, havia uma prova inegável de três grandes verdades das quais os economistas tinham suspeitado pela primeira vez no início do século XX.

1. Que a natureza eficiente do mercado tornava impossível prever para onde ele estava indo.
2. Que os fundos mútuos que cobravam as taxas mais altas tinham o pior desempenho de longo prazo.
3. Que desde o lançamento do setor de fundos mútuos, em 1924, não havia um único fundo mútuo que tivesse consistentemente igualado o retorno do S&P 500, depois de deduzidas suas taxas.

Portanto, ali estava a feia verdade de Wall Street: nem mesmo seus gerentes financeiros mais bem preparados conseguiam realizar o trabalho de forma consistente.

Essa exata ideia me foi explicada de uma forma mais vívida em meu primeiro dia em Wall Street, em 1987. Aconteceu durante o almoço no restaurante Top of the Sixes, que era um dos principais pontos de encontro de Wall Street, onde a elite se reunia para comer e trocar histórias de guerra financeira. Claro, também era um lugar onde corretores e gerentes de fundos se entupiam de cocaína e tomavam martínis muito caros, o que tinha o benefício adicional de lubrificar suas línguas.

Foi exatamente nesse estado de espírito que meu novo chefe, Marc Hanna, me explicou o funcionamento interno de Wall Street. Entre uma carreira de cocaína e uma batida no peito, Marc disse: "Não importa se você é Warren Buffett ou Jimmy Buffett, ninguém sabe se uma ação está subindo, descendo, andando de lado ou em círculos, muito menos os corretores da bolsa".

À época, fiquei chocado com essa declaração. Eu não conseguia acreditar! Meu mundo tinha caído. Tudo em que eu crescera acreditando sobre Wall Street tinha sido posto em dúvida naquele momento. Eu tinha sido condicionado a acreditar que Wall Street era um lugar onde as melhores e mais brilhantes mentes criavam magia financeira para seus clientes enquanto alimentavam o crescimento da economia dos Estados Unidos. Será que eu não tinha entendido o que Marc queria dizer?

Eu disse a ele: "Bem, *alguém* deve saber quais ações estão subindo! E os analistas ou gerentes financeiros da empresa? Tenho certeza de que eles sabem!".

"Dá um tempo!", ele murmurou. "Esses idiotas sabem ainda menos do que nós. É tudo um golpe completo. Um *fugazi* total."

A tradução da declaração de Marc: todo o setor de administração do dinheiro das pessoas se baseava em uma mentira.

Mas aqui está o enigma: nós realmente *precisamos* de Wall Street.

Veja bem, apesar de todas as suas trapaças, Wall Street desempenha um papel fundamental para o funcionamento adequado da economia dos Estados Unidos e do sistema bancário global. Nessa útil função, Wall Street abre o capital das empresas, financia o crescimento delas, garante liquidez ao mercado e analisa as empresas para determinar qual merece ou não mais capital para crescer. Além disso, Wall Street também facilita o comércio global, mantém os mercados de câmbio e trabalha em conjunto com o Federal Reserve e o Departamento do Tesouro para conservar o mercado de dívida em movimento e a economia nos trilhos. Todas essas coisas, e muitas outras semelhantes, são propósitos vitais aos quais Wall Street serve. Sem eles, a economia seria paralisada e acabaríamos voltando aos estertores da Grande Depressão.

Tudo bem.

Que eles continuem fazendo isso e fiquem com *todo* o lucro para si mesmos.

Eles merecem.

Mas então vem a segunda parte – o papel inútil de Wall Street –, na forma de recomendações de ações sem sentido e da Grande Máquina de Bolhas dos Estados Unidos. É aqui que Wall Street se envolve em especulações malucas, promove negociações de curto prazo e cria armas de destruição financeira em massa que lança sobre o mundo para encher seus próprios bolsos e sugar o público até os ossos.

Em algum nível, existe uma semelhança assustadora entre isso e a forma como a máfia italiana costumava se sentar no topo de toda a economia dos Estados Unidos, aumentando silenciosamente o preço de todos os bens e serviços que circulavam em qualquer lugar do país. Começando nas docas de carga e nos aeroportos, e ao longo de cada quilômetro percorrido em qualquer rodovia em todos os cinquenta estados, e estendendo-se a cada pedaço de comida que entrava pela sua boca e depois saía pelo seu traseiro no sistema de esgoto controlado pela máfia, uma série de impostos, taxas e concessões ocultas era impiedosamente extraída a cada passo do caminho.

No final, embora o país ainda estivesse funcionando e as pessoas ainda estivessem cuidando dos seus interesses, isso tornava a vida um pouco mais cara e um pouco menos agradável para todos que viviam aqui – ao mesmo tempo que tornava a vida *muito mais* luxuosa e *muito mais* agradável para os membros das Cinco Famílias.

Bem, adivinhe só.

É exatamente assim que o Complexo de Máquinas de Taxas de Wall Street opera hoje. A única diferença é que Wall Street é muito mais eficiente do que a máfia *jamais* foi! De fato, em comparação com o valor gigantesco extraído pelo Complexo de Máquinas de Taxas de Wall Street, as infames Cinco Famílias de Nova York eram como valentões da escola primária roubando o dinheiro do lanche de um *nerd*.

Pior ainda, ao contrário da máfia, não há como deter o Complexo de Máquinas de Taxas de Wall Street. É tarde demais, simples assim. A relação profana entre Wall Street e Washington se tornou tão profundamente enraizada no tecido do nosso país que a corrupção em Wall Street veio para ficar. Entre as taxas insanas que eles cobram com sua Grande Máquina de Bolhas e os Grandes Resgates que sempre parecem vir em seguida, virou uma situação do tipo "cara, Wall Street ganha, e coroa, o público perde", tornando a vida um pouco mais cara e um pouco menos agradável para todos que vivem aqui.

Agora, só para esclarecer, não estou dizendo que todo mundo que trabalha em Wall Street é podre até a medula. Isso simplesmente não é verdade. É o sistema que está fodido – e ele é maior do que qualquer pessoa. De fato, pessoalmente, tenho muitos bons amigos que trabalham em Wall Street e eles são pessoas boas e honestas, em quem confio cegamente. Mas isso não significa que vou deixar que eles administrem meu dinheiro. Eu mesmo posso fazer isso, e até o final deste livro você também poderá.

Na verdade, simplesmente se aproveitando do poder do maior macete de investimento do mundo, você vai conseguir realizar, sem esforço, duas coisas incríveis.

1. Vai conseguir impedir que Wall Street entre no seu bolso e roube seu dinheiro.
2. Vai conseguir agir como um mestre de jiu-jítsu brasileiro e usar a corrupção deles contra eles mesmos para vencê-los em seu próprio jogo. (Explicarei como fazer isso em um instante.)

A chave para o sucesso aqui é *deixar de lado* a parte sombria de Wall Street.

Deixe que eles fiquem com tudo para si.

Você pode permitir que eles negociem e manipulem à vontade para ter suas mansões nos Hamptons e, em seguida, voltar a Wall Street e dali para seus próprios túmulos financeiros.

Apenas não entre no jogo.

Lembra do filme *Jogos de guerra*, com Matthew Broderick?

É mais um clássico de Hollywood em que um computador "inteligente" decide lançar ogivas nucleares – embora, nesse caso específico, o motivo é que ele está tentando vencer um jogo de guerra simulado. No final, o personagem de Matthew Broderick consegue convencer o computador a abortar o lançamento fazendo com que ele jogue o jogo da velha contra si mesmo repetidas vezes, em uma velocidade tremenda. O computador acaba percebendo a futilidade de tudo isso, interrompe o ataque e diz com uma voz mecânica esquisita, de quem precisa desesperadamente de uma sessão de *coaching* da Siri: "Jogo estranho. O único jeito de vencer é não jogar".

Bem, adivinhe só.

O computador poderia muito bem estar falando sobre investir seu dinheiro com um membro do Complexo de Máquinas de Taxas de Wall Street. Como o computador em *Jogos de guerra* descobriu no final, só existe um jeito de vencer: não jogar.

Além disso, há outro ponto importante a ser considerado: mesmo depois de parar de jogar o jogo interesseiro de Wall Street, você não vai precisar abrir mão do valor que ela agrega à economia. Por exemplo, se uma das empresas cujo capital ela abrir acabar tendo um sucesso estrondoso e se tornar parte integrante da economia dos Estados Unidos, bem, tente adivinhar onde ela irá parar... no S&P 500, claro! E uma vez lá, ela ajudará a contribuir para o preço do índice, pois pagará dividendos e enriquecerá você. Simples assim. Esse é o jiu-jítsu brasileiro a que me referi anteriormente, e também o *segredinho sujo* de Wall Street.

Pessoas como Warren Buffett têm gritado isso a plenos pulmões nos últimos vinte anos, enquanto o Complexo de Máquinas de Taxas de Wall Street tenta abafá-lo para poder manter você no jogo como o otário da mesa.

Felizmente, o Oráculo tinha um ás na manga: ele estava disposto a apostar dinheiro no que estava falando.

CAPÍTULO 8
O ORÁCULO *VERSUS* WALL STREET

"Estou disposto a apostar 500 mil dólares com qualquer pessoa que, em dez anos, um fundo indexado pelo S&P superará qualquer fundo de *hedge* ou conjunto de fundos de *hedge* que qualquer um de vocês possa inventar. Alguém topa?"

O silêncio se abateu sobre o salão com vinte mil pessoas. Daria para ouvir um alfinete caindo.

"Vamos lá, ninguém?", pressionou o Oráculo.

Mais silêncio.

Então, *de uma só vez*, o centro de convenções foi à loucura – a plateia gritando, berrando, bradando, clamando e esgoelando-se a plenos pulmões em reverência ao seu amado líder espiritual, o famoso Oráculo de Omaha. Foi um momento inesquecível.

O desafio foi anunciado em 6 de maio de 2006, na conferência anual de acionistas da Berkshire Hathaway em – você adivinhou – Omaha, Nebraska. Foi lá que Warren Buffett colocou 1 milhão de dólares na mesa em um desafio direto ao topo da cadeia alimentar do Complexo de Máquinas de Taxas de Wall Street: os gerentes de fundos de *hedge*.

Em poucas palavras, o Oráculo estava farto.

Acho que há um número limitado de vezes que o quarto homem mais rico do mundo pode declarar publicamente: "Prefiro que meu dinheiro seja administrado por um bando de macacos cegos que jogam dardos no S&P 500 do que por *vocês*, idiotas supervalorizados", até que ele se sinta compelido a acrescentar: "E estou disposto a colocar dinheiro nisso. Ou vocês entram na aposta, ou se calam e param de cobrar taxas tão ultrajantes enquanto se exibem pela cidade como se fossem bem-dotados, quando não têm nada entre as pernas além de fumaça e *glitter* de *stripper*!".

Bem, é claro que o Oráculo não disse tudo isso, porque ele é um cara bonzinho demais. Além disso, ele é o *Oráculo* de Omaha, não o Lobo de Omaha. Mas isso não muda o fato de que ele provavelmente estava pensando tudo isso, ou pelo menos algo perto disso. Veja bem, o que Buffett sabia melhor do que ninguém era que a combinação de taxas elevadas, pesados bônus de desempenho e altos custos de transação decorrentes da atividade quase constante que os fundos de *hedge* precisavam demonstrar (para justificar sua existência) era um grande obstáculo para o desempenho do gestor do fundo – e tornava todo o setor um negócio injusto para o investidor. Em vez disso, o Oráculo defendia uma abordagem muito mais simples, que ele sabia que sufocaria os fundos de *hedge* de uma forma muito profunda.

Embora a aposta fosse simples, os riscos eram tão sérios quanto os de um ataque cardíaco.

Buffett apostou que, nos dez anos seguintes, um fundo simples e de baixo custo que acompanhasse o desempenho do S&P 500 superaria todas as estratégias extravagantes e exóticas promovidas pelos fundos de *hedge*.

E ponto. Simples, direto e sem rodeios.

Só para esclarecer, Warren Buffett *não* tem sangue de apostador.

Em outras palavras, você não vai ver o Oráculo desfilando em um cassino com 1 milhão de dólares no bolso, apostando tudo no preto ou jogando por horas a fio para tentar vencer a banca quando sabe muito bem que as cartas estão contra ele. Afinal de contas, não é assim que você continua sendo um dos homens mais ricos do mundo, não é mesmo? Não, você mantém essa distinção de duas maneiras.

1. Não apostar de jeito nenhum.
2. Só apostar com muita certeza.

No caso de Buffett, ele foi com a segunda opção, e por um motivo muito bom: sua aposta estava respaldada por mais de cem anos de matemática e cinquenta anos de experiência pessoal em investimentos. Buffett não apenas tinha visto e ouvido de tudo; tinha também vivido de tudo. Desde que assumiu o controle da Berkshire Hathaway em 1962, ele passou por mercados em baixa, mercados em alta e tudo o que havia entre eles – o otimismo dos anos 1960, a estagflação dos 1970, os bolhudos anos 1980 que terminaram em um *crash*, a bolha das empresas pontocom dos anos 1990, que também terminou em um *crash*, a bolha imobiliária de 2007 que, naquele exato momento, em 2006, já dava sinais de que estava prestes a estourar e se tornar a catástrofe gigantesca que levaria o mundo inteiro para a beira do abismo financeiro.

Buffett tinha plena consciência da profunda preocupação que habita a base do crânio de todos os administradores de fundos mútuos e de *hedge*, corretores de ações, planejadores financeiros e todos os outros "gurus" do setor de serviços financeiros: é praticamente impossível vencer o mercado de ações de forma consistente. Não importa quem você é, de onde vem ou que sistema de investimento está usando no momento. Foi matematicamente comprovado várias vezes que é quase impossível vencer o mercado em um período de tempo prolongado, mesmo *sem* as taxas exorbitantes cobradas pelos chamados especialistas. E, se você incluir essas taxas, deve remover a palavra "quase" e dizer com absoluta certeza que é impossível vencer o mercado de forma consistente.

Por que estão todos tão obcecados em tentar vencer o mercado?

A resposta é simples: se um "especialista" financeiro não consegue vencer o mercado de forma consistente, por que diabos você o deixaria administrar seu dinheiro e lhe pagaria todas aquelas taxas exorbitantes?

Você não o deixaria!

É exatamente por isso que Warren Buffett tinha voltado os canhões diretamente para o setor de fundos de *hedge*, em vez de uma das inúmeras outras categorias de "especialistas" financeiros. Na hierarquia de Wall Street, os fundos de *hedge* são considerados a joia da coroa do universo dos investimentos. Eles são o lugar onde os melhores negociantes e selecionadores de ações do mundo recebem quantias obscenas de dinheiro para administrar os enormes fundos de investimento das pessoas mais ricas do mundo.

É um mundo secreto, um mundo *privado*. Um mundo marcado por derivativos exóticos, estratégias de negociação inovadoras e algoritmos avançados criados por egressos do MIT.

Em suma, é onde se encontram os *verdadeiros* especialistas de primeira classe, o assim chamado *crème de la crème* do setor de serviços financeiros. Portanto, ao desafiar os fundos de *hedge*, o Oráculo estava desafiando todo mundo.

NA VERDADE, a reunião anual da Berkshire Hathaway em Omaha, Nebraska, é mais uma experiência religiosa do que qualquer outra coisa. As pessoas vêm de todo o mundo para homenagear o Oráculo e ouvir seus prognósticos. E, ano após ano, ele não decepciona.

Entre um gole e outro de uma da meia dúzia de latas de Cherry Coke que ele bebe todos os dias, o Oráculo responde perguntas de acionistas sobre uma ampla gama de assuntos. Em seguida, ele faz alguns desvios, que é onde normalmente se encontra o ouro.

De fato, algumas das coisas que saem de sua boca são absolutamente inestimáveis. É uma combinação de sabedoria, sarcasmo e humor embalada em anedotas. E, no centro de tudo isso, há conselhos de investimento de primeira classe, pontuados por uma óbvia aversão ao Complexo de Máquinas de Taxas de Wall Street, que ele frequentemente critica com prazer.

Ao longo dos anos, ele previu a destruição do setor de jornais (que vem despencando em linha reta desde então), o estouro da bolha imobiliária (que aconteceu dezesseis meses depois e deixou o mundo à beira do abismo) e inúmeras outras coisas. E agora seus olhos se voltavam para o setor de fundos de *hedge*.

No estilo Buffett, ele entrou numa diatribe de um minuto sobre as taxas ultrajantes do setor e como elas impossibilitavam que os investidores tivessem um tratamento justo. Buffett estava se referindo especificamente a algo chamado "dois e vinte", que é o esquema de remuneração típico da grande maioria dos fundos de *hedge*. O "dois" representa uma taxa de administração de 2%, que o gestor do fundo cobra no início de cada ano, e o "vinte" representa um bônus de desempenho de 20%, que o gestor do fundo *também* cobra no início de cada ano e que representa a parte *dele* dos lucros das transações.

Em outras palavras, a cada ano os gerentes ganham dinheiro de dois modos.

1. Recebendo uma taxa de juros equivalente a 2% do total de ativos que o fundo tem sob gestão, independentemente de o fundo ganhar dinheiro ou não.
2. Recebendo 20% de todos os lucros que o fundo gera, mas nenhuma das perdas se o fundo ficar no negativo no final do ano. Nesse caso, os investidores arcarão com 100% da perda e, então, o fundo reinicia e começa o ano novinho em folha.[29]

Aqui vai um exemplo rápido.

Digamos que, no ano-calendário de 2021, um fundo de *hedge* estivesse administrando 2 bilhões de dólares e tivesse um ROI de 25%. Nesse caso, o gestor do fundo receberia sua taxa de administração de 2% dos 2 bilhões de dólares sob sua gestão (o que equivale a 40 milhões de dólares), mais 20% do lucro de 500 milhões de dólares que gerou nas transações (o que equivale a 100 milhões de dólares), o que o deixaria com um pagamento aparentemente bem merecido de 140 milhões de dólares e o fundo com um lucro líquido ainda saudável de 360 milhões de dólares.

Parece uma situação ganha-ganha, não?

Mas, como se diz, as aparências enganam.

Na verdade, o único ganhador nesse cenário foi o ganancioso gestor do fundo de *hedge*, que embolsou um contracheque de nove dígitos enquanto seus investidores ficaram com o prejuízo.

Vou explicar por quê.

Para começar, o retorno *bruto* sobre o investimento do fundo, seu ROI, foi de 25%. Depois de deduzir as taxas e despesas do fundo, seu ROI *líquido* foi de apenas 18%. E embora um retorno de 18% possa parecer respeitável à primeira vista, nesse mesmo ano de 2021 o S&P 500 subiu 24,41%, o que é *mais* de 6,4% acima do fundo de *hedge*! E, a propósito,

---

29. Embora o "dois e vinte" seja o esquema de compensação mais comum em fundos de *hedge*, nem todos o adotam.

isso não inclui nem mesmo o reinvestimento dos dividendos, o que teria elevado o retorno do S&P 500 para 28,41%! Mais de 10% maior do que o "gênio" do gestor do fundo de *hedge* conseguiu – acho que ainda posso chamá-lo de gênio, embora de um tipo muito diferente: o tipo de gênio que ganha 140 milhões de dólares por oferecer um ROI 10% *menor* que aquele que qualquer investidor poderia ter ganhado simplesmente comprando o S&P 500 em um fundo sem carga e, em seguida, pondo os pés para cima e encerrando o dia.

Entretanto, para fins de clareza, vamos nos aprofundar um pouco mais.

Considerando todas as taxas, bônus de desempenho e despesas adicionais (sim, eles também cobram dos investidores todas as despesas do fundo, como aluguel, computadores, eletricidade, clipes de papel e salários de todos os operadores, analistas, secretárias, assistentes e qualquer outra coisa que eles possam imaginar para onerar os clientes), faça uma estimativa, *chutando alto*, do desempenho que o fundo precisaria ter para simplesmente igualar o desempenho do S&P 500 naquele ano.

A resposta é 35,2%.

Menos que isso, e os 140 milhões de dólares em taxas e despesas teriam feito o fundo performar abaixo do S&P 500. Pior ainda, se esse fundo tivesse perdido dinheiro em qualquer ano anterior, então antes que qualquer retorno positivo pudesse sequer ser considerado, o fundo teria que compensar primeiro a perda, cobrada integralmente dos investidores.

Por exemplo, digamos que esse fundo de 2 bilhões de dólares tenha um ano ruim e perca 8%.

Nesse caso, o gestor ainda receberá sua taxa de administração de 2% (40 milhões de dólares) e os investidores vão arcar com o total da perda de 8% (160 milhões de dólares). Então, a partir do primeiro dia de negociação do novo ano, o fundo se reinicia e o cálculo começa de novo, do zero.

Agora, é claro, se você pudesse encontrar um gestor de fundos de *hedge* que conseguisse vencer consistentemente o S&P 500 por uma margem *tão* ampla que, mesmo depois de todas essas taxas, despesas e bônus de desempenho unilateral, o fundo ainda terminasse à frente, então uma estrutura "dois e vinte" ainda faria sentido, certo?

Sim, claro que sim.

A única pergunta é: onde encontrar esse fundo?

A resposta é simples: no Mundo da Fantasia.

Esse era o argumento de Buffett com sua aposta de 1 milhão de dólares – que o setor de fundos de *hedge* pode ser resumido em uma palavra simples: desnecessário. As superestrelas mais bem pagas de Wall Street, com seus diplomas da Ivy League e contracheques de bilhões de dólares, são completamente desnecessárias. De fato, são mais do que desnecessárias. São um negativo líquido que tira muito mais do que dá e, como todas as coisas negativas líquidas, é melhor evitá-las enquanto for humanamente possível.

Alguns de vocês devem estar pensando: *"Ah, Jordan, certeza que você está exagerando! Devem existir pelo menos alguns gerentes de fundos de* hedge *que vencem o mercado de forma consistente. Quer dizer, eu já ouvi milhares de histórias sobre esses magos dos fundos de hedge que geram grandes retornos para seus investidores"*.

Se você está pensando algo nesse sentido, não tenho como culpá-lo. Seus argumentos parecem fazer todo o sentido. Infelizmente, aí vão os fatos.

1. Há um pequeno número de gestores de fundos de hedge *excepcionalmente* talentosos que têm conseguido obter consistentemente o tipo de retorno extraordinário que justifica suas taxas. Esses são os *rock stars* do setor financeiro, muito conhecidos e procurados por todos.
2. Infelizmente, seus fundos estão fechados para novos investidores há muito tempo e não serão reabertos tão cedo. Na verdade, depois de alcançarem o status de *rock stars*, a maioria deles não apenas *fecha* seus fundos para novos investidores; eles também devolvem o dinheiro que os investidores originais lhes deram e começam a negociar para si mesmos e para um punhado de investidores de patrimônio líquido ultraelevado.
3. Quando surge um novo *rock star* do setor, ele rapidamente fecha seus fundos para novos investidores e não os reabrem, a menos que seu desempenho caia, momento em que deixam de ser considerados *rock stars* financeiros.

4. O restante dos administradores de fundos do setor não consegue vencer os macacos jogadores de dardos, mas ainda assim cobram as mesmas taxas absurdas que os *rock stars*.
5. Então, por que diabos você vai dar o seu dinheiro a um gestor de fundos de *hedge* que vai cobrar enormes taxas mesmo sem conseguir vencer um macaco cego que atira dardos e cobra de você apenas uma banana?

Aí está, em poucas palavras, o setor de fundos de *hedge*: os resultados estelares de alguns gestores de fundos imensamente talentosos (aos quais ninguém tem acesso) emitem uma aura dourada sob a qual o restante do setor monetiza migalhas de luz, apesar de ser um bando de bufões desastrados.

No entanto, dito isso, o problema do setor de fundos de *hedge* não é tanto a falta de talento ou experiência dos gerentes, ou o fato de eles serem simplesmente uns totais idiotas. De fato, não é nada disso. O problema tem a ver com as enormes taxas que eles cobram, que acabam canibalizando seus retornos.

FOI ASSIM QUE, NAQUELE DIA FATÍDICO, em maio de 2006, Buffett decidiu dar um passo adiante. Em vez de dar a costumeira espinafrada no setor de fundos de *hedge*, ele começou a atacar os próprios administradores de fundos. "Ouça", disse ele, "se sua esposa vai ter um bebê, é melhor chamar um obstetra do que fazer o parto você mesmo. Se seus canos estão vazando, é melhor chamar um encanador. A maioria das profissões agrega valor além do que uma pessoa comum pode fazer por si mesma. Mas, em conjunto, a profissão de investidor não faz isso, apesar dos 140 bilhões de dólares em remuneração anual."

E aí está – exposto de forma clara como o dia para vinte mil pessoas em Omaha, Nebraska. O argumento de Buffett vai direto ao cerne da razão pela qual é tão difícil para os investidores entenderem que Wall Street é um líquido negativo. Todos nós fomos ensinados, desde pequenos, a procurar especialistas para nos ajudar a resolver nossos problemas e eliminar nossa dor. Quando você estava doente, seus pais o levavam a um médico. O médico se vestia de determinada maneira e agia de determinada maneira e, quando você entrava no consultório, ficava chocado com o fato de que até mesmo seus *pais* se submetiam a esse profissional. Isso se deve ao fato de essa pessoa ter passado por incontáveis anos de estudos e residência, durante os quais aprendeu tudo o que havia para saber sobre como fazer as pessoas doentes se sentirem melhor. Como eles são especialistas, temos que os ouvir quando falam.

Mas esse foi apenas o início de nosso condicionamento. À medida que crescíamos, o desfile de especialistas continuava. Se você estivesse com dificuldades na escola, seus pais talvez contratassem um professor particular. Se quisesse dominar um esporte, eles talvez contratassem um treinador, e assim por diante. Quando você enfim entrou na vida adulta, continuou exatamente de onde seus pais pararam. Até hoje você continua a procurar especialistas para garantir os melhores resultados em todos os seus empreendimentos.

Tudo isso faz muito sentido, certo?

Mas procurar um profissional para administrar seu dinheiro é a única exceção – repito, a única *grande* exceção – a uma regra que, em todos os demais assuntos, é confiável e sempre lhe serviu bem. Explicarei exatamente o porquê neste capítulo, mas, por enquanto, a única coisa que você nunca pode esquecer é o fato de que o Complexo de Máquinas de Taxas de Wall Street está bem ciente desse fato – que você foi programado e condicionado a procurar especialistas para resolver seus problemas e obter os melhores resultados possíveis – e usará isso contra você, com eficiência implacável, para separá-lo do seu dinheiro sempre que possível.

O Oráculo terminou seu discurso dizendo: "Todo gestor de fundos de *hedge* acredita que será a única exceção a superar o desempenho do mercado, mesmo depois de contabilizar todas as altas taxas cobradas. Alguns certamente conseguem. Mas, ao longo do tempo, em conjunto, a matemática não fecha".

Em outras palavras, não importa quão talentoso seja um gestor de fundos, no fim das contas, depois de deduzidas todas as taxas, despesas e bônus de desempenho unilaterais, ele simplesmente não consegue igualar o desempenho do S&P 500 durante um período de tempo prolongado.

Em seguida, ele anunciou a aposta.

À ÉPOCA, BUFFETT ACHAVA QUE, assim que a notícia da aposta chegasse ao resto de Wall Street, os gestores de fundos de *hedge* fariam fila para ter a chance de provar que ele estava errado.

Afinal de contas, havia rumores de que seus melhores dias já tinham se acabado havia muito tempo. Alguns críticos diziam que ele nada mais era que um anacronismo de uma era passada, em que a paciência era uma virtude e o investimento em valor superava tudo. Mas, no início do século XXI, os melhores e mais brilhantes de Wall Street, com seus computadores ultrarrápidos e inteligência artificial, poderiam esmagar o Oráculo como fruta madura. Além disso, imagine o que uma vitória sobre ele poderia fazer pela carreira de algum jovem *cowboy* de fundos de *hedge*. Eles poderiam saltar da obscuridade total para uma vida de riqueza e fama! Tudo o que precisavam fazer era exatamente o que vinham prometendo aos investidores nos últimos trinta anos, desde o início do setor de fundos de *hedge*: vencer o S&P 500 de forma consistente, para além de suas taxas e despesas.

No entanto, um ano após o anúncio, nada.

Só os malditos grilos.

Por mais de dezesseis meses, nenhuma alma se apresentou para aceitar o desafio. Nas palavras do próprio Buffett: "Foi o Som do Silêncio".

Em retrospecto, isso faz todo o sentido.

Afinal de contas, os administradores de fundos de *hedge* podem ser muitas coisas, mas certamente não são ingênuos, e *definitivamente* não querem perder uma aposta pública de 1 milhão de dólares que resultará em sua própria humilhação. Veja bem, no fundo, todos eles conheciam a verdade: que é praticamente *impossível* para os assim chamados experts vencerem o mercado de forma consistente, especialmente quando se incluem suas taxas ultrajantes. De fato, nos níveis mais altos de Wall Street, essa é uma verdade bem conhecida, e eles riem de nós pelas costas.

E para que fique claro, o motivo pelo qual riem não é porque as pessoas ficam caindo em um conto de fadas financeiro; riem porque o conto de fadas foi *revelado* nos últimos vinte anos, mas a maioria dos investidores continua acreditando nele até hoje.

É isso mesmo: nos últimos vinte anos, lê-se em toda a internet o fato de que os especialistas de Wall Street não conseguem vencer o mercado. No entanto, apesar desse fato inegável, as pessoas ainda continuam enviando dinheiro para eles. Não tem como não admitir que isso é engraçado.

É o equivalente a um adulto que continua deixando biscoitos para o Papai Noel.

É lógico que você não faz mais isso, certo?

Por quê? Porque quando você tinha, talvez, seis ou sete anos, seus pais sentaram com você e disseram: "Desculpe, querido, mas o Papai Noel não existe. Todos esses anos era o Johnnie, seu tio bebum, vestindo uma fantasia de Papai Noel".

No início, você ficou arrasado. E, nos anos seguintes, você provavelmente ainda colocava leite e biscoitos na lareira, por uma questão de tradição. Mas, depois disso, você cresceu. Você aceitou que os contos de fadas não são reais. Não há Fada do Dente, nem coelhinho da Páscoa, nem a porra do Papai Noel. Era tudo uma grande mentira, um grande golpe. Se havia brinquedos debaixo da árvore ou dinheiro debaixo do travesseiro ou ovos de chocolate escondidos pela casa, você sabia que um adulto tinha colocado lá, usando o dinheiro que ele ganhara com seu próprio trabalho duro.

Assim é a vida. Não existe almoço grátis. Para ninguém.

No entanto, por alguma razão inexplicável, quando se trata de investir, há muitas pessoas que se recusam a crescer. Elas se apegam à noção infantil de que ainda pode haver um Papai Noel de Wall Street se elas acreditarem o bastante. Isso é algo que o Complexo de Máquinas de Taxas de Wall Street conhece muito bem – essa esperança persistente grudada na cabeça de muitos pequenos investidores – e eles a usam contra esses investidores com um efeito devastador.

Mas agora o Complexo tinha um problema.

A aposta de 1 milhão de dólares do Oráculo era como um holofote gigante sobre seu cassino corrupto, com um foco em seus mais altos escalões.

Em certo momento, uma alma corajosa acabou aceitando o desafio.

Seu nome: Ted Seides.

Seu fundo de *hedge*: Protégé Partners.

Sua experiência em negociação de ações: nenhuma.

Isso mesmo, nenhuma.

A principal competência de Ted Seides não era ser um operador especializado, um investidor ou gestor financeiro. Na verdade, isso não é justo; ele *era* um especialista em *alguma coisa* – de fato, com base no sucesso que ele teve em levantar montes de dinheiro para a Protégé Partners, parece claro que ele é um vendedor de primeira classe.

Mas, ainda assim, mesmo que ele seja, você tem que admitir que isso é muito estranho.

Quer dizer, o cara está recebendo dezenas – se não *centenas* – de milhões de dólares por ano para gerenciar os investimentos de pessoas ricas, mas, aparentemente, ele não tem as habilidades necessárias para administrar o dinheiro por conta própria e, por isso, tem de entregá-lo para outra pessoa administrar?

Se isso não é uma tramoia, eu não sei o que é!

Veja como ele faz isso.

Sua empresa de investimentos, a Protégé Partners, opera como um "fundo de fundos". Isso significa que eles levantam capital de investidores sob a premissa de que sua especialização não está em administrar capital, mas em escolher fundos de *hedge* de alto desempenho para administrar esse capital para eles. E, embora aparentemente essa premissa pareça fazer sentido, historicamente tem se mostrado impossível de ser realizada. De fato, uma das piores maneiras de escolher um fundo de *hedge* é examinar uma longa lista de fundos de *hedge* e escolher aquele que teve os melhores resultados nos últimos anos.

Afinal, é quase certo que qualquer fundo de *hedge* que tenha conseguido acumular alguns anos excelentes terá alguns anos ruins no futuro. Há uma série de motivos diferentes para isso, mas aí vão os principais.

1. Os administradores de fundos mútuos tendem a ir e vir, portanto, não há garantia de que o desempenho passado de um fundo mútuo tenha qualquer relação com o indivíduo que atualmente administra o fundo.
2. A natureza cíclica das classes de ativos está em conflito direto com a tendência de um fundo mútuo de investir nas mesmas classes de ativos ano após ano.

3. A hipótese do mercado eficiente é um osso duro de roer, tornando extraordinariamente difícil para qualquer gestor de fundos superar o mercado de forma consistente.
4. Além de ser pura matemática, isso também dá um novo significado ao alerta, exigido pela SEC, de que resultados passados não garantem desempenho futuro. O jeito certo de escrever esse alerta deveria ser o seguinte: "Um desempenho excelente nos últimos anos praticamente garante que você vai levar uma surra nos próximos anos!".

Em termos práticos, isso significa que, uma vez que um investidor tenha dado seu dinheiro para Ted Seides, Ted simplesmente dá meia-volta e distribui o dinheiro para outros fundos de *hedge*. Em seguida, ele põe os pés em cima da mesa e recebe seus honorários, mas só *depois* de os fundos de *hedge* que estão realmente administrando o dinheiro receberem os honorários deles primeiro.

Portanto, no final, os investidores estão sendo cobrados duas vezes.

É claro que um "fundo de fundos" usa frases inteligentes nos seus panfletos de propaganda para tentar convencer você do contrário – que você não está pagando duas vezes –, mas não importa o que digam, você está. Por definição, sempre existe pelo menos uma boca a mais para alimentar, e é impossível contornar esse fato.[30]

Agora, é claro que se você perguntasse a Ted Seides sobre isso, ele falaria sobre *todas* as incríveis vantagens de poder investir em vários fundos de *hedge* ao mesmo tempo. Ele começaria falando sobre sua capacidade de acessar todo o conjunto de cérebros coletivos das melhores mentes de Wall Street e também sobre como ele é capaz de abandonar qualquer gestor de fundos que por acaso dê azar e substituí-lo por um gestor de fundos cuja mão esteja abençoada (o que a história já provou ser a pior coisa a se fazer).

Mas tudo isso passa longe de um problema muito maior de um "fundo de fundos": uma vez que nenhum dos fundos supera de forma consistente

---

30. O acordo típico de um fundo de fundos resulta em uma taxa de administração adicional de 0,5% e um bônus de desempenho de 5%, além daquela cobrada pelo fundo que está gerenciando ativamente o capital.

o S&P 500, por que um grupo de fundos com desempenho inferior começaria, de alguma forma, a ter um desempenho superior ao do mercado só porque você os misturou? É o equivalente a um médico dizer a um paciente que se tornou obeso mórbido em decorrência de uma dieta só de McDonald's que a solução para seu problema é mudar para o Burger King. O problema óbvio com esses dois cenários são os próprios insumos – um caso clássico de "se entra porcaria, sai porcaria".

De fato, Wall Street usou essa mesma lógica distorcida para explodir o mercado imobiliário em 2008. Eles pegaram dezenas de milhares de hipotecas tóxicas que tinham garantia de falência e alegaram que, ao jogá-las todas juntas em uma caldeirão gigante, tinham tornado as hipotecas subitamente muito mais seguras e com garantia de pagamento. Todo o conceito era absurdo desde o início e estava destinado ao desastre, e foi exatamente assim que acabou – um desastre financeiro que exigiu um resgate de 1 trilhão de dólares dos contribuintes.

Portanto, em poucas palavras, este é o resultado da estratégia de Ted Seides: uma camada de taxas de fundos de *hedge* em cima de taxas de fundos de *hedge*, para criar uma camada gigante de taxas de fundos de *hedge*. Entretanto, nesse caso específico, ele foi um passo além. Em vez de escolher apenas cinco fundos de *hedge*, ele escolheu cinco fundos de *hedge* que também eram "fundos de fundos", elevando para mais de cem o número total de fundos que, coletivamente, estariam apostando contra o Oráculo.

Era uma estratégia interessante, para dizer o mínimo.

Quer dizer, teoricamente, se a grande maioria de todos os cem fundos não apenas superasse o desempenho do S&P 500 em um período de dez anos, mas o *macetasse* decisivamente a ponto de, mesmo depois das várias camadas de taxas, o ROI *ainda* sair na frente, então, sim, Ted Seides *poderia* ganhar a aposta contra o Oráculo e mostrar ao mundo quem mandava.

Quando lhe perguntaram, logo no início, quais eram suas chances de ganhar a aposta, Seides respondeu com o tipo de excesso de confiança absurda e total falta de autoconsciência que se espera de alguém que recebe quantias obscenas de dinheiro sem oferecer nenhum valor em troca. "Pelo menos 85%", disse ele, atenuando sua declaração com um monte de bobagens econômicas e matemáticas que se somavam a uma previsão de vários anos sobre o rumo do mercado de ações.

Ele tinha 85% de certeza de que o mercado cairia nos próximos anos ou não subiria tão rapidamente quanto nos *últimos* anos. Para o modo de pensar de Seides, isso lhe dava uma vantagem significativa para ganhar a aposta. Diferentemente de um fundo de índice passivo, que simplesmente acompanha o desempenho do S&P 500, sem capacidade de se ajustar a um mercado em baixa, seus cem fundos de *hedge* estavam sendo gerenciados ativamente, o que significava que eles poderiam se "proteger" contra uma queda, mudando para determinadas classes de ativos que tendiam a ter um desempenho melhor em um mercado em baixa.

Havia apenas um pequeno problema com o raciocínio de Ted Seides: ele não fazia sentido.

Na verdade, mesmo se você descontar o impacto do bolo de camadas de taxas de fundos de *hedge* em cima de taxas de fundos de *hedge*, a lógica de Ted era falha por três motivos simples:

1. Todos os estudos acadêmicos dos últimos setenta anos concluíram que é impossível prever o rumo do mercado de ações com qualquer grau de certeza para além de um cara e coroa.
2. Estudos acadêmicos igualmente robustos também comprovaram que, no longo prazo, os fundos gerenciados ativamente não superam os fundos passivos que acompanham o S&P 500. De fato, ocorre exatamente o *oposto*: os fundos com as taxas mais altas geralmente têm os retornos mais baixos.
3. Mesmo que Ted Seides fosse a reencarnação de Nostradamus e *pudesse*, de fato, prever a direção do mercado uns poucos anos à frente, isso não teria feito diferença, pois a aposta foi feita para um período de dez anos.

Então pronto.

Seja por ganância, arrogância ou pura e simples ilusão, esses fatos foram completamente ignorados por Ted Seides. Ele parecia acreditar de verdade que tinha 85% de chance de ganhar a aposta. Ele até escolheu a instituição de caridade que receberia o prêmio de 1 milhão de dólares caso saísse vitorioso: a Friends of Absolute Return for Kids. Se Seides ganhasse a aposta, o dinheiro iria direto para os cofres da instituição.

Já o Oráculo escolheu a Girls Inc. of Omaha, uma instituição de caridade local que ajuda meninas a atingirem seu potencial máximo. Uma instituição de caridade digna, com certeza; o *slogan* na primeira página de seu *site* – *"Girls are the best thing since sliced bread!"*, ou "Garotas são a melhor coisa desde que o pão fatiado foi inventado!" – é algo com o que concordo plenamente e uma atitude de que a sociedade como um todo precisa em maiores quantidades. Se o Oráculo ganhasse a aposta, o dinheiro iria direto para os cofres *dela*.

Já sobre que chances Buffett pensava ter de ganhar a aposta, seus pensamentos iniciais ainda podem ser encontrados no site Longbets.com, o veículo escolhido para administrar a aposta. O Oráculo escreveu:

> *Em um período de dez anos, começando em 1º de janeiro de 2008 e terminando em 31 de dezembro de 2017, o S&P 500 superará o desempenho de um portfólio de fundos de fundos de hedge quando o desempenho for medido em uma base livre de taxas, custos e despesas.*
>
> *Muitas pessoas bastante inteligentes se propõem a ter um desempenho melhor do que a média no mercado de títulos. São os chamados investidores ativos. Seus oponentes, os investidores passivos, terão, por definição, um desempenho médio. Em conjunto, suas posições serão mais ou menos semelhantes às de um fundo de índice. Portanto, o restante do universo – os investidores ativos – também deve ter um desempenho médio. Entretanto, esses investidores incorrerão em custos muito maiores. Portanto, no cômputo geral, seus resultados agregados após esses custos serão piores do que os dos investidores passivos.*

O Oráculo prossegue:

> *Os custos disparam quando grandes taxas anuais, grandes taxas de desempenho e os custos de negociação ativa são todos adicionados ao patrimônio do investidor ativo. Os fundos de fundos de hedge acentuam esse problema de custo porque suas taxas são sobrepostas às grandes taxas cobradas pelos fundos de hedge nos quais os fundos de fundos investem.*

Várias pessoas inteligentes estão envolvidas na administração de fundos de hedge. Mas, em grande parte, seus esforços são autoneutralizados, e o QI deles não superará os custos que impõem aos investidores. Os investidores, na média e ao longo do tempo, se sairão melhor com um fundo de índice de baixo custo do que com um grupo de fundos de fundos.

Entretanto, muito mais importante do que o nível inicial de confiança de Buffett ou a instituição de caridade que ele escolheu para receber os prêmios foi o nome do fundo de índice que ele escolheu como seu candidato. Havia quatro qualidades que Buffett considerava essenciais.

1. **O fundo deve acompanhar *com precisão* o S&P 500**. Embora isso possa parecer óbvio, há alguns fundos mal projetados que não fazem um bom trabalho de acompanhamento do índice. O resultado é uma variação entre o que o índice retorna e o que o fundo retorna. Esses fundos "imprecisos" devem ser totalmente evitados. Fornecerei a você uma lista dos fundos "precisos" mais adiante no livro.
2. **O fundo não deve ter nenhum tipo de "carga"**. A palavra "carga" é a maneira sub-reptícia de um fundo dizer que pagará uma comissão de vendas aos corretores que convencerem seus clientes a investir no fundo. Quer seja uma "carga inicial", que sai do valor que o cliente investe pela primeira vez, quer seja uma "carga final", que é cobrada quando o cliente sai do fundo, ela sempre sai do mesmo bolso – o do cliente – e reduz significativamente seu ROI.
3. **O fundo deve ter uma taxa de administração muito baixa**. Como um fundo de índice não está sendo gerenciado ativamente, não há motivo para pagar uma taxa de administração alta a um gestor de fundos "especializado" que supostamente pode vencer o mercado. É claro que o fundo ainda tem o direito de cobrar uma taxa de administração, mas, se ela for superior a 0,5%, o fundo está cobrando muito caro e você deve escolher um fundo diferente, com uma taxa de administração mais baixa.
4. **Ele deve permitir o reinvestimento automático de dividendos**. Os fundos de índice são oferecidos em duas variedades: fundos mútuos e ETFs, este último um acrônimo para *exchange-traded funds*, ou fundos

negociados em bolsa. Mais adiante no livro, abordarei os prós e os contras de cada um, mas, por enquanto, lembre-se de que os ETFs não permitem o reinvestimento automático de dividendos, enquanto os fundos mútuos permitem. Nesse contexto, os fundos mútuos são a melhor opção, embora existam certas circunstâncias que podem fazer com que um ETF seja melhor para você, as quais abordarei mais adiante.

Na época, todos os grandes provedores de fundos mútuos estavam oferecendo um fundo de índice de baixo custo que atendia a todos os quatro critérios, e todos eles teriam adorado a oportunidade de ser a escolha do Oráculo. No final, porém, essa honra foi concedida ao Vanguard Group, o pioneiro do setor, fundado pelo grande Jack Bogle em 1976.

Especificamente, Buffett escolheu o "500 Index Fund Admiral Shares" da Vanguard.

A escolha não surpreendeu ninguém.

CAPÍTULO 9

DIFICULDADES E TRIBULAÇÕES DO MAIOR MACETE DE INVESTIMENTOS DO MUNDO

Normalmente, quando digo coisas como "J. P. Morgan foi como o asteroide que se chocou contra a Terra para abrir caminho para os seres humanos modernos" ou que "Warren Buffett arranhava seu *ukulele* enquanto vinte mil pessoas dançavam e cantavam", estou usando um pouco de licença poética para afirmar um ponto de vista e manter você entretido.

Entretanto, esse *não* é o caso quando digo que "Jack Bogle fez mais pelo investidor médio do que todas as outras pessoas em Wall Street juntas".

Na verdade, estou falando muito sério.

De fato, quando Bogle faleceu em 2019, Warren Buffett disse a famosa frase: "Se um dia for erguida uma estátua para homenagear a pessoa que mais fez pelos investidores norte-americanos, a escolha deve ser Jack Bogle". Naquela época, Bogle já tinha poupado aos investidores mais de 140 bilhões de dólares em taxas excessivas de fundos mútuos e, ao mesmo tempo, proporcionado um desempenho superior por meio de sua filosofia de investimento passivo.

Veja bem, quando Bogle lançou a Vanguard, em 1974, ela se baseava em uma premissa simples que acabaria por colocar todo o setor de fundos mútuos de joelhos: que um fundo de índice de baixo custo e gerenciado passivamente que espelhasse o desempenho do S&P 500, sem tentar superá-lo, superaria consistentemente o desempenho de um fundo gerenciado ativamente pelos seguintes motivos.

1. Terá taxas de administração drasticamente menores.
2. Eliminará a necessidade de pagar um bônus de desempenho ao gestor do fundo.
3. Terá muito mais eficiência fiscal devido à ausência de negociações de curto prazo.
4. Eliminará os erros desnecessários de um gestor de fundos ativo, que está tentando prever o mercado para justificar sua existência.

O raciocínio de Bogle não surgiu do nada. Nasceu em resposta a uma ligação que ele recebeu de um dos maiores economistas do mundo, Paul Samuelson, que acabara de concluir um estudo de uma década sobre o setor de fundos mútuos. O estudo, que acabaria por render a Samuelson o Prêmio Nobel de Economia, revelou uma circunstância da qual Bogle suspeitava havia muito tempo, mas que não tinha conseguido provar de modo cabal: que investir em fundos mútuos era coisa de otário.

Agora, graças a Samuelson, não havia mais dúvidas.

Em resumo, o estudo de Samuelson tinha revelado evidências incontestáveis de que, entre as taxas de administração anuais de um fundo mútuo, as perdas de peso morto e o bônus de desempenho exigido e pago a um gestor ativo, os investidores estariam muito melhor se simplesmente comprassem e mantivessem um fundo de índice passivo que espelhasse o desempenho do S&P 500.

O único problema é que esse fundo ainda não existia.

Se os investidores quisessem "comprar" o S&P 500, teriam de entrar no mercado e adquirir ações de cada uma das 500 empresas do índice, uma de cada vez, e pagar uma comissão separada por cada negociação. Embora esse fator por si só já tornasse a estratégia um fracasso financeiro, havia também o problema adicional de quanto dinheiro seria necessário para comprar todas essas ações. Por exemplo, para comprar até mesmo uma ação de cada uma das 500 empresas do índice, seriam necessárias dezenas de milhares de dólares de capital de investimento inicial. Além de estar muito acima das possibilidades do investidor médio, isso também não criaria um portfólio que refletisse o desempenho do S&P 500, pois as ações de preço mais alto do índice estariam super-representadas e as ações de preço mais baixo estariam sub-representadas.

Para espelhar com precisão o desempenho do índice, era necessário muito mais dinheiro, além de um computador *mainframe* para manter o portfólio em equilíbrio. Em outras palavras, na ausência de recursos financeiros e tecnológicos massivos, isso era basicamente impossível de ser feito.

Ainda assim, Samuelson continuava entusiasmado com a necessidade de uma solução. Pouco depois de sua conversa com Bogle, ele começou a criticar publicamente o setor de fundos mútuos, concentrando-se em sua dependência de gestores de fundos ativos e em seu histórico de cinquenta anos de resultados abaixo da média.

Samuelson resumiu os resultados de seu estudo de uma década em cinco pontos principais.

1. Qualquer júri que analise as evidências, e há uma grande quantidade de evidências relevantes, deve, no mínimo, chegar ao veredito de que os melhores gestores de dinheiro do mundo não conseguem oferecer as benesses de um desempenho superior do portfólio.
2. Embora possa haver um pequeno subconjunto de gestores de fundos dotados de um certo "talento" que lhes permite superar repetidamente as médias do mercado, se esses gestores de fundos existem, eles permanecem notavelmente bem escondidos.
3. Um motivo para o desempenho relativamente ruim dos gestores de fundos ativos é que todas as suas atividades de compra e venda geram custos de peso morto que corroem o ROI anual do fundo e reduzem sua eficiência fiscal.
4. Embora eu queira acreditar no contrário, o respeito pelas evidências me obriga a inclinar-me para a hipótese de que a maioria dos tomadores de decisão de portfólio deveria sair do mercado.

Embora esses quatro primeiros pontos tenham sido uma reprimenda contundente a todo o setor de fundos mútuos, foi o quinto e último ponto de Samuelson que mais inspirou Bogle:

5. No mínimo, alguma grande fundação deveria criar um portfólio interno que acompanhasse o índice S&P 500, nem que fosse apenas

para estabelecer um modelo engenhoso em relação ao qual seus pistoleiros internos pudessem medir suas proezas.

Isso era tudo o que Bogle precisava ouvir.

Pouco tempo depois, ele lançou formalmente a Vanguard.

Ele levaria dois anos inteiros para aperfeiçoar a mecânica do fundo e para conseguir a aprovação da SEC para sua estrutura inovadora, mas, quando enfim a conseguiu, e Samuelson leu o prospecto desse produto revolucionário – um fundo de índice S&P 500 de custo ultrabaixo, sem carga de vendas na entrada ou na saída e sem bônus de desempenho pago a um gestor ativo –, ele escreveu em um artigo de opinião amplamente lido: "Mais cedo do que eu ousava esperar, minha oração explícita foi atendida".

E de fato ela foi.

Mas, infelizmente para Bogle, o restante de Wall Street estava muito menos entusiasmado.

Na verdade, queriam linchar o bastardo! Afinal de contas, seu novo fundo de índice com suas taxas de administração insanamente baixas e a ausência evidente de qualquer tipo de comissão de vendas representava uma ameaça existencial a todo o setor de fundos mútuos. Bogle tinha essencialmente "municiado" o S&P 500 bem diante dos olhos deles, transformando-o de um índice que podia ser meramente seguido em um instrumento de investimento que podia ser comprado e vendido com uma única operação.

Se esse novo tipo de fundo ganhasse força, as consequências para o setor de fundos mútuos seriam absolutamente chocantes. Não apenas o setor seria forçado a reduzir drasticamente suas taxas para permanecer no mercado, mas também a própria mensagem de Bogle – de que, apesar de todas as suas bravatas, os gestores de fundos ativos eram incapazes de superar o S&P 500 de forma consistente – levaria a uma fuga em massa de seus fundos.

Essas preocupações tinham razão de ser.

Literalmente, desde o primeiro momento em que Bogle lançou seu novo fundo de índice, ele fez uma campanha de divulgação de costa a costa dos Estados Unidos, pregando seus três principais mantras de investimento do topo de todas as colinas, montanhas e telhados que pudesse encontrar.

1. Taxas de administração ultrabaixas.
2. Nenhuma carga de vendas – nem na entrada, nem na saída.
3. Ausência de um bônus de desempenho pago a um gerente ativos de fundos.

Com a paixão de um evangelista, Bogle parou em todas as corretoras, administradoras financeiras, empresas de planejamento financeiro e provedores de seguros que quiseram ouvi-lo.

Infelizmente para Bogle, poucas o ouviram.

O Complexo de Máquinas de Taxas de Wall Street já tinha entrado em ação.

Usando as mesmas táticas que as maiores empresas tabagistas dos Estados Unidos aperfeiçoaram durante sua campanha de várias décadas para desacreditar qualquer pessoa que ousasse dizer o óbvio – que fumar cigarros era perigoso para a saúde e que também era quase certo que o hábito levaria a uma morte prematura –, o Complexo de Máquinas de Taxas de Wall Street iniciou uma campanha massiva de difamação, tendo como alvo o malvado Jack Bogle e seu fundo de índice igualmente malvado.

Anúncios foram publicados em jornais e revistas, em outdoors e canais de TV em todo o país. Alguns dos anúncios eram realmente chocantes, especialmente os que tinham como público-alvo as pessoas que *vendiam* fundos mútuos.

A Dreyfus, por exemplo, que era um dos provedores de fundos mais respeitados de Wall Street, publicou uma série de anúncios de página inteira no *Wall Street Journal*, com o seguinte slogan impresso em letras garrafais: *NO LOAD? NO WAY!* – Sem carga? De jeito nenhum!

O anúncio era chocantemente descarado.

Ele praticamente dizia: "Diga à Vanguard que se eles não estiverem dispostos a lhe pagar as mesmas comissões de vendas insanas que nós estamos dispostos a lhe pagar, então eles devem cair fora e morrer!".

Mas isso era só o começo.

Para cada dólar que eles gastavam visando os intermediadores dos investimentos, gastavam mil dólares visando os investidores em si. Eles precisavam eliminar qualquer possibilidade de os benefícios óbvios de um fundo de índice de baixo custo atingirem, de alguma forma, a consciência pública e gerarem um movimento popular que fecharia suas portas.

O objetivo dos anúncios era extremamente simples: perpetuar o mito de que um fundo mútuo gerenciado ativamente era um investimento muito melhor do que um fundo de índice passivo que simplesmente acompanhava o S&P 500, sem tentar superá-lo.

À primeira vista, o cerne do argumento *parecia* fazer sentido: afinal, por que alguém investiria em um fundo em que o melhor cenário possível seria um retorno médio? Vamos lá, quem quer ser mediano, certo? Isso lá é jeito de levar a vida? E então eles iam em frente, explicando que era por essa exata razão que eles contratavam apenas os melhores administradores de fundos do mundo, porque, ao contrário de Bogle, eles se *recusavam* a se contentar com a média!

Afinal, a média é uma porcaria!

E embora eu *de fato* concorde com a última parte do argumento deles – que a média é, de fato, uma porcaria –, o resto do que eles estavam dizendo era um completo e total absurdo. Todas as evidências empíricas apontavam exatamente para o oposto, especialmente o estudo de Samuelson, que na verdade ofereceu uma solução.

Perceba que, diferentemente do estudo de Cowles, que comparou as recomendações de ações individuais com o desempenho histórico de seus preços, o estudo de Samuelson comparou o desempenho de todos os fundos mútuos desde o início do setor, na década de 1920, com o desempenho histórico do S&P 500, que Bogle tinha transformado em um instrumento de investimento. Portanto, mais uma vez, enquanto o estudo de Cowles apenas destacava um problema, o estudo de Samuelson, combinado com a invenção de Bogle, oferecia uma solução pronta para ser usada.

Ainda assim, o Complexo de Máquinas de Taxas de Wall Street era um inimigo poderoso e fez de tudo em sua campanha publicitária ininterrupta. Fazendo contar seu relacionamento com suas contrapartes igualmente desalmadas da Madison Avenue, o Complexo apresentou todos os motivos possíveis pelos quais a invenção de Bogle não valia a pena. O fato de os motivos serem todos falsos era meramente secundário. Os riscos eram simplesmente altos demais.

No início, a campanha de difamação funcionou brilhantemente.

O gráfico a seguir ilustra o quanto o Complexo de Máquinas de Taxas de Wall Street foi eficaz em conter a Vanguard durante seus primeiros dez anos de atividade.

Vanguard Index Trust 500 (VFINX)
1977 – 1987

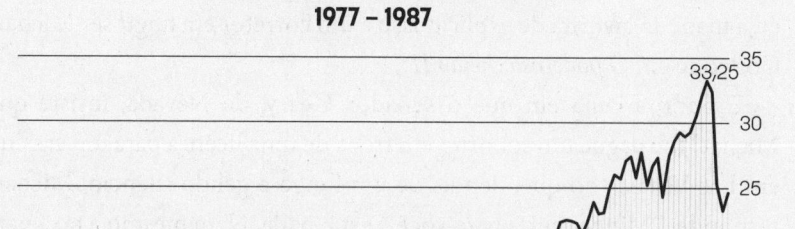

De fato, o Complexo de Máquinas de Taxas de Wall Street tinha feito seu trabalho muito bem, embora, na verdade, não fosse preciso muito para azedar a reputação de um corretor em relação a Jack Bogle e à Vanguard, dada a recusa de Bogle em pagar a eles um centavo sequer em comissão de vendas. Assim, embora a proposta de valor da Vanguard pudesse ser incrivelmente boa do ponto de vista do investidor, ela não era muito atraente para os intermediadores, que faziam parte de um sistema com cinquenta anos de idade que vinha silenciosamente ordenhando de seus clientes bilhões de dólares por ano em taxas excessivas e, em troca, fornecendo um desempenho abaixo da média.[31]

---

31. Essa rede seria completamente interrompida com o advento da internet, mas isso ainda levaria mais de 25 anos em termos da largura de banda necessária. Na época, a ideia de lidar diretamente com os clientes por meio de um portal *on-line* era pura ficção científica.

Havia, então, o desafio do próprio Bogle.

Para dizer o mínimo, ele não era muito eficaz em *explicar* a proposta de valor da Vanguard para os vendedores da área de investimentos a partir da perspectiva gananciosa deles próprios. Em outras palavras, como Bogle não estava disposto a pagar a eles nenhuma comissão de vendas, e o restante do setor pagava 8,5%, o que *eles* tinham a ganhar recomendando a Vanguard?

Nada, certo? E os corretores precisam comer, não?

Na verdade, não precisam – pelo menos não de acordo com Bogle, cuja maneira favorita de explicar isso a um corretor era fingir ser Michael Corleone em *O poderoso chefão II*.

Usando a cena em que o senador Geary, de Nevada, insiste que Michael lhe pague um suborno em troca de uma licença para um cassino em Las Vegas – ao que, depois de um longo e gélido silêncio, Michael responde: "Minha oferta para você é esta: nada. Nem mesmo a taxa para a licença de jogo, que eu apreciaria se você pagasse pessoalmente" –, era assim que Bogle respondia à objeção de um corretor sobre como eles deveriam ganhar dinheiro se ele não lhes pagava uma comissão.

É claro que, na mente de Bogle, a resposta era óbvia: "Seu dever fiduciário para com seus clientes supera seu desejo egoísta de recomendar fundos mútuos cheios de comissões, mas de desempenho ruim. Então, qual é a porra do seu problema?".

Por mais que essa mensagem não fosse atraente para as pessoas em Wall Street, havia outra coisa sobre a Vanguard que as chocava ainda mais: sua estrutura.

Por razões que deixam Wall Street perplexa até hoje, Bogle criou uma estrutura chocantemente altruísta, por meio da qual as pessoas que investiam no fundo de índice da Vanguard se tornavam proprietárias da Vanguard. Em outras palavras, o próprio Bogle não era dono da maior parte da Vanguard; os investidores eram os donos.

Até hoje, é assim que a Vanguard está estruturada – os investidores em seus fundos são os proprietários da Vanguard. No final, essa estrutura custou pessoalmente a Bogle mais de 50 bilhões de dólares, embora ele não tenha demonstrado arrependimento nenhuma vez durante sua vida.

De fato, pouco antes de falecer, um jornalista lhe perguntou se ele se arrependia da forma como estruturou a Vanguard, no sentido de que ele teria ganhado muito mais dinheiro se tivesse mantido a propriedade para si.

A isso, Bogle respondeu rapidamente, em suas próprias palavras inimitáveis: "Atualmente, tenho um patrimônio de 80 milhões de dólares, o que é muito mais do que posso gastar em dez vidas. Então, quem é que se importa?".

A missão de Jack Bogle era nivelar o campo de jogo para o investidor médio, e ele permaneceu comprometido com essa missão até o dia de sua morte.

Mas, ainda assim, isso não muda o fato de que Bogle enfrentou dificuldades para manter a Vanguard respirando durante todo o mercado em alta da década de 1980.

Então veio a Segunda-feira Negra.

De repente, de uma só vez, em um único dia, a ilusão de prosperidade que vinha protegendo o setor de fundos mútuos de uma análise mais profunda por parte dos investidores foi completamente destruída. Sem um mercado em forte alta para camuflar o impacto de suas taxas exorbitantes, os investidores perceberam que precisavam reavaliar suas opções.

Quando reavaliaram, havia uma opção, em particular, que fazia muito mais sentido do que todas as outras: o fundo de índice S&P 500 de custo ultrabaixo da Vanguard.

As evidências estavam lá o tempo todo, mas, na esteira do *crash*, foi como se uma luz tivesse se acendido na mente de todos os investidores, tanto de varejo quanto institucionais. O gato, como se costuma dizer, estava fora do saco e, quando o S&P 500 começou a disparar ao longo da década de 1990, a eficácia da abordagem da Vanguard ficou ainda mais evidente. E, sem mais delongas, o que começou como um êxodo rápido, mas ordenado, dos fundos gerenciados ativamente para o fundo de índice da Vanguard transformou-se em uma literal *debandada* de investidores porta afora.

De fato, vamos dar outra olhada rápida no gráfico de algumas páginas atrás, que destacou o crescimento anêmico da Vanguard entre 1976 e 1987. Só que, dessa vez, ampliei o gráfico para que ele chegue até 2023.

Vanguard Index Trust 500 (VFINX)
1977 – 2023

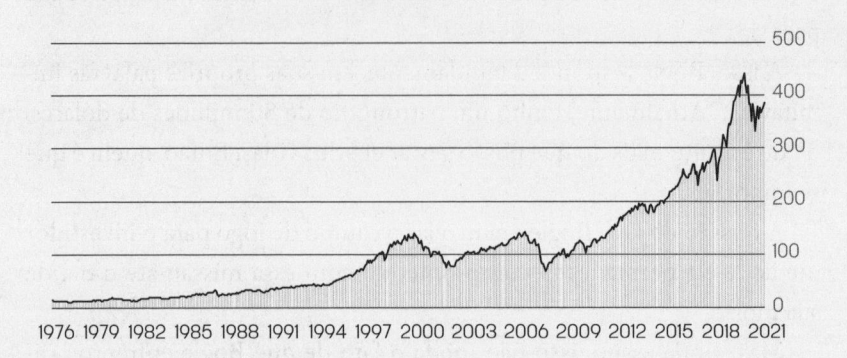

Quando, em 2008, Buffett anunciou sua aposta de 1 milhão de dólares, a ascensão da Vanguard tinha feito com que o setor de fundos mútuos passasse por um abalo sísmico, pontuado por quatro mudanças importantes.

1. As taxas caíram em mais de 50% (e continuam caindo até hoje). Atualmente, as taxas caíram mais de 80% em relação às alturas extravagantes em que se encontravam no auge do setor, em meados da década de 1970; no entanto, para que fique claro, isso não significa que você deva investir nesses fundos com gestão ativa hoje. Afinal, apesar das taxas significativamente mais baixas, quando você compara o desempenho de longo prazo desses fundos com o de um fundo de índice S&P 500 administrado de forma passiva, ele ainda é tão ruim quanto era no passado.
2. Em um exemplo clássico de "se não pode vencê-los, junte-se a eles", as maiores corretoras e provedores de fundos mútuos do setor foram forçados a aderir ao movimento de Bogle e oferecer uma versão *própria*, de baixo custo, de um fundo de índice S&P 500.
3. A internet moderna nasceu, permitindo que notícias sobre a insana proposta de valor da Vanguard se espalhassem como fogo em capim seco. Sem os intermediários para bloqueá-la, a Vanguard cresceu rapidamente e se tornou a segunda maior gestora de ativos do mundo,

atrás apenas da BlackRock, com mais de 8 trilhões de dólares em ativos atualmente sob gestão.
4. Como nunca cai sem lutar, Wall Street criaria um tipo novo e mais agressivo de fundo, no qual seus gerentes de dinheiro mais sofisticados poderiam exercer suas atividades para seus clientes mais ricos em um canto altamente secreto do ecossistema financeiro. Era um canto onde a capacidade de superar consistentemente o S&P 500 de alguma forma ainda existia magicamente, apesar de todas as evidências apontarem o contrário.

Não é de surpreender que, quando se pedia a esses gestores de fundos de elite que explicassem como conseguiam realizar um feito tão notável, eles se recusassem a fornecer qualquer detalhe, a não ser o fato de que ele envolvia um conjunto complexo de estratégias que eles chamavam coletivamente de *"hedging"* – cerca, barreira – para destacar sua capacidade de se proteger contra riscos em qualquer mercado.

Apropriadamente, Wall Street apelidou essa nova categoria de "fundos de *hedge*" e, em seguida, rapidamente começou a construir um setor inteiro em torno dela. Criaram heróis, vilões e personagens épicos, que capturaram a imaginação do público, como se fossem *rock stars* do mundo financeiro.

O setor de fundos de *hedge* era a própria fênix ressurgindo das cinzas do abalado setor de fundos mútuos, que tinha sido dizimado pelas mãos de Jack Bogle e sua recente invenção. Até mesmo o normalmente sério Paul Samuelson não pôde deixar de esfregar um pouco de sal nas feridas do setor de fundos mútuos. Em 2005, ele disse a uma plateia repleta de gerentes de fundos mútuos e vendedores do setor: "Eu coloco essa invenção de Bogle junto com a invenção da roda, do alfabeto, da prensa de Gutenberg, do vinho e do queijo".

A resposta da plateia?

Na maior parte do tempo, silêncio, além de alguns gemidos incômodos que vinham do fundo das vísceras da multidão que, ainda em estado de choque graças a Jack Bogle, tinha visto suas generosas taxas evaporarem diante de seus olhos. No final, a proposta de valor da Vanguard era simplesmente forte demais para ser negada e, exatamente como eles temiam, quando ela chegou ao conhecimento do público, seguiu-se rapidamente um êxodo em massa de investidores.

Somente o setor de fundos de *hedge* tinha saído ileso, embora isso estivesse prestes a mudar. Eles tinham provocado a ira do Oráculo de Omaha, que ficou tão furioso que denunciou o setor com sua aposta de 1 milhão de dólares.

Havia muito em jogo.

Os fundos de *hedge* foram o equivalente à Batalha de Little Bighorn[32] para os maiores paus de Wall Street, que haviam escapado do exército populista da Vanguard enquanto ele cortava as pernas de todo o setor de fundos mútuos. Mas não dava para os fundos de *hedge* fugirem do Oráculo de Omaha, que, apesar de sua natureza humilde, tinha o pau maior que todos.

Ele tinha lançado o desafio de forma bastante pública, e Ted Seides mordeu a isca com prazer. Em dez anos, a verdade seria revelada.

A aposta teve início em 1º de janeiro de 2008.

O vencedor sairia com muito mais do que apenas o direito de se gabar.

---

32. Uma das batalhas mais célebres nos conflitos entre indígenas e o exército dos Estados Unidos no século XIX, a Batalha de Little Bighorn resultou em vitória de uma coligação entre os povos cheyenne e sioux. [N.T.]

CAPÍTULO 10

A TRIFETA DE OURO

A ESTA ALTURA, VOCÊ COM CERTEZA sabe quem ganhou a aposta.

O Oráculo, é claro, e de lavada.

Na verdade, ele chutou a bunda do superconfiante "Ted *Dead* Seides" de uma forma tão severa que, além de simplesmente ganhar a aposta, aconteceram duas coisas inesperadas que comprovaram ainda mais o ponto de vista de Buffett em relação às taxas ultrajantes e ao desempenho geralmente desanimador do setor de fundos de *hedge*.

Primeiro, não foi necessário completar os dez anos para que Ted Seides jogasse a toalha e admitisse a derrota. No final do sétimo ano, ele tinha ficado tão para trás que se tornou matematicamente impossível ganhar a aposta; aí, em vez de enfrentar mais três anos de humilhação financeira, ele tentou bater em retirada com alguma honra no final de 2017. Infelizmente para Ted, não foi possível. A aposta tinha que durar dez anos completos para que o vencedor recebesse os lucros.

E, em segundo lugar, no final do décimo ano, a diferença nos resultados tinha aumentado tanto que, mesmo que a aposta tivesse sido baseada no desempenho puro – sem incluir as taxas cobradas de ambos os lados –, os fundos de *hedge* ainda teriam sido esmagados pelo S&P 500 por uma diferença impressionante de 30%.

As implicações desse fato eram estarrecedoras.

Se você se lembra, o objetivo original de Buffett ao fazer a aposta era chamar a atenção para as taxas ultrajantes cobradas pelos fundos de *hedge* e como elas tornavam *impossível* que esses fundos vencessem o mercado de forma consistente. Bem, isso é muito diferente de dizer que os administradores de fundos de *hedge* não conseguem superar o mercado *mesmo* sem cobrar nenhuma taxa.

Percebe a diferença? É *enorme*.

Mas os resultados foram cristalinos.

Portanto, vamos analisá-los com mais detalhes agora – começando pelo ano um, que, acredite ou não, foi de fato vencido por Ted Seides e seus cem fundos de *hedge*. Embora isso possa ser uma surpresa para você, quando se considera a aposta de uma perspectiva histórica, a vitória inicial de Ted Seides faz todo o sentido. Estou me referindo ao fato de que a aposta foi iniciada em 1º de janeiro de 2008, apenas três meses *após* a falência do Lehman Brothers, desencadeando o início da Crise Financeira Global.

O mercado de ações de todo o mundo estava despencando em valor à medida que o mercado imobiliário dos Estados Unidos estourava como um balão. Nenhum país foi poupado, inclusive os Estados Unidos, que criaram toda a bagunça e depois exportaram a situação para o resto do mundo.

Na verdade, era exatamente a isso que eu me referia no Capítulo 3 quando disse: "Nos últimos quarenta anos, a lula-vampira-do-inferno e o restante dos banqueiros de Wall Street levaram a Islândia à falência, quebraram a Noruega, dizimaram a Grécia e pilharam a Polônia". É claro que Wall Street não fez tudo isso à mão armada; eles fizeram a coisa convencendo esses países a comprar bilhões de dólares em hipotecas tóxicas que foram alavancadas de uma forma que as transformou em armas de destruição financeira em massa, com fusíveis temporizados que explodiram exatamente ao mesmo tempo: no terceiro trimestre de 2007.

O resultado?

O ano de 2008 foi terrível para o mercado de ações, o que deu aos fundos de *hedge* de Ted Seides uma chance de brilhar. Embora o S&P 500 tenha perdido 38,5% de seu valor, os fundos de *hedge* usaram o ponto forte de seu nome – *hedging*, ou cercar, proteger – para atenuar essas perdas de forma significativa.

Naquele ano, os fundos perderam uma média de apenas 24% de seu valor, o que colocou Seides 14,5% à frente do Oráculo.

Aí veio o segundo ano.

Da mesma forma que o Dow não levou 26 anos para se recuperar da Grande Depressão, o S&P 500 começou a voltar ao jogo – retomando sua lenta, constante e previsível escalada para cima, o que põe em destaque uma importante lição que você nunca deve esquecer: os mercados em baixa não costumam durar muito tempo.

Na verdade, esse é um dos maiores equívocos entre todos os investidores, tanto amadores quanto profissionais – de que os mercados em baixa são longos, lentos e demorados, levando um tempo dolorosamente longo para se resolverem.

Na realidade, acontece o oposto.

As quedas são geralmente acentuadas, severas e extremamente dolorosas, mas, quando você as compara com a ascensão lenta, constante e geracional do mercado de ações, elas não duram muito tempo. De fato, desde a assinatura do Acordo de Buttonwood em 1792, o aumento lento e constante do mercado de ações tem sido tão previsível quanto um relógio. Na tabela a seguir, você verá exatamente o que quero dizer.

Mercado em baixa			Mercado em alta		
Início	Fim	Qtde. meses	Início	Fim	Qtde. meses
Jan. 1900	Jan. 1901	12	Jan. 1901	Set. 1902	20
Out. 1902	Set. 1904	23	Set. 1904	Jun. 1907	33
Jun. 1907	Jul. 1908	12	Jul. 1908	Jan. 1910	18
Fev. 1910	Fev. 1912	24	Fev. 1912	Fev. 1913	12
Fev. 1913	Jan. 1915	22	Jan. 1915	Set. 1918	43
Set. 1918	Abr. 1919	6	Abr. 1919	Fev. 1920	9
Fev. 1920	Ago. 1921	17	Ago. 1921	Maio 1923	21
Jun. 1923	Ago. 1924	14	Ago. 1924	Out. 1926	26
Nov. 1926	Dez. 1927	13	Dez. 1927	Set. 1929	21
Set. 1929	Abr. 1933	43	Abr. 1933	Maio 1937	49
Jun. 1937	Jul. 1938	13	Jul. 1938	Fev. 1945	79
Mar. 1945	Nov. 1945	8	Nov. 1945	Nov. 1948	36
Dez. 1948	Nov. 1949	11	Nov. 1949	Ago. 1953	45
Ago. 1953	Jun. 1954	9	Jun. 1954	Set. 1957	39
Set. 1957	Maio 1958	7	Maio 1958	Maio 1960	23
Maio 1960	Mar. 1961	9	Mar. 1961	Jan. 1970	105
Jan. 1970	Dez. 1970	10	Dez. 1970	Dez. 1973	36
Dez. 1973	Abr. 1975	15	Abr. 1975	Jan. 1980	57
Fev. 1980	Ago. 1980	6	Ago. 1980	Ago. 1981	12
Ago. 1981	Dez. 1982	15	Dez. 1982	Jul. 1990	91
Ago. 1990	Abr. 1991	8	Abr. 1991	Abr. 2001	119
Abr. 2001	Dez. 2001	8	Dez. 2001	Jan. 2008	72
Jan. 2008	Jul. 2009	17	Jul. 2009	Mar. 2020	127
Mar. 2020	Maio 2020	1	Maio 2020	Dez. 2022	30

Média do mercado em baixa (meses) = 13   Média do mercado em alta (meses) = 47

A tendência de longo prazo é evidente.

A marcha para cima do mercado de ações, lenta e constante, foi pontuada por uma série de quedas severas e acentuadas, mas de duração muito mais curta.

Portanto, com isso em mente, não deve ser surpresa para você que, do segundo ano em diante, quem venceu cada um deles foi o Oráculo de Omaha e seu fundo indexado simplesinho[33]. De fato, ao final do décimo ano, o 500 Index Fund Admiral Shares da Vanguard teve um retorno geral de 125,9% após todas as taxas e despesas, enquanto os fundos de *hedge* de Ted Seides tiveram um retorno líquido geral de apenas 36%.

A diferença de desempenho: 89,9%.

Além disso, avassaladores 60% de todo o lucro gerado pelos fundos de *hedge* foram destinados ao pagamento das taxas dos próprios administradores dos fundos de *hedge* ou ao bolso de Ted Seides. Em outras palavras, *tanto* Ted Seides *quanto* os administradores de fundos receberam milhões em compensação por fazerem um trabalho *desastroso* desses – mesmo que não tivessem recebido um único centavo em taxas, *ainda* assim teriam perdido a aposta por uma margem de 29,9%.

Pior ainda, como as taxas eram cobradas no final de cada ano, isso diminuía significativamente o impacto da capitalização composta no longo prazo, o que fazia com que o desempenho dos fundos fosse ainda mais prejudicado. Por exemplo, durante o período de dez anos, o Vanguard teve uma média de 7,1% de retorno anual composto, enquanto os fundos de *hedge* tiveram uma média de apenas 2,2% de retorno.

Em termos práticos, isso significava que, a cada ano, a conta do Vanguard de Buffett crescia em média 7,1%, o que lhe dava 7,1% a mais de dinheiro para investir no ano seguinte. Isso criava um potencial ainda maior de crescimento do lucro, além de dividendos trimestrais mais altos.

Assim, quando a aposta enfim terminou, em 2018, o 1 milhão de dólares investido nos fundos escolhidos por Seides teve um ganho de apenas 220 mil dólares, enquanto o 1 milhão de dólares investido no Vanguard teve um ganho de 854 mil dólares. Essa enorme diferença foi

---

33. A única exceção à vitória de Buffett em todos os anos seguintes foi o ano número cinco, um empate estatístico, com ambos os lados retornando aproximadamente 12,5%.

resultado de três forças importantes que trabalharam lado a lado para criar um resultado extraordinário.

1. O forte ROI médio histórico do S&P 500.
2. As taxas extremamente baixas da Vanguard.
3. O poder da capitalização composta no longo prazo.

Ao tirar vantagem dessas três forças poderosas, você pode pegar até mesmo uma pequena quantia de dinheiro e transformá-la em um pé-de-meia gigantesco ao longo do tempo – e a palavra-chave aqui é "tempo".

Veja bem, o tempo é o importantíssimo fator que faz com que a capitalização funcione de forma aparentemente mágica, apesar de não ter nada de mágico. É só matemática básica.

Um exemplo clássico disso é o antigo experimento mental em que você pega uma moeda de um centavo e a duplica todos os dias e, em trinta dias, você se torna um milionário. Na verdade, eu me lembro da primeira vez que ouvi isso. Eu não acreditava, então peguei caneta e papel e fiz as contas.

Quando cheguei ao décimo dia, disse a mim mesmo: "Isso não funciona. A conta deu só 10 dólares e já passou um terço do tempo. Como que isso vai chegar a 1 milhão de dólares?". E, quando cheguei ao 20º dia, fiquei ainda *mais* confiante de que não funcionaria.

Eu disse a mim mesmo: "Isso é um absurdo completo! Faltam apenas dez dias, e a conta está em 5 mil dólares. *Não tem como* chegar a 1 milhão de dólares!".

Então, algo incrível aconteceu.

No caminho entre o 20º e o 30º dia, o número começou a subir vertiginosamente.

Nunca vou me esquecer do que vi.

Dia 1:	US$ 0,01	Dia 11:	US$ 10,24	Dia 21:	US$ 10.485,76
Dia 2:	US$ 0,02	Dia 12:	US$ 20,48	Dia 22:	US$ 20.971,52
Dia 3:	US$ 0,04	Dia 13:	US$ 40,96	Dia 23:	US$ 41.943,04
Dia 4:	US$ 0,08	Dia 14:	US$ 81,92	Dia 24:	US$ 83.886,08
Dia 5:	US$ 0,16	Dia 15:	US$ 163,84	Dia 25:	US$ 167.772,16
Dia 6:	US$ 0,32	Dia 16:	US$ 327,68	Dia 26:	US$ 335.544,32
Dia 7:	US$ 0,64	Dia 17:	US$ 655,36	Dia 27:	US$ 671.088,64
Dia 8:	US$ 1,28	Dia 18:	US$ 1.310,72	Dia 28:	US$ 1.342.177,28
Dia 9:	US$ 2,56	Dia 19:	US$ 2.621,44	Dia 29:	US$ 2.684.354,56
Dia 10:	US$ 5,12	Dia 20:	US$ 5.242,88	Dia 30:	US$ 5.368.709,12

Fiquei de queixo caído.

Devo ter repetido o exercício umas dez vezes para tentar descobrir qual era o truque. Mas não tinha truque nenhum. Era só a minha primeira experiência com o crescimento composto, que pode pegar até mesmo a menor quantia de dinheiro e transformá-la em milhões de dólares.

Até mesmo o grande Albert Einstein ficou tão intrigado com a estranha maneira como essa capitalização composta parecia aumentar lentamente e, de repente, disparar feito um foguete, que se referiu a ela como a Oitava Maravilha do Mundo. Sua frase célebre: "Aquele que entende os juros compostos os ganhará para sempre; aquele que não os entende os pagará para sempre".

Ele estava 100% correto – em *ambos* os casos.

1. A capitalização composta é incrivelmente poderosa.
2. E ela pode ter dois lados, trabalhando a seu favor ou contra você.

Por exemplo, você já se perguntou por que as empresas de cartão de crédito estão tão dispostas a permitir que você *não* pague o saldo total no final do mês? Na verdade, elas estão *rezando* para você não pagar.

Por quê? Porque os juros sobre os saldos não pagos do cartão de crédito são compostos diariamente.

Em outras palavras, ao final de cada dia, os juros do dia anterior são *somados* a todo o saldo não pago com mais de trinta dias, tornando-o ligeiramente maior, o que faz com que o pagamento de juros do dia *seguinte* também seja *ligeiramente* maior. É assim que o processo começa – de forma lenta e insidiosa. Em pouco tempo, porém, você está coçando a cabeça e se perguntando como diabos pode estar devendo tanto dinheiro nos cartões de crédito se faz mais de um ano que não compra nem um par de meias novas!

É o temido efeito bola de neve – rolando lentamente montanha abaixo, juntando um pouco mais de neve a cada volta, o que aumenta o tamanho da bola de neve e lhe dá uma área de superfície ligeiramente maior para coletar uma quantidade ligeiramente maior de neve na próxima rolada. Em um primeiro momento, não é nada demais. Como a bola de neve começou muito pequena, é preciso rolar um pouco até que você comece a notar uma diferença. Mas então, aparentemente *de uma vez só*, a coisa cresceu tanto que pode derrubar qualquer coisa em seu caminho, inclusive você.

Isso é o que acontece quando você está do lado errado dos juros compostos. Antes que se dê conta, você está falido, duro e perplexo sobre como deixou suas finanças saírem tanto do controle. Na realidade, porém, não foi preciso muito – apenas a certeza matemática dos juros compostos de longo prazo fazendo sua mágica maligna contra você.

É claro que, como Einstein *também* observou, com a mesma facilidade os juros compostos podem trabalhar massivamente a seu favor. Para isso, há três variáveis-chave que permitirão que você tire total proveito do poder da capitalização composta de longo prazo e transforme até mesmo um pequeno investimento inicial em um pé-de-meia gigantesco.

1. **O ROI anual do seu portfólio**: há uma relação direta entre o ROI anual de seu portfólio e a taxa de capitalização composta. Especificamente, um aumento no ROI causa um aumento na taxa de capitalização composta, e uma diminuição no ROI causa uma diminuição na taxa de capitalização composta. No caso de Ted Seides, seu ROI médio de 2,2% era tão desanimador que quase anulou completamente o impacto da capitalização composta. Por outro lado, o ROI médio de 7,2% de Buffett era mais do que suficiente para, no longo prazo, alimentar uma capitalização composta significativa.

2. **Seu horizonte temporal**: quanto mais longo for o período de capitalização composta, mais poderoso será o resultado. Após um período de tempo suficiente, atinge-se o chamado "limiar do estágio final". Trata-se do ponto em que a curva do seu investimento começa a se tornar uma parábola. Com um fundo de índice S&P 500, o limiar do estágio final começa por volta do 25º ano e se intensifica dramaticamente depois disso. Por exemplo, em trinta anos, meros 10 mil dólares de investimento valeriam mais de 365 mil dólares e, em quarenta anos, valeriam 1,2 milhão de dólares.[34]

---

34. Esse cálculo pressupõe o reinvestimento dos dividendos e que o S&P 500 manterá seu ROI médio histórico dos últimos cem anos, de 11,89%.

3. **O compromisso de fazer contribuições adicionais:** fazer contribuições regulares para um portfólio de investimentos que *já* está passando pelos benefícios da capitalização composta é como jogar gasolina na fogueira. No jargão de Wall Street, o processo de adicionar regularmente uma pequena soma de dinheiro a uma posição existente é chamado de *dollar-cost averaging*, ou custo médio em dólar. Quando você aplica esse processo a um ativo como um fundo de índice S&P 500, que tem se capitalizado de modo composto consistentemente a uma taxa média de 11,89% ao ano, o impacto financeiro é nada menos que espantoso. Usando o mesmo exemplo acima, se você simplesmente adicionar 100 dólares por mês ao seu investimento original de 10 mil dólares, em trinta anos, em vez dos 365 mil dólares, você terá 723 mil dólares e, em quarenta anos, terá 2,4 milhões de dólares em vez de 1,2 milhão de dólares. Aqui reside o verdadeiro poder da *trifeta de ouro*.

4. **A trifeta de ouro:**
    - O retorno médio histórico do S&P 500 de 10,3% ao ano.
    - O poder da capitalização composta de longo prazo.
    - Fazer contribuições adicionais em dinheiro regularmente.

Lembre-se sempre de que, como a capitalização composta leva um intervalo de tempo significativo para expressar totalmente seu poder – com a grande maioria do lucro ocorrendo no limiar do estágio final –, pode ser difícil imaginar que tudo isso vai mesmo funcionar se você tiver só uma pequena quantia de dinheiro para investir. Portanto, em vez de seguir essa estratégia comprovada, você pode ficar tentado a recorrer à mais nova dica sobre ações para tentar ficar rico rapidamente ou ser sugado pelo uso de alavancagem e acabar perdendo tudo.

Essa é uma das principais razões pelas quais as pessoas *têm dificuldades* financeiras durante toda a vida e são continuamente convencidas a fazer investimentos que não lhes dão nenhuma vantagem. Como resultado, elas não conseguem sustentar suas famílias da maneira como poderiam e, por fim, não conseguem se aposentar com conforto e dignidade.

Mas isso não precisa ser assim, pelo menos não mais.

Você pode retomar o controle do seu futuro financeiro e garantir uma vida melhor para você e sua família. E tudo começa com o filhote cerebral de Jack Bogle – o fundo de índice S&P 500 sem carga e de baixo custo –, que permite que até mesmo o menor investidor aproveite o poder irreprimível da trifeta de ouro, combinando o poder coletivo das quinhentas maiores, mais fodonas e mais lucrativas empresas dos Estados Unidos.

De fato, no momento em que você compra ações de qualquer fundo do índice S&P 500, quatro coisas incríveis acontecem instantaneamente.

1. Você se torna proprietário de parte de cada uma das quinhentas empresas de capital aberto que atualmente compõem o índice.
2. Seu portfólio se torna diversificado, cobrindo todos os principais setores que atualmente impulsionam a economia dos Estados Unidos.
3. Seu portfólio se torna *globalmente* diversificado, já que o índice é dominado por empresas multinacionais que operam em todo o mundo e obtêm 30% de sua receita no exterior.
4. Você tem os 32 mil funcionários da Standard & Poor's trabalhando em seu nome para garantir que todas as empresas atualmente no índice mereçam permanecer nele.

E quanto custa para você esse acordo extremamente lucrativo?

Bem, isso depende do fundo de índice que você escolher, mas, se você optar pelo 500 Index Fund Admiral Shares, da Vanguard, o que eu recomendo fortemente, a taxa anual é de 0,04% do seu investimento total.

Em termos de dólares, isso significa que para cada 10 mil dólares investidos, você pagará uma taxa anual de 4 dólares. Isso mesmo – *quatro pratas*.

Parece bom demais para ser verdade, certo?

De fato, parece. Mas, por incrível que pareça, é verdade.

E, na verdade, fica ainda melhor.

Quando você tem a "posse do índice", não se trata apenas de um monte de números e letras que passam pela tela do seu computador; você tem direito a uma participação real nos lucros, por menor que seja, das quinhentas empresas mais lucrativas dos Estados Unidos. Coletivamente, elas representam trilhões de dólares em valor, incluindo bilhões de equipamentos, estoques, patentes, direitos autorais, marcas registradas, processos proprietários e cadeias de suprimentos estabelecidas que permitem que matérias-primas e produtos acabados percorram o mundo inteiro de forma econômica.

Em seguida, temos os vastos *recursos humanos* que essas empresas reuniram meticulosamente como resultado de incontáveis décadas de recrutamento e seleção de pessoal. Por exemplo, neste momento, as quinhentas empresas que compõem o índice empregam coletivamente mais de 32 milhões de pessoas em 150 países. Muitas dessas pessoas têm diplomas avançados e treinamento especializado, e substituí-las custaria milhões de dólares e levaria anos, se é que seria possível, dado o valor incalculável de sua experiência combinada, tanto individualmente quanto em equipe.

Dia após dia, esse exército global sai para trabalhar em seu nome, cada pessoa fazendo parte de uma máquina bem lubrificada, projetada para aumentar os lucros e gerar valor para os acionistas, o que, em última análise, se reflete no preço das ações da empresa e no tamanho de seus dividendos.

Mas isso é só o começo.

Além de todo o trabalho árduo e da genialidade que o índice representa, um dos principais atributos do S&P 500, e o que o tornou um investimento tão confiável nos últimos cem anos, é o fato de que as empresas que o compõem continuam a mudar com o tempo.

Vamos ver como isso funciona.

O Comitê do Índice S&P se reúne uma vez por trimestre para garantir dois resultados cruciais.

1. Que cada uma das quinhentas empresas que atualmente compõem o índice continue a ser a melhor escolha para o setor econômico que está representando.
2. Que cada um dos setores econômicos – dez deles no total – seja adequadamente ponderado em relação à composição atual da economia dos Estados Unidos.

Por exemplo, quando o índice foi lançado em 1957, sua composição estava extremamente carregada em relação aos setores industriais, que, à época, somavam 425 do total de quinhentas empresas, enquanto os setores de saúde, financeiro e tecnologia da informação eram representados, juntos, por apenas dezessete empresas.

Hoje, é claro, a ponderação do índice é quase exatamente o oposto, com os três maiores setores sendo tecnologia da informação, serviços financeiros e saúde, e as empresas do setor industrial, antes dominantes, agora no estrato inferior do grupo. Em seguida, no meio, você tem todas as empresas de produtos de consumo – divididas em produtos *básicos* de consumo e produtos de consumo *discricionário* –, e então há empresas de energia, imóveis, serviços públicos e materiais na parte inferior.

Em termos práticos, quando uma empresa cai em desgraça financeira ou se torna um representante menos relevante de seu setor econômico, o comitê do índice a substitui por uma empresa mais relevante do mesmo setor. Afinal, não faria muito sentido que o maior fabricante de cavalos e charretes do país ainda fizesse parte do índice atual, assim como não faria sentido que o índice tivesse um peso maior no setor industrial depois de os Estados Unidos passarem os últimos quarenta anos exportando sua base de fabricação para a China e outros países.

Em essência, quando você compra o S&P 500, está apostando no sucesso geral da economia dos Estados Unidos, que provou ser uma das apostas mais confiáveis da história econômica.

De fato, apesar de todos os seus defeitos e falhas, é uma economia que se mostrou extremamente resiliente e que serve como um farol para o resto do mundo. Você mesmo pode ver o desempenho de longo prazo do S&P 500 em um gráfico que remonta ao início do índice, em 1923, quando ele era publicado apenas uma vez por semana. Imprima e cole esse gráfico em uma parede, dê alguns passos para trás e veja rapidamente a tendência óbvia de longo prazo: para cima.

Na verdade, vou poupar você desse trabalho. Aí vai o gráfico.

Histórico de negociações do S&P 500
1923 – 2023

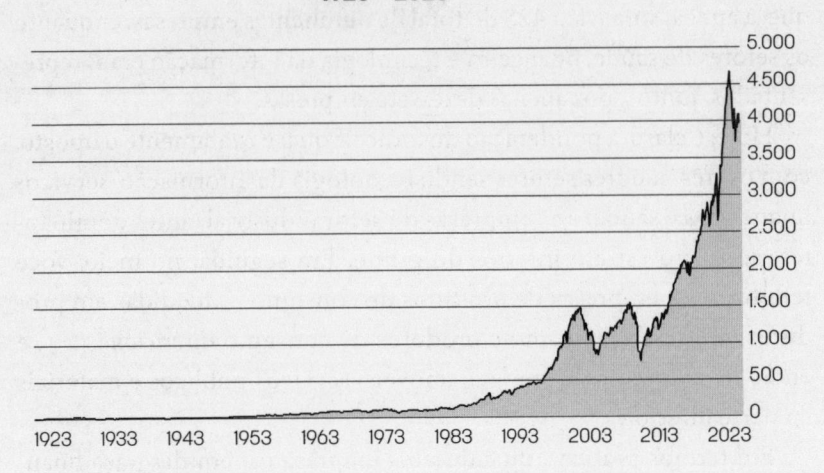

Warren Buffett resumiu tudo *perfeitamente* na carta anual aos acionistas da Berkshire Hathaway de 2017. Em resposta ao fato de Ted Seides ter jogado a toalha, ele escreveu:

> Ao longo dos anos, muitas vezes me pediram conselhos sobre investimentos e, no processo de responder, aprendi muito sobre o comportamento humano. Minha recomendação regular tem sido um fundo de índice S&P 500 de baixo custo. Para crédito deles, meus amigos que possuem apenas recursos modestos geralmente seguiram minha sugestão.
>
> Acredito, entretanto, que nenhum dos indivíduos, instituições ou fundos de pensão megarricos tenha seguido esse conselho. Em vez disso, esses investidores agradecem educadamente por meus conselhos e partem para ouvir o canto da sereia de um gerente que cobra altas taxas ou, no caso de muitas instituições, vão procurar outra espécie de hiper-ajudante chamado "consultor".

No final, o conselho de Buffett pode ser resumido em quatro perguntas simples que todo investidor deve fazer a si mesmo antes de considerar a possibilidade de deixar um "especialista" administrar seu dinheiro:

1. Qual é o ROI anual que posso razoavelmente esperar obter se eu mesmo administrar meu dinheiro?
2. Qual é o aumento esperado em meu ROI anual se eu deixar um "especialista" administrar meu dinheiro?
3. Quanto esse suposto especialista me cobrará por seus serviços de consultoria?
4. Quando eu deduzo os honorários do especialista de seu "suposto" aumento no ROI, faz sentido deixá-lo administrar meu dinheiro?

Vamos examinar as respostas uma a uma.

1. **Qual ROI anual você pode esperar obter se administrar seu próprio dinheiro?** Agora que você conhece o maior macete de investimento do mundo, seria razoável esperar que o S&P 500 continue a ter o mesmo desempenho dos últimos cem anos, ou seja, você pode esperar um ROI médio de aproximadamente 10,33%.
2. **Qual é o aumento esperado no ROI anual com a contratação de um suposto especialista?** Eis uma estatística preocupante: em um determinado ano, apenas 25% dos fundos gerenciados ativamente superam seu índice de referência e, em um período de dez anos, não apenas quase nenhum deles supera seu índice de referência, mas também qualquer fundo capaz de realizar esse feito milagroso não estaria disponível para um investidor médio.
3. **Quanto esse suposto especialista cobrará por seus serviços de consultoria?** *Demais*, considerando a resposta acima.
4. **Quando eu deduzo os honorários do especialista do "suposto" aumento no ROI, faz sentido deixá-lo administrar meu dinheiro?** *De jeito nenhum!*

Entendeu?

Presumo que sim, *agora*.

Na verdade, a esta altura do livro, isso já deveria estar bem claro para você.

Entretanto, antes de você começar a leitura, provavelmente não estava tão claro.

Afinal de contas, o Complexo de Máquinas de Taxas de Wall Street faz um excelente trabalho de lavagem cerebral nos investidores, levando-os a pensar que o investimento ativo é o melhor caminho a seguir – que eles devem permanecer na mesa, bancando os otários do jogo e sendo lentamente tosquiados como uma ovelhinha.

Mas agora que você está ciente do maior macete de investimento do mundo, por que pensaria em dar ouvidos ao Complexo de Máquinas de Taxas de Wall Street e suas besteiras que só ajudam a ele mesmo? Em outras palavras, por que você – ou, na verdade, qualquer investidor em sã consciência – consideraria pagar a um "expert" para administrar seu dinheiro quando você mesmo pode fazer um trabalho muito melhor simplesmente aplicando-o em um fundo de índice sem carga que acompanha o S&P 500?

Ninguém faria isso, certo? E você também não deveria!

Mas, mais uma vez, *antes* de você ler este livro, pode ter havido uma razão legítima para deixar um "especialista" administrar seu dinheiro. Afinal, se você não estivesse ciente do maior macete de investimento do mundo, provavelmente teria obtido retornos muito ruins.

De fato, nos últimos trinta anos, os investidores *ativos* tiveram um retorno médio anual de apenas 4,0%, enquanto o S&P 500 teve uma média de 11,86%. Além disso, no gráfico a seguir, você pode ver como, mesmo em *seus melhores* anos, os investidores "ativos" não chegam nem *perto* dos retornos "passivos" resultantes do investimento em um fundo de índice S&P 500 de baixo custo.

Retorno ao investidor de fundos de ações *versus* S&P 500
Retorno total anual (exceto para o ano 1)

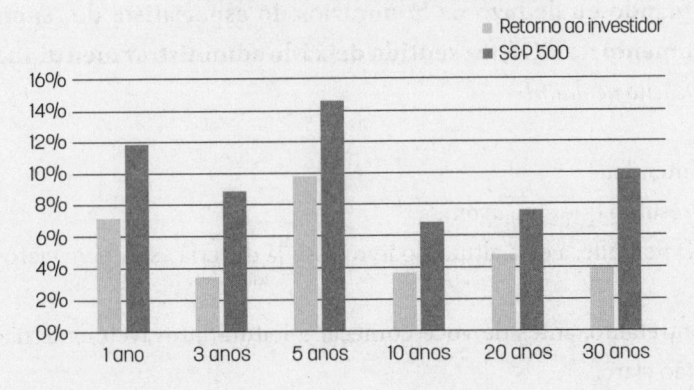

Quando se acrescenta o poder da capitalização composta de longo prazo, esses 7,86% extras podem resultar em uma diferença que mudará sua vida – desde que você tenha paciência para aguardar o limiar do estágio final, momento em que o valor em dólares de seu portfólio começa a decolar de verdade.

Especificamente, com um ROI anual médio de 10,33%, levará pouco mais de 22 anos para atingir o limiar do estágio final e experimentar um crescimento exponencial. Isso não quer dizer que você não receba os benefícios financeiros dos 7,86% extras ao longo do caminho. O que quero dizer é que leva um tempo significativo para transformar uma quantia relativamente pequena de dinheiro em um gigantesco pé-de-meia. Você precisa ser paciente e ter confiança no fato de que, se simplesmente ficar parado e não fizer nada, o poder da capitalização composta pode fazer sua mágica financeira e torná-lo rico.

Só tem um pequeno problema nisso.

Por natureza, os seres humanos *não* são criaturas passivas; somos criaturas ativas, geneticamente programadas para interagir com o ambiente ao nosso redor a fim de obter as coisas que queremos e melhorar nossos resultados. Esse instinto para ser *ativo* está gravado em nosso DNA e nos serviu muito bem nos últimos sessenta mil anos.

De fato, como disse o grande general Aníbal em 218 a.C., "Ou encontramos um caminho ou criamos um caminho!". Na época, ele estava se referindo à travessia dos Alpes nas costas de elefantes para lançar um ataque surpresa a Roma. Seus conselheiros militares achavam que isso era impossível, mas ele pensava diferente. Ele sabia que os seres humanos são capazes de resolver praticamente qualquer problema em que pensem, desde que estejam dispostos a agir massivamente.

Hoje em dia, a citação de Aníbal é um elemento básico no circuito de palestras motivacionais – destacando a importância de agir para atingir seus objetivos. É uma premissa com a qual concordo plenamente e que ensino em meus próprios eventos. Entretanto, há uma grande exceção a essa regra inabalável: os *investimentos*.

Nesse caso, agir demais é um desastre infernal.

Claro, isso não quer dizer que o investimento ativo nunca levará a algo positivo. De vez em quando, um investidor fará um golaço e sentirá uma enorme descarga de dopamina, juntamente com sua recompensa financeira. Mas, infelizmente, ele passará os vinte anos seguintes buscando sentir de novo essa onda de dopamina enquanto perde todos os seus lucros e *mais* alguns no processo.

O ponto principal é o seguinte: quando se trata de investimento, simplesmente não há justificativa para atividade excessiva. Embora *algum* nível de ação seja claramente necessário – você precisa organizar suas contas, escolher os fundos de índice corretos, fazer um planejamento tributário adequado e tomar algumas outras medidas periódicas que apresentarei em breve –, quanto mais você for além do básico, piores serão seus resultados.

Paul Samuelson provou esse mesmo ponto com sua tese vencedora do Prêmio Nobel: a já comentada hipótese da eficiência do mercado (em inglês, *efficient market hypothesis*, ou EMH). Em essência, com ações negociadas em uma bolsa de valores bem desenvolvida, como a NYSE, a NASDAQ ou qualquer outro dos principais mercados do mundo, todas as informações relevantes já estão disponíveis e, portanto, são levadas em conta no preço de cada ação. Isso torna a escolha individual de ações, enquanto esforço para superar o mercado, algo extraordinariamente difícil até mesmo para os investidores mais bem-sucedidos do mundo. Na maioria das vezes, a negociação de curto prazo e a movimentação constante de ativos causam mais danos do que benefícios, fazendo com que um fundo de índice passivo e de baixo custo seja um investimento muito melhor no longo prazo.

Então aqui está uma pergunta óbvia: já que foi provado sem sombra de dúvida que o excesso de atividade leva a um ROI reduzido, por que ainda há tanto excesso de atividade sendo recomendado por Wall Street?

A resposta é óbvia: porque isso enche o bolso deles.

No caso dos fundos de *hedge*, a motivação por trás da sua atividade excessiva é clara e compreensível: ela é necessária para justificar a própria existência deles. Afinal, como um gestor de fundo de *hedge* poderia explicar a um investidor que acabou de receber uma taxa de administração de 2% e um bônus de desempenho de 20% quando tudo o que fez foi comprar o S&P 500 e reinvestir os dividendos?

Não dá. Eles seriam linchados e, depois, demitidos.

No caso dos corretores de ações, a motivação é um pouco diferente. Ela se baseia na relação direta entre o excesso de atividade de negociação de curto prazo e o aumento das comissões, que é a principal forma de remuneração dos corretores de ações. O nome disso é *churning*, e ele acontece porque os interesses do corretor e os interesses do cliente não estão bem alinhados. Adivinhe quem geralmente ganha no final: o corretor.

Agora, só para esclarecer, não estou dizendo que todo gestor de fundos e corretor que negocia em curto prazo faz isso por interesse próprio. Em muitos casos, tenho certeza de que os corretores e os administradores de fundos acreditam genuinamente que todas as suas compras e vendas são vantajosas para seus clientes e resultarão em um desempenho acima da média. Mas, no final, é tudo uma ilusão, porque eles não conseguem escapar da realidade matemática da hipótese da eficiência do mercado e de como é extremamente raro que um gestor de fundos consiga superar o mercado de forma consistente.

PARA QUE FIQUE CLARO, a tendência rumo ao investimento passivo já começou.

Nos últimos vinte anos, *tem havido* um movimento drástico, das estratégias de investimento ativo, com suas taxas incrivelmente altas e retornos abaixo da média, em direção aos fundos de índice passivos e seus retornos médios de longo prazo e taxas incrivelmente *baixas*.

O gráfico a seguir demonstra isso com clareza.

Investimentos passivos detêm 53,8% do mercado doméstico de ações nos Estados Unidos

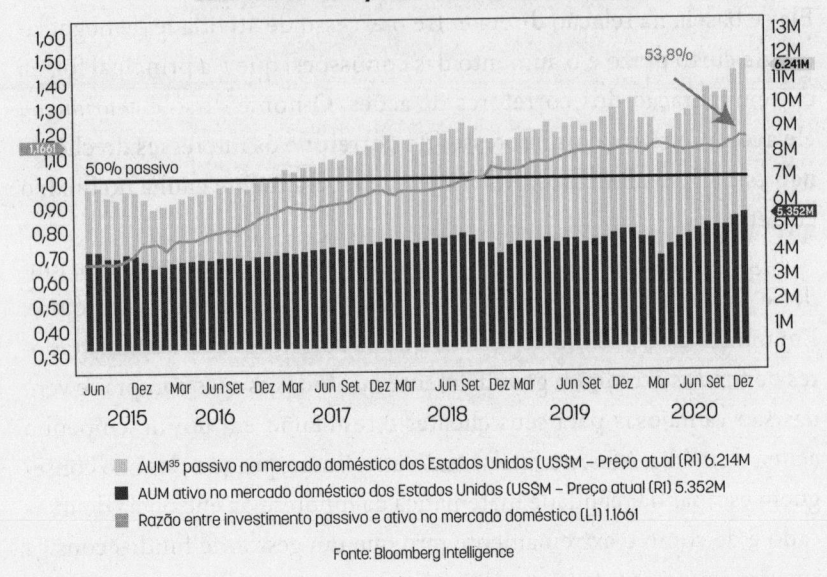

- AUM[35] passivo no mercado doméstico dos Estados Unidos (US$M – Preço atual) (R1) 6.214M
- AUM ativo no mercado doméstico dos Estados Unidos (US$M – Preço atual) 5.352M
- Razão entre investimento passivo e ativo no mercado doméstico (L1) 1.1661

Fonte: Bloomberg Intelligence

Atualmente, aproximadamente 25% de todas as ações em circulação das empresas que compõem o S&P 500 são de propriedade de fundos de índice, em comparação com 3% em 2000, e agora há dezenas de opções para escolher. E, de novo, graças ao incessante evangelismo financeiro de Jack Bogle, praticamente todos os grandes provedores de fundos oferecem sua própria versão de um fundo de índice de baixo custo que acompanha não apenas o desempenho do S&P 500, mas também de outros índices bem conhecidos. Por exemplo, grandes provedores de fundos, como Vanguard, BlackRock, Fidelity e Charles Schwab, oferecem milhares de fundos de índices diferentes que acompanham tudo, desde ações de alta capitalização até ações de baixa capitalização, títulos do governo, mercados emergentes, todos os tipos de *commodities*, setores econômicos importantes e tudo mais.

De modo geral, você encontrará esses fundos estruturados em uma de duas maneiras:

---

35. *Assets Under Management*, ou ativos sob gestão. [N.T.]

1. Como fundos mútuos.
2. Como fundos negociados em bolsa, ou ETFs, para abreviar.

Ambos são bastante semelhantes, no sentido de que são títulos de investimento agrupados que permitem diversificar instantaneamente dentro de uma determinada classe de ativos por meio de uma simples transação.

Entretanto, com um fundo mútuo, você pode comprar ou vender cotas somente por meio da empresa de investimento que o emitiu, enquanto um ETF é negociado em uma bolsa de valores centralizada e pode ser comprado e vendido da mesma forma que as ações.

Por exemplo, no caso da Vanguard (que oferece fundos mútuos e ETFs), se você quiser comprar cotas de um de seus fundos mútuos, a transação terá de passar pela Vanguard Brokerage Services, mesmo que você tenha um corretor que não trabalhe na Vanguard. Nesse caso, seu corretor teria que ir até a Vanguard e executar a transação em seu nome (e provavelmente lhe cobrar uma comissão no processo). Por outro lado, se você fosse comprar cotas de um dos ETFs da Vanguard, seu corretor poderia ir diretamente à bolsa de valores e executar a transação, quer seu corretor trabalhe na Vanguard quer não.

Além disso, como as cotas de um ETF são negociadas abertamente no mercado, o preço varia durante todo o dia de negociação, e as cotas podem ser compradas ou vendidas enquanto o mercado estiver aberto. Um fundo mútuo, em contrapartida, só pode ser comprado ou vendido depois de o mercado fechar e o valor patrimonial líquido (NAV) ser calculado por sua respectiva empresa de investimento.

Com poucas exceções, qualquer uma das estruturas funcionará igualmente bem para você, embora a simplicidade de poder comprar e vender um ETF da mesma forma que você executa qualquer outra negociação de ações os tenha tornado extremamente populares entre os investidores. De fato, desde que os ETFs foram lançados em 1993, seu crescimento tem sido nada menos que meteórico.

Ativos de ETFs passam os fundos mútuos em 2024

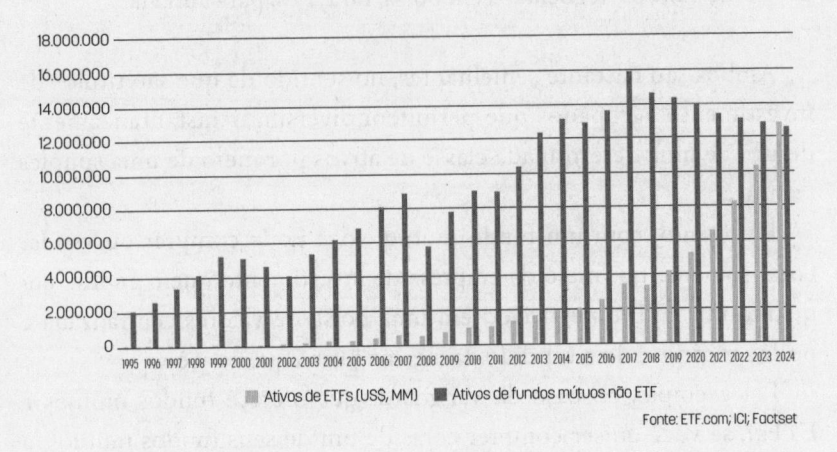

■ Ativos de ETFs (US$, MM)   ■ Ativos de fundos mútuos não ETF

Fonte: ETF.com; ICI; Factset

Em última análise, seja qual for a estrutura que você acabar adotando, há quatro pontos principais a serem considerados ao se escolher um fundo de índice.

1. **Taxa de despesas:** como todos os fundos de índice S&P 500 terão desempenho semelhante, o principal fator determinante do retorno líquido de um fundo serão suas despesas. Como regra geral, a taxa de despesas de um fundo de índice deve ser extremamente baixa – quase insignificante, na verdade –, uma vez que as taxas são destinadas apenas à manutenção geral do fundo, e não a um gestor de fundos altamente remunerado que está tentando superar o mercado.

2. **Investimento mínimo exigido**: isso é importante tanto para o investimento inicial quanto para os investimentos subsequentes no fundo. Lembre-se de que, para aproveitar o poder da trifeta de ouro, o ideal é continuar a aumentar sua posição ao longo do tempo, portanto, é preciso garantir que qualquer exigência de investimento mínimo esteja dentro do seu orçamento.

3. **Outros produtos financeiros oferecidos**: embora um fundo de índice S&P 500 *deva* compor a maior parte de seu portfólio de investimentos, ele não deve ser 100% dele. Dependendo da sua situação, normalmente haverá duas ou três outras posições-chave importantes

a serem mantidas para maximizar seus retornos e reduzir ainda mais o risco.[36] Nesse sentido, é altamente vantajoso escolher um provedor de fundos que ofereça uma ampla gama de produtos de investimento para ajudar a completar seu portfólio.

4. **Histórico**: isso tem a ver com a data de início de um fundo, não com seu desempenho, que deve ser idêntico ao de todos os outros fundos de índice que acompanham o S&P 500. Quanto mais tempo um fundo já estiver disponível para o público, mais confiável ele será, embora um fundo relativamente novo oferecido por um provedor de fundos bem estabelecido ainda possa ser uma opção bem segura.

Qual das duas estruturas é mais adequada para você?

A resposta é: depende dos seus objetivos de investimento.

Para captar todo o poder da trifeta de ouro, a estrutura dos fundos mútuos leva uma ligeira vantagem sobre os ETFs por dois motivos:

1. Fundos mútuos permitem que você compre cotas fracionárias, o que facilita a participação no tipo de custo médio em dólar mensal que expliquei anteriormente neste capítulo (em que você adiciona 100 dólares por mês à sua conta). Os ETFs, por outro lado, exigem que você compre pelo menos uma cota inteira (atualmente, a um preço médio de 394 dólares), criando um obstáculo significativo para investidores que desejam fazer contribuições pequenas e frequentes.

2. Os fundos mútuos permitem que você reinvista automaticamente seus dividendos ao simplesmente ticar uma opção em um formulário. Os ETFs, por outro lado, exigem que você reinvista seus dividendos comprando mais cotas do ETF no mercado. E embora existam alguns ETFs que *fazem* isso automaticamente, como eles não têm a capacidade de oferecer cotas fracionárias, é provável que você ainda

---

36. Em alguns casos raros, um fundo de índice S&P 500 não é uma boa opção para o portfólio de um investidor. A razão mais comum para isso é se o investidor tiver um horizonte de investimento de curtíssimo prazo (menos de um ano). Abordarei esse assunto em mais detalhes no Capítulo 11.

depare com o mesmo problema de não ter dinheiro suficiente para comprar uma cota inteira (ou de ter uma quantia estranha de dinheiro sobrando depois de efetivamente *comprar* cotas).

Portanto, com isso em mente, se você decidir optar por um fundo mútuo, aí vão três excelentes opções com as quais você não vai errar.

500 Index Fund Admiral Shares, da Vanguard: por ser o maior e mais antigo fornecedor de fundos de índice de baixo custo do setor, ainda considero a Vanguard a melhor opção disponível. Além disso, além do S&P 500, eles oferecem mais de oitocentos produtos financeiros diferentes – a maioria deles com algumas das menores taxas de juros do mercado –, fornecendo aos investidores tudo o que eles precisam para montar um portfólio de investimentos totalmente diversificado.

- Ticker: VFIAX
- Taxa de despesas: 0,04%
- Rendimento de dividendos: 1,49%
- Ativos sob gestão: US$ 686 bilhões
- Investimento inicial mínimo: US$ 3 mil
- Investimento mínimo subsequente: US$ 50
- Data de início: fevereiro de 2000
- Site: www.vanguard.com

Fundo de Índice 500, da Fidelity: sem exigência de investimento mínimo e com uma taxa de despesas ainda menor que a da Vanguard, esse fundo de custo ultrabaixo atende a todos os requisitos. Além disso, assim como a Vanguard, a Fidelity oferece uma ampla gama de produtos financeiros de baixo custo para que o investidor diversifique seu portfólio.

- Ticker: FXAIX
- Taxa de despesas: 0,015%
- Rendimento de dividendos: 1,26%
- Ativos sob gestão: US$ 399,36 bilhões
- Investimento mínimo: US$ 0

- Data de início: fevereiro de 1988
- Site: www.fidelity.com

Fundo de Índice S&P 500, da Schwab: semelhante à Fidelity, tanto na taxa de despesas quanto na ausência de investimento mínimo, o Schwab também é uma excelente opção.

- Ticker: SWPPX
- Taxa de despesas: 0,02%
- Rendimento de dividendos: 1,58%
- Ativos sob gestão: US$ 58,38 bilhões
- Investimento mínimo: US$ 0
- Data de início: maio de 1997
- Site: www.schwab.com

Aqueles que planejam negociar mais ativamente provavelmente vão querer usar um ETF pelos motivos a seguir:

1. Os ETFs são negociados durante todo o dia e são tão fáceis de comprar e vender quanto as ações regulares. Os fundos mútuos, por outro lado, são negociados apenas uma vez por dia, após o fechamento do mercado. Além disso, é provável que você pague uma comissão, a menos que passe pela empresa de investimento que inicialmente emitiu o fundo mútuo.
2. Os ETFs tendem a ser mais isentos de impostos para investidores de curto prazo, o que pode resultar em retornos significativamente mais altos após o imposto de renda, tanto no curto quanto no longo prazo.

Se você decidir optar por um ETF, veja a seguir três opções altamente recomendadas com as quais não dá para errar.

SPDR S&P 500 ETF: conhecido pelos operadores profissionais como "o *Spider*" [Aranha], o SPDR ETF, da State Street Capital, é o maior e mais antigo do mercado. E, embora não seja mais uma das opções mais baratas, seu grande volume diário de negociação se traduzirá em custos de negociação mais baixos ao longo do tempo; portanto, se você estiver planejando fazer alguma negociação ativa, o SPDR ainda pode acabar sendo a opção de menor custo para você.

- Ticker: SPY
- Taxa de despesas: 0,095%
- Rendimento de dividendos: 1,6%
- Ativos sob gestão: US$ 367 bilhões
- Investimento mínimo: 1 cota (atualmente US$ 394)
- Data de início: janeiro de 1993
- Site: www.ssga.com

ETF S&P 500, da Vanguard: apesar de esse ETF ter apenas dez anos de histórico de negociação, o simples fato de ser da Vanguard o torna uma excelente opção. Com volume de negociação suficiente para satisfazer qualquer necessidade de liquidez e um dos menores índices de despesas do setor, esse ETF deve ser considerado uma opção para sua primeira escolha.

- Ticker: VOO
- Taxa de despesas: 0,03%
- Rendimento de dividendos: 1,6%
- Ativos sob gestão: US$ 265 bilhões
- Investimento mínimo: 1 cota (atualmente US$ 394)
- Data de início: setembro de 2010
- Site: www.vanguard.com

ETF Core S&P 500, da iShares: a iShares não só tem sido a líder do setor nos últimos vinte anos como também é propriedade da BlackRock, a maior administradora de ativos do mundo. Sua baixa taxa de despesas e o grande volume diário de negociações fazem desse ETF outra excelente opção.

- Ticker: IVV
- Taxa de despesas: 0,03%

- Rendimento de dividendos: 1,6%
- Ativos sob gestão: US$ 301 bilhões
- Investimento mínimo: 1 cota (atualmente US$ 394)
- Data de início: maio de 2000
- Site: www.ishares.com

No final das contas, quer você opte por um ETF ou por um fundo mútuo tradicional, as diferenças entre os dois são relativamente pequenas quando comparadas a uma semelhança que supera todas elas: a de que com uma única compra você pode ter a posse instantânea das quinhentas maiores, mais fodonas e mais lucrativas empresas dos Estados Unidos. E com o comitê de índice da S&P de olho em cada uma dessas empresas como um falcão – pronto para substituir qualquer uma delas que caia em desgraça ou simplesmente se torne menos representativa do seu setor econômico –, isso cria um poderoso golpe duplo que é inigualável no mundo dos investimentos.

Entretanto, por mais poderosa e eficaz que essa estratégia tenha se mostrado, ela vem com uma importante ressalva: você não deve alocar 100% de seu capital de investimento nela. Para montar um portfólio de investimentos realmente de primeira classe, ou seja, um portfólio que maximize seu potencial de ganhos de longo prazo e, ao mesmo tempo, minimize seu risco no curto e médio prazo, você terá de diversificar um pouco mais seus investimentos.

No próximo capítulo, mostrarei exatamente como fazer isso, levando-o a um mergulho profundo na arte e na ciência da alocação de ativos, e também de volta à vida de Fernando e Gordita.

Portanto, fique comigo se quiser ser uma "mosquinha na parede" enquanto oriento meu cunhado e cunhada favoritos pelo processo surpreendentemente simples de criar um portfólio de investimentos de primeira classe que atenda perfeitamente às necessidades deles.

CAPÍTULO 11

O RETORNO DE FERNANDO E GORDITA

Incrível, eu pensei.
   Meu cunhado, Fernando, ainda tem o toque de Midas...
   Mas não mais ao contrário!
   O novo apartamento era maior, a sala de jantar era mais grandiosa, o endereço era mais prestigioso, a vista era do caralho, e tudo isso, até o último detalhe, servia como prova da capacidade do meu cunhado de se recuperar financeiramente de sua infeliz incursão pelas águas infestadas de tubarões das negociações de curto prazo e da tentativa de prever o mercado. *Bom para ele*, pensei. *E para Gordita também, é claro!*
   Era um pouco mais de 20h e eu estava sentado na sala de jantar do apartamento novinho em folha, conduzindo-os pelo processo de alocação de ativos. Fazia pouco mais de um ano desde aquela noite fatídica em que eu tentara decifrar seu maltratado portfólio de investimentos e, entre a renda de seu negócio de fabricação de metais e as comissões das vendas de imóveis da Gordita, eles tinham conseguido economizar dinheiro suficiente para comprar esse novo e fabuloso apartamento. Localizado em um dos bairros mais prestigiosos de Buenos Aires, ele ocupava todo o 31º andar de uma torre reluzente de alumínio escovado de 51 andares e tinha uma vista deslumbrante para o Rio da Prata. Cristina e eu tínhamos chegado havia pouco mais de trinta minutos, e o lugar era realmente magnífico.

Eu tinha acabado de explicar o maior macete de investimento do mundo – contando a história de como um homem chamado Jack Bogle tinha quebrado as pernas do setor de fundos mútuos ao transformar o S&P 500 em um instrumento de investimento e disponibilizá-lo para investidores comuns a um custo ridiculamente baixo. Basicamente, não havia nenhum outro investimento que se comparasse àquele.

Para destacar esse ponto, mostrei a eles o gráfico a seguir, que compara os retornos do mercado de títulos dos Estados Unidos com o S&P 500 nos últimos cem anos.[37]

S&P 500 vs. Retorno total do índice de títulos

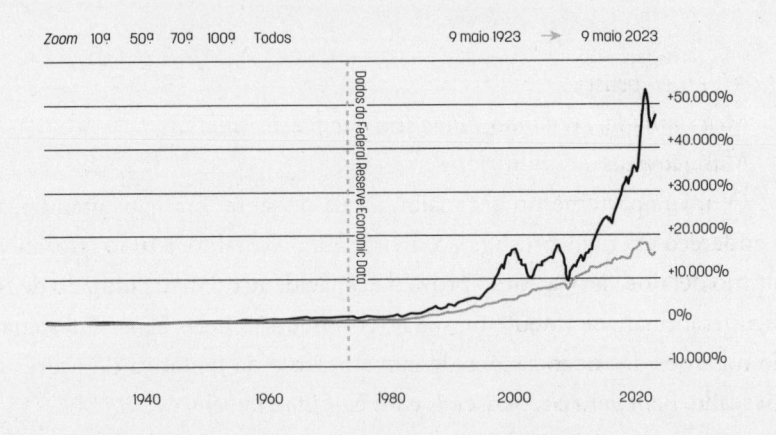

A conclusão é evidente.

No longo prazo, investir nas quinhentas maiores empresas dos Estados Unidos foi muito mais lucrativo do que investir em títulos de alta qualidade, sendo que a diferença entre os dois retornos foi de pouco mais de 7,5% ao ano. Eu disse a Fernando e Gordita, por meio de minha adorável tradutora: "Só para vocês saberem, esses 7,5% fazem uma

---

37. Esse gráfico se concentra em títulos com grau de investimento emitidos por governos, municipalidades e empresas com uma sólida posição financeira e um risco relativamente baixo de inadimplência. Títulos de qualidade inferior são chamados de *junk bonds* e são emitidos por empresas com uma posição financeira relativamente fraca e um risco muito maior de inadimplência. Para compensar esse risco maior, os *junk bonds* são obrigados a pagar uma taxa de juros muito mais alta do que os títulos com grau de investimento.

diferença enorme quando se leva em conta a capitalização composta de longo prazo. Por exemplo, no seu caso, considerando suas idades e nível de renda, vocês poderiam facilmente ter dezenas de milhões de dólares esperando no final do arco-íris quando vocês estiverem prontos para se aposentar".

Cristina parou de traduzir de repente. "Isso é mesmo verdade?", perguntou ela.

"Claro que é verdade! Só precisa de um pouco de paciência – na verdade, muita paciência, para ganhar *muito* dinheiro –, mas, se eles começarem com 100 mil dólares na conta e acrescentarem 10 mil dólares por mês, o que está dentro do orçamento deles, então, daqui a trinta anos, eles terão mais de 13 milhões de dólares e, em quarenta anos, terão mais de 40 milhões de dólares." Fiz uma pausa por um momento para que minhas palavras fossem compreendidas. "É claro que isso pressupõe que o S&P continuará a atingir sua média de longo prazo, embora eu ache que seja uma aposta bastante segura, considerando que ele tem feito isso nos últimos cem anos."

"Uau, então tá", disse Cristina, impressionada. "Bem, espero que estejamos fazendo isso também." Então, ela deu de ombros e começou a traduzir o que eu tinha acabado de dizer.

Aparentemente, ela fez um ótimo trabalho de tradução, porque, dez segundos depois, Fernando se virou para Gordita e disse, em espanhol: "É isso! Cansei de todas aquelas besteiras. Daqui para a frente, todo o nosso dinheiro vai para o S&P 500". E, com isso, ele deu um sorriso confiante para Gordita, que revirou os olhos e deu de ombros, como se dissesse: "Só acredito vendo".

Ironicamente, independentemente de Fernando ter ou não a intenção de cumprir a promessa a Gordita, havia um grande problema com sua decisão instantânea de colocar 100% de seu capital em um fundo de índice S&P 500: ela ia diretamente contra algo chamado teoria moderna do portfólio (*modern portfolio theory*, ou MPT), que tem sido o padrão-ouro para a gestão de portfólio desde 1952.

Criada pelo economista Howard Markowitz, ganhador do Prêmio Nobel, a MPT tomou de assalto o mundo dos investimentos praticamente desde o momento em que Markowitz a criou.

A teoria se baseia em dois conceitos fundamentais.

1. Com tudo o mais constante, os investidores devem preferir um portfólio que os exponha à menor quantidade de risco em qualquer nível de retorno.
2. O risco associado a qualquer ativo em um portfólio não pode ser calculado no vácuo, pois sofrerá um impacto significativo do restante dos ativos do portfólio.

Vamos examinar esses dois pontos, um de cada vez.

1. **Os investidores devem preferir um portfólio que os exponha à menor quantidade de risco em qualquer nível de retorno.**
   Imagine por um momento o seguinte cenário.

   São oferecidas a você duas maneiras de obter um retorno anual presumido de 10%. Uma dessas formas é volátil e arriscada, e a outra é segura e estável.

   Uma pergunta simples: qual das duas formas seria sua escolha pessoal?

   Resposta óbvia: você escolheria sempre a forma segura e estável.

   O motivo é ainda mais óbvio: quem, em sã consciência, se exporia a um risco e volatilidade maiores se não estivesse esperando obter um retorno maior?

   A resposta é: ninguém.

   Se puder escolher, o investidor sempre optará pelo investimento menos arriscado para qualquer nível de retorno. É uma lógica simples.

2. **O risco associado a qualquer ativo em um portfólio não pode ser calculado no vácuo, pois será significativamente afetado pelo restante dos ativos do portfólio.**
   Vamos chamar esse cenário de *Conto de dois portfólios*.

   No primeiro portfólio, há uma divisão muito boa entre duas classes de ativos igualmente arriscadas que sempre se movem na mesma direção ao mesmo tempo. No segundo portfólio, há também uma divisão 50/50 entre duas classes de ativos igualmente arriscadas, exceto

que essas duas classes de ativos tendem a se mover em direções opostas ao mesmo tempo.

Uma pergunta simples: qual desses portfólios é o menos arriscado? Resposta óbvia: o segundo portfólio, sem dúvida.

A razão é ainda mais óbvia: como as duas classes de ativos do segundo portfólio tendem a se mover em direções opostas ao mesmo tempo, as perdas da classe de ativos que está em queda serão compensadas, pelo menos parcialmente, pelos ganhos da classe que está em alta.

É um conceito simples.

Agora, se você se lembra do Capítulo 3, esses tipos de classes de ativos divergentes são chamados, no jargão de Wall Street, de "não correlacionados", cujo exemplo mais comum é o de ações e títulos. Por exemplo, quando o mercado de ações como um todo está subindo, o mercado de títulos como um todo *tende* a cair – e a palavra-chave aqui é "tende". Em outras palavras, as duas classes de ativos não são perfeitamente não correlacionadas.[38] Ocasionalmente, elas *v*ão se mover na mesma direção ao mesmo tempo, como aconteceu em 2022, quando o Federal Reserve começou a aumentar progressivamente as taxas de juros após mantê-las próximas de zero por mais de uma década. Como um elástico esticado demais, essas duas classes de ativos normalmente não correlacionadas se moveram violentamente e na mesma direção ao mesmo tempo – ou seja, para baixo –, causando um caso grave de agitação financeira entre inúmeros investidores.

No entanto, para que fique claro, esse breve momento foi uma exceção à regra.

Se você analisar períodos de cinco anos nos últimos cem anos, não encontrará nenhum em que o mercado de ações e o mercado de títulos tenham caído simultaneamente. Portanto, de modo geral, quando se trata de gerenciar o risco em um portfólio de investimentos, as ações e os títulos de renda fixa funcionam muito bem juntos.

---

38. Analistas usam uma escala móvel para descrever os vários níveis de correlação de ativos. A escala vai de +1 a -1, sendo que +1 representa ativos que sempre se movem na mesma direção ao mesmo tempo, e -1 representa ativos que sempre se movem em direções opostas ao mesmo tempo.

Nesse sentido, não deve ser surpresa para você que as duas principais classes usadas na alocação de ativos sejam, de fato, ações e títulos – com dinheiro e equivalentes, como certificados de depósito e fundos do mercado monetário, em um distante terceiro lugar.[39] Além disso, há também classes de ativos alternativos que podem ser usadas para aprimorar ainda mais um portfólio. Alguns exemplos são imóveis, *commodities*, criptomoedas, *private equity* e obras de arte, só para citar alguns.

Mas, de novo, de modo geral, as duas "grandes armas" aqui são ações e títulos de renda fixa, que compõem aproximadamente 90% de um portfólio bem administrado, com a porcentagem de cada classe de ativos sendo ditada pelo apetite individual do investidor por risco *versus* recompensa.

Por exemplo, se um investidor quiser reduzir o risco de seu portfólio (e estiver disposto a aceitar um retorno menor), ele *diminuirá* a porcentagem de ações em relação a títulos até atingir o nível desejado de risco *versus* recompensa. Por outro lado, se quiser aumentar o retorno esperado de seu portfólio (e estiver disposto a aceitar mais risco), ele *aumentará* a porcentagem de ações em relação a títulos (até atingir o nível desejado de risco *versus* recompensa).

De novo, é um conceito simples.

De fato, é exatamente essa combinação de simplicidade e flexibilidade que torna a MPT tão atraente para os investidores – ao simplesmente ajustar a porcentagem de ações *versus* títulos de um portfólio, eles podem atingir qualquer nível desejado de risco *versus* recompensa.

Com isso em mente, eu disse a Fernando: "Entendo seu entusiasmo, mas não importa quão fortes tenham sido os retornos do S&P 500 ao longo dos anos, não é bom colocar 100% de seu capital nele; o ideal é diversificar um pouco mais suas participações. Tenho certeza de que todos vocês já ouviram o velho ditado sobre não colocar todos os ovos no mesmo cesto, certo?".

---

39. Quando, nesse contexto, refiro-me a "dinheiro", não se trata do dinheiro vivo no seu bolso. Trata-se de dinheiro ou equivalentes a dinheiro mantidos em contas bancárias.

Cristina parou de traduzir e disse: "Claro. É um ditado espanhol. Vem de *Dom Quixote*. *No pongas todos tus huevos en una canasta*. É assim que se diz em espanhol".

Naquele momento, Gordita entrou na conversa. *"No pongas todos tus huevos en una canasta? Que pasa con eso, Jordi?"* "Não coloque todos os ovos em uma cesta? Por que isso, Jordi?"

"Ótimo!", respondi. "Bem, vejo que todos vocês conhecem a expressão! Pessoalmente, não acho que exista uma afirmação mais verdadeira, e não estou falando apenas de investimentos; estou falando de todos os aspectos da vida. Veja o Vittorio, por exemplo. A propósito, onde está o Vittorio?".

"Bem atrás de você", disse Cristina. "Mexendo no iPad."

Eu me virei e, claro, lá estava ele, sentado no chão, assistindo a um desenho animado espanhol. Fiquei olhando para ele por um momento enquanto ele falava baixinho cada palavra, sem errar uma sílaba sequer. Um feito impressionante para uma criança de 2 anos, pensei. Então, me voltei para a mesa e disse: "Certo, então quando o Vittorio estiver pronto para ir para a faculdade, ele não vai se inscrever em uma só; vai se inscrever em *várias* faculdades para garantir que entre em pelo menos uma, certo? E o mesmo acontece com a amizade. O ideal não é ter só um melhor amigo em sua vida, e mais nenhum. Por quê? Porque se algo acontecer com esse relacionamento, você não terá mais ninguém com quem conviver". Parei por um momento para dar a Cristina a chance de acompanhar a tradução.

Cerca de dez segundos depois, Fernando e Gordita estavam concordando com a cabeça, assim como Cristina. *Excelente*, eu pensei, e continuei: "De qualquer forma, posso continuar falando sobre isso um bom tempo, porque é um ponto crucial. Quer dizer, veja os mórmons, por exemplo. Alguns desses safados têm três ou quatro esposas, e todos parecem estar muito felizes com isso. Sem mencionar todos os benefícios evolutivos de ter centenas de milhões de espermatozoides indo atrás de um óvulo solitário...". E enquanto eu continuava a compartilhar meus pensamentos sobre as virtudes biológicas da poligamia mórmon, observei a expressão da minha esposa passar de confusão para perplexidade, e depois para hostilidade total. Pior ainda, antes que eu tivesse a chance de impedi-la, ela começou a traduzir minhas palavras para Gordita, energicamente.

Alguns segundos depois, Fernando começou a rir alto.

Mas só por um momento. Gordita o encarou com um olhar mortífero, e ele rapidamente parou de rir.

Em seguida, olhou para mim e encolheu os ombros.

Em um esforço para acalmar a situação, eu disse a Cristina, em um tom pacificador: "Escutem, vocês não entenderam nada. Tudo o que eu estava tentando dizer é que, embora o S&P 500 seja muito bem diversificado em termos de suas 500 empresas, ele ainda é composto só de ações, e as ações, como um todo, tendem a subir e descer juntas em um único cesto... Não quero que você coloque todos os seus ovos em um só cesto!". *Perfeito!*, pensei. *Dois cestos em uma frase. Eu estava redimido*. "Era isso que eu estava tentando dizer! Vocês apenas tiraram as coisas do contexto."

"Não tiramos nada do contexto", retrucou Cristina. "O que você disse *depois* é que foi ofensivo." Ela se virou para Gordita e começou a traduzir o que ela tinha acabado de dizer para mim antes mesmo de eu ter uma chance de responder.

"*Exacto!*", concordou Gordita. "*Es offensivo.*" Então, com desdém, ela acrescentou: "*No pongas todos los huevos en la misma canasta! Oh, por favor!*" "Não coloque todos os ovos no mesmo cesto. Ah, por favor!"

"'Ah, por favor', isso mesmo!", concordou Cristina. "É *nonsense*."

"Tudo bem, eu entendo. Diga a Gordita que eu peço desculpas. Vamos esquecer os mórmons e voltar à alocação de ativos."

Cristina disse algumas palavras para Gordita, o que desencadeou o que parecia ser uma resposta de mil palavras dela, embora provavelmente fossem mais umas vinte palavras, nenhuma das quais eu entendi. Agora as irmãs pareciam estar em um debate acalorado, que pareceu durar um tempão. No fim, Cristina olhou para mim e disse: "Ok, Gordita o perdoa".

Olhei para Gordita. Ela agora estava com uma expressão de satisfação. Nós nos olhamos e ela assentiu uma única vez.

"Muito bem", eu disse, sorrindo, "então são águas passadas. Vamos seguir em frente..." E, com isso, passei os minutos seguintes mergulhado no conceito de MPT e em como misturar duas classes de ativos não correlacionadas para diminuir o risco de um portfólio no curto prazo e, ao mesmo tempo, potencialmente aumentar seu retorno no longo prazo.

"Portanto, embora eu não recomende que você coloque *todo* o seu dinheiro em um fundo de índice S&P 500, considerando sua idade e seu nível de renda, você deve ter aproximadamente 80% de seu portfólio total nesse fundo. Os outros 20% devem ser aplicados em um fundo de títulos de alta qualidade." Parei por um momento para considerar minhas palavras. Em seguida, disse: "Isso pressupõe que vocês tenham uma boa reserva em dinheiro, para o caso de uma emergência. Vocês devem ter algo entre seis e doze meses de despesas. Se não tiverem, terão de cortar isso dos 100% e dividir o restante em 80/20".

"Você quer dizer dinheiro vivo?", perguntou Cristina.

"Não, não dinheiro em espécie", respondi, "especialmente não em pesos argentinos. Acho que a taxa de inflação do peso está em torno de 100% ao ano no momento. Pergunte ao Fernando se ele sabe qual é essa taxa."

Cristina olhou para Fernando e disse: *"Fer, cuál es la tasa de inflación en este momento?"*.

Fernando deu de ombros. "Acima de 150%, mais ou menos."

"Jesus!", murmurei. "Isso é maluquice! Como vocês vivem desse jeito? Como fazem, mudam os preços dos cardápios todos os dias?"

"Tres veces cada día", disse Gordita. "Bem-vindo à Argentina, Jordi! É o único país do mundo onde você não consegue hipotecar uma casa, mas o banco financia uma TV em cinco anos. É tudo ao contrário."

Interessante, pensei. Isso definitivamente criava um desafio para quem morava lá e queria seguir a MPT. A regra básica é alocar algo entre seis e doze meses do custo de vida em dinheiro e equivalentes, como proteção contra uma demissão ou alguma outra circunstância imprevista que o levaria a ter de fazer um saque no curto prazo. Para pessoas que não têm família para sustentar, seis meses provavelmente são suficientes, mas, se você tiver uma família, provavelmente deve aumentar esse colchão para mais ou menos doze meses. Qualquer coisa além disso e você provavelmente estará jogando seguro demais, porque, se for preciso, você sempre poderá usar os outros ativos do seu portfólio.

É claro que, nos Estados Unidos, isso é fácil de fazer. Há inúmeras opções bancárias entre as quais escolher e a inflação é relativamente baixa. Mas na Argentina, se você deixasse seu dinheiro no sistema bancário ou escondesse pesos debaixo do colchão, perderia dois terços do seu dinheiro no final de cada ano devido à inflação. Não é preciso dizer que essa não era uma boa opção.

Com isso em mente, eu disse: "Bem, estamos meio enrascados! Então, considerando tudo isso, acho que o melhor lugar para vocês fazerem tudo isso é por meio de uma corretora chamada Vanguard. Será fácil para vocês abrirem uma conta *on-line* lá, e eles podem servir como um balcão único para tudo, inclusive para a parte em dinheiro do seu portfólio, que você pode colocar em um dos fundos do mercado monetário deles". Parei por um momento para deixar Cristina atualizar a tradução. "Diga a Gordita para anotar o nome Vanguard. Quero que ela abra uma conta lá. O nome do fundo de índice que quero que eles comprem é 500 Index Fund Admiral Shares. O *ticker* é VFIAX. Esse é definitivamente o melhor fundo para eles, ok?"

Cristina assentiu e começou a traduzir.

Alguns segundos depois, Gordita começou a digitar em seu iPhone com a velocidade de um coelho. Assim que terminou, ela disse: "Por favor, continue, Jordi".

"Vou continuar, Gordita." Em seguida, virei-me para Cristina e disse: "O próximo fundo que quero que eles comprem é o Vanguard Total Bond Market Index Fund. Mais uma vez, o Admiral Shares, não as normais".

"Por que o Admiral Shares?", perguntou Cristina.

"Porque ele tem taxas um pouco mais baixas, o que significa que um pouco mais de dinheiro vai parar no bolso do Fernando e da Gordita a cada ano, em vez de no bolso da Vanguard, embora, para ser justo com a Vanguard, todos os seus produtos tenham taxas ridiculamente baixas."

"Se o Admiral Shares é melhor negócio, então por que todo mundo não o compra?", questionou Cristina.

"Na verdade, essa é uma pergunta muito boa", respondi. "A resposta é que ele tem um requisito mínimo de investimento. É de só 3 mil dólares, mas para algumas pessoas isso é um problema."

"Entendi", respondeu ela. "Deixe-me explicar isso a eles."

Enquanto Cristina fazia sua função, me peguei pensando nos eventos do ano anterior... em um momento em particular... quando Gordita encarou Fernando com um olhar gélido. Parecia uma lembrança especialmente pungente naquele momento. Naquele dia, ela estava reagindo à atitude aparentemente tranquila de Fernando em relação à sua perda de 97 mil dólares em transações, o que, na opinião dele, não era o fim do mundo, dada a idade relativamente jovem e o considerável poder aquisitivo do casal. Sentado aqui hoje, parecia que, pelo menos em *algum* nível, Fernando tinha provado que estava certo – com esse fabuloso apartamento novo servindo como prova clara disso. No entanto, por outro lado, havia também uma notável ausência de móveis à vista, o que servia como prova clara de que Gordita também estava certa – que uma perda de 97 mil dólares em investimentos não era nada desprezível. De fato, quando chegamos, ela nos explicou a falta de móveis de uma forma bastante cômica. Ela disse: "Se você me virar de cabeça para baixo agora e me sacudir, não vai cair um único centavo!". Mas, obviamente, isso era um pouco de exagero. Afinal, o motivo pelo qual eles me pediram para vir aqui esta noite foi porque queriam começar a reconstruir seu portfólio de investimentos. Então, como as coisas poderiam estar ruins? Não estavam tão ruins assim, pensei.

"...com a diferença de 7,5%. Ele acha que isso vai prejudicar a trifeta de ouro de que você falou. Ele está certo sobre isso?"

De repente, percebi que Cristina estava me fazendo uma pergunta. Mas, além de se referir à trifeta de ouro, eu não tinha a menor ideia do que se tratava. Então, perguntei: "Se ele está certo... sobre o quê?"

"Sobre a preocupação dele!", pressionou Cristina. "Ele gosta da trifeta de ouro, mas está preocupado que os títulos vão reduzir muito o retorno." Ela fez uma pausa por um momento, como se estivesse pesando suas próprias palavras. Em seguida, acrescentou: "*Acho* que foi isso que ele disse. Faz sentido?".

"Faz sim", respondi. "Faz todo o sentido."

De fato, a preocupação de Fernando não só fazia todo o sentido, como também destacava um dos maiores equívocos sobre a teoria moderna de portfólios – que quando você aloca uma determinada porcentagem de seu capital em títulos como uma proteção contra quedas, você reduz o retorno de longo prazo do portfólio na mesma ordem de grandeza. Em outras palavras, considerando que o retorno histórico do S&P 500 de 11,89% é significativamente maior do que o retorno histórico do mercado de títulos, de 4%, a proteção contra quedas obtida com uma alocação de 20% em títulos não reduziria o retorno anual do seu portfólio em uma margem inaceitável?

À primeira vista, pode-se pensar isso. Mas não é assim que as coisas funcionam.

Como você está se protegendo com uma classe de ativos não correlacionada, você acaba tendo um benefício assimétrico em sua proteção de curto prazo. Em outras palavras, em qualquer alocação de títulos, o impacto sobre o retorno de longo prazo de seu portfólio não é tão profundo quanto a proteção de curto prazo que ele proporciona.

Na tabela a seguir, você pode ver quanta proteção diferentes alocações de títulos proporcionam a um portfólio durante seu pior ano e quanto cada uma custa ao portfólio no longo prazo.

	Alocação (%)		
	Ações	Títulos	Total
Portfólio 1	100%	0%	100%
Portfólio 2	80%	20%	100%
Portfólio 3	60%	40%	100%
Portfólio 4	40%	60%	100%
Portfólio 5	20%	80%	100%

Observe como uma alocação de 20% em títulos reduz o retorno anual médio do portfólio em apenas 0,6%, enquanto reduz a perda anual máxima em mais de 8%. E uma alocação de 40% reduz o retorno anual médio do portfólio em apenas 1,3%, enquanto reduz a perda anual máxima em 16,5%. Por fim, uma alocação de 60% reduz o retorno médio anual do portfólio em apenas 2,2%, enquanto reduz a perda máxima anual em 30%.

Claramente, em todos esses três casos, o impacto sobre o retorno anual médio é relativamente pequeno em comparação com a proteção de curto prazo oferecida no lado negativo.

Agora, para deixar claro, não estou dizendo que você deve manter títulos extras em seu portfólio por mera diversão. O que você deve fazer é manter uma porcentagem adequada de títulos, nem mais, nem menos.

E isso me leva à pergunta de 1 milhão de dólares: qual é o plano de alocação de ativos correto para você?

De acordo com o grande Jack Bogle, a regra geral é usar sua idade como diretriz. Em outras palavras, se você tem 30 anos, deve ter 30% de seu portfólio alocado em títulos. Se você tem 40 anos, deve alocar 40%. E se você tem 60 anos de idade, então deve ter 60%. E assim por diante.

Mas, é claro, isso é só um ponto de partida.

Há quatro perguntas que todo investidor, inclusive você, precisa fazer a si mesmo para elaborar o plano correto de alocação de ativos.

1. Quais são minhas metas financeiras?
2. Qual é o meu horizonte de tempo?
3. Qual é a minha tolerância ao risco?
4. Qual é a minha situação financeira atual?

Vamos primeiro analisar uma de cada vez.

1. Quais são suas metas financeiras?

É importante lembrar que é quase certo que você terá mais de uma meta financeira, e seu plano de alocação de ativos precisa refletir isso com precisão. Por exemplo, sua meta principal pode ser economizar para a aposentadoria, mas você também pode estar procurando dar uma entrada em uma casa nova ou pagar a faculdade de seus filhos. Ou talvez esteja interessado em iniciar um novo negócio ou simplesmente se mimar comprando um carro esportivo novo ou fazendo uma viagem ao redor do mundo.

Há literalmente *incontáveis* metas financeiras – das mais altruístas e nobres às mais egoístas e decadentes –, mas, no final das contas, não há respostas certas ou erradas para essa pergunta. O dinheiro é seu e você tem todo o direito de fazer o que quiser com ele. A principal diferença, porém, é que algumas dessas metas podem ser de curto prazo, e você precisará levar isso em conta ao elaborar seu plano de alocação de ativos, já que os títulos são muito mais adequados para horizontes de tempo mais curtos, o que me leva à próxima pergunta.

2. Qual é o seu horizonte de tempo?

Para responder com precisão a essa pergunta, você precisa voltar às respostas para a primeira pergunta e colocar datas estimadas em cada uma das suas metas. Por exemplo, se a sua meta principal é economizar para a aposentadoria, daqui a quantos anos você planeja se aposentar?

E quanto às suas metas secundárias e terciárias?

Você está querendo comprar uma casa nova? Pagar a escola de seu filho? Começar um novo negócio?

Se algum desses objetivos estiver a menos de três a cinco anos de distância, você precisará, sem dúvida, levar isso em conta aumentando sua alocação em títulos em relação às ações.

Na verdade, dê uma olhada no gráfico a seguir. Ele mostra como foi o desempenho do S&P 500 em vários horizontes de tempo nos últimos cem anos.

Frequência de retornos positivos em vários horizontes de tempo
Retornos anualizados prospectivos do S&P 500
De janeiro de 1920 a dezembro de 2020

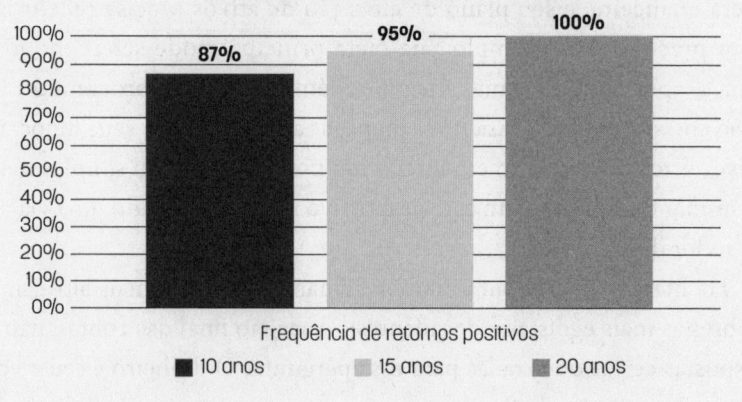

Horizonte	Frequência de retornos positivos
10 anos	87%
15 anos	95%
20 anos	100%

Há alguns aspectos que merecem destaque aqui.

Primeiro, em qualquer período de vinte anos entre 1920 e 2020, o S&P 500 nunca teve um retorno negativo, mesmo se incluirmos os piores anos da Grande Depressão.

O mesmo pode ser dito para qualquer período de quinze anos entre 1920 e 2020.

Mas e quanto a qualquer período de dez anos?

Bem, em sua maior parte, a resposta ainda é a mesma, embora tenha havido um período de dez anos, durante a Grande Depressão, em que o índice perdeu 1%. E mesmo que esse certamente não seja o resultado que um investidor esperava, não é ruim o suficiente para fazer alguém pular de uma janela. Além disso, esse período de dez anos foi a exceção à regra. Em todos os outros casos, o S&P 500 teve um retorno positivo, com a média de dez anos próxima a 11%.

Mas e quanto a um período de um ano?

O S&P 500 sempre subiu?

Não, nem perto disso.

Em seu pior ano, 1931, o índice perdeu 48% do valor quando os Estados Unidos estavam nos estertores da Grande Depressão. Pior ainda, ele já tinha perdido 20% em 1929 e outros 25% em 1930, totalizando uma perda de 90% nesse período de três anos.

E, para que fique claro, essa não foi a única vez na história em que o mercado de ações sofreu esse tipo de derrota por vários anos. A mesma coisa aconteceu após o estouro da bolha das empresas pontocom em março de 2000. Em um período de três anos, o Nasdaq, índice de alta tecnologia, perdeu 90% de seu valor, e o S&P 500 perdeu 50%.

Agora, imagine se você tivesse investido todo o seu dinheiro em ações nas semanas que antecederam a quebra das pontocom e tivesse que pagar a faculdade da sua filha em 24 meses, e ela entrasse em Harvard. O que você diria a ela? "Ah, não se preocupe, querida. A faculdade comunitária local é tão boa quanto!" Pior ainda – e essa é uma história verdadeira –, tive vários amigos que decidiram não pagar nenhum imposto estimado durante o ano e, em vez disso, aplicaram o dinheiro no mercado de ações. Bem, consegue adivinhar o que aconteceu? Sim, você adivinhou. O mercado de ações despencou naquele ano, eles não conseguiram pagar os impostos e um agente da Receita Federal com cara de poucos amigos bateu na porta deles.

É por isso que mesmo as ações de alta qualidade não são particularmente adequadas para horizontes de tempo mais curtos. Isso não quer dizer que você não possa tê-las; elas só precisam ser equilibradas por uma alocação suficientemente grande em títulos ou dinheiro.

3. Qual é sua tolerância ao risco?

De certa forma, essa é a pergunta mais importante que lhe será feita quando se trata de alocar ativos. Por quê? Porque, se você responder incorretamente a essa pergunta, na próxima vez que o mercado cair você se encontrará na infeliz posição de, em pânico e no fundo do poço, tentar resistir ao impulso de vender tudo. É aí que entra o "teste do sono". (Sim, isso existe de fato!)

O que é o teste do sono?

Simplificando, dada a combinação atual de ativos em seu portfólio, você conseguirá dormir à noite se o mercado entrar na merda? Se a resposta a essa pergunta for não, então seu plano atual de alocação de ativos não faz sentido para você, e você precisa mudá-lo.

Como?

Bem, sem conhecer todos os detalhes, eu diria que um bom ponto de partida seria aumentar a porcentagem de títulos em seu portfólio, em detrimento das ações, apesar de seu retorno historicamente mais baixo. Caso contrário, você acabará sucumbindo aos seus piores impulsos e, no fundo do poço, acabará vendendo suas ações durante o próximo mercado em baixa.

Se você acha que estou exagerando, faça-me um favor e imagine-se nesta situação: você investiu 100% do seu capital no Nasdaq Composite Index em 1º de março de 2000, duas semanas antes do estouro da bolha das empresas pontocom. Por que você faria isso? Bem, para começar, você não tinha como saber que isso aconteceria, especialmente com palhaços como Jim Cramer dizendo para você apostar tudo, porque era um mercado em alta e sem fim à vista.

E agora você está ferrado! *Fodido*! Na rua da amargura!

No período de um mês, o mercado afundou como uma pedra, e continua afundando. Em pouco tempo, os especialistas da CBNC estão mudando o tom, dizendo que a festa acabou e que é o início de uma feroz queda de mercado. O que é ainda mais irritante, o próprio chefe dos palhaços, Jim Cramer, está fingindo que nunca disse para você apostar tudo, e agora ele mudou de tom, dizendo que investidores como você estariam muito melhor servidos se ficassem de fora por um tempo, porque as coisas estão parecendo muito arriscadas. Mas não tem como você fazer isso. Você já está investido porque seguiu o conselho desse idiota! Então, o que você deve fazer?

Bem, *talvez* você se mantenha forte, no início. Mas, infelizmente, as coisas vão de mal a pior, e o mercado de ações continua a despencar. No final do primeiro ano, você perdeu mais de 22%.

Você está absolutamente perplexo.

Suas finanças estão na merda, você está emocionalmente abalado, arrancando os cabelos, e não há alívio à vista. Mas o mercado não pode despencar *para sempre*, não é mesmo?

Hum... bem, isso depende de qual é a sua definição de "para sempre". Lembra do gráfico de algumas páginas atrás?

Para a maioria das pessoas, a definição de "para sempre" no mercado de ações está inversamente relacionada à quantidade de dinheiro que estão perdendo em relação ao seu patrimônio líquido. Especificamente, quanto maior a proporção, mais curto se torna o "para sempre". Consequentemente, em um mercado em baixa feroz, qualquer coisa acima de seis meses pode parecer uma eternidade para a maioria das pessoas. Então, chega uma hora em que elas vendem.

Entende o que eu digo?

No final das contas, são poucos, de fato, os investidores com uma tolerância ao risco tão alta que possam colocar todo o seu dinheiro no mercado de ações e resistir a esse tipo de queda sem apertar o botão do pânico. De fato, lembro-me de ter recebido nada menos que uma dúzia de telefonemas de amigos próximos que tinham investido todo o seu dinheiro no Nasdaq, que estava em alta, nos meses que antecederam a quebra das empresas pontocom. E, um a um, vi todos eles correrem para o botão. Havia um limite para o que eles podiam suportar antes de começarem a dizer para si mesmos: "Que se dane! Prefiro levar a culpa agora, enquanto ainda tenho alguns dólares sobrando, a ver o mercado cair ainda mais. Essa merda não é para mim!". E, sem mais delongas, venderam tudo por pânico na bacia das almas e perderam quase tudo.

Já os meus amigos que tinham portfólios mais adequados do ponto de vista do risco não sofreram tanto, pois os títulos que possuíam ajudaram a amortecer o golpe. Portanto, embora eles ainda estivessem em baixa no papel (na esteira da quebra das empresas pontocom, todos os portfólios estavam), as perdas que eles estavam sofrendo eram muito menos graves, o que tornava as coisas muito mais administráveis em nível emocional. Assim, no final, eles conseguiram atravessar a tempestade e esperar a virada do mercado, e ela aconteceu! Demorou um pouco – cinco anos para o Nasdaq e três anos para o S&P 500 –, mas, como sempre acontece, no longo prazo o mercado apresentou uma tendência de alta.

4. Qual é a sua situação financeira atual?

Sua situação financeira atual afetará seu plano de alocação de ativos de várias maneiras diferentes. Por exemplo, se você tiver uma renda anual substancial – digamos, 1 milhão de dólares/ano ou mais –, será muito mais fácil lidar com os constantes altos e baixos associados a um portfólio com muitas ações. Além disso, se você tiver a capacidade de regenerar rapidamente quaisquer perdas que esteja sofrendo no momento (no papel), será muito mais fácil manter o rumo no longo prazo, em vez de vender em pânico durante a próxima grande queda.

De certa forma, foi assim que Fernando conseguiu especular descontroladamente e ainda dormir à noite. Em sua própria mente, ele sabia que sua renda anual o protegeria de sofrer as piores consequências financeiras decorrentes de zerar um portfólio de investimentos; portanto, por mais chateado que estivesse enquanto perdia o dinheiro, ele não estava deitado na cama à noite, suando frio, dizendo a si mesmo: *que diabos vou fazer agora? Não vou ter como comprar comida para minha família, vamos acabar todos na rua e vou ter que vender o iPad do Vittorio!* Em vez disso, ele foi capaz de aceitar suas perdas com calma e dizer a si mesmo: "Bem, isso é mesmo uma droga! Agora vou ter que trabalhar mais duro este ano para recuperar todo o dinheiro que perdi, especialmente se eu quiser comprar aquele lindo apartamento novo com uma vista de tirar o fôlego para o Rio da Prata".

Entende o que eu digo?

Em contrapartida, alguém que mal consegue pagar suas contas e está à beira da ruína financeira estará muito mais propenso a, em pânico, vender suas ações durante o próximo mercado em baixa, porque as perdas pelas quais está passando (no papel) têm consequências muito maiores para ele.

Alternativamente, quando um investidor atinge um determinado ponto de riqueza extrema, seu objetivo principal geralmente muda da tentativa de maximizar o retorno para a preservação do capital. Ou, em outras palavras, ele passa a se preocupar menos com quanto pode ganhar e mais com quanto pode perder. Isso faz todo o sentido. Afinal de contas, um investidor extremamente rico pode colocar todo o seu dinheiro em um fundo de títulos de alta qualidade e simplesmente viver dos juros, sem nenhuma preocupação. Isso não quer dizer que a maioria dos investidores ricos fará isso. Na verdade, eles não o farão; a grande maioria optará por um portfólio equilibrado, embora com uma ligeira tendência para títulos em vez de ações para garantir a preservação do capital.

Então, no extremo oposto do espectro, e em um cenário muito mais comum, estaria um investidor relativamente jovem, que está no mercado de trabalho há alguns anos e que tem um futuro brilhante pela frente. Nesse caso, ele terá de considerar o tipo de emprego que tem e que tipo de benefícios de aposentadoria esse emprego oferece. Por exemplo, se estiver trabalhando em uma grande empresa que tenha um plano de aposentadoria privada, ele poderá ser um pouco mais agressivo na forma como aloca o restante de seu portfólio. Já alguém que trabalhe por conta própria ou seja um empreendedor em série provavelmente vai querer ser um pouco mais conservador na forma como planeja sua aposentadoria, já que não tem nada mais em que confiar além de sua inteligência e vontade.

O RESULTADO FINAL É O SEGUINTE: agora que você entende o conceito por trás da MPT, tudo o que precisa fazer é responder a cada uma das quatro perguntas e verá que montar o portfólio perfeito será moleza.

Por quê?

Porque pelo menos 90% dele consistirá em duas posições centrais.

1. Um fundo de índice S&P 500 de baixo custo (já expliquei isso para você, *ad nauseam*).
2. Um fundo de títulos com grau de investimento de baixo custo (explicarei isso a você em um momento).

É simples assim vencer Wall Street em seu próprio jogo. Tudo o que você precisa fazer é não complicar.

VAMOS VOLTAR aos "velhos e chatos títulos" por um momento e preencher algumas lacunas.

Felizmente, já lhe dei as noções básicas de como os títulos de renda fixa funcionam e por que são mais seguros do que as ações, portanto, posso ir direto ao ponto com uma sinceridade brutal sobre a verdadeira natureza desses espertos instrumentos de dívida, ou seja, da mesma forma que é um erro tolo tentar escolher ações individuais e prever o mercado, é um erro ainda mais tolo tentar fazer isso com os títulos de renda fixa. De fato, é uma receita para o desastre. Há três razões principais para isso.

1. Títulos de renda fixa são muito complicados. São necessários anos de estudo para entender completamente todas as nuances e, mesmo assim, eles estão repletos de bombas-relógio e armadilhas de difícil percepção e que acabarão lhe custando caro. Quem coloca todas essas bombas-relógio e armadilhas lá? O Complexo de Máquinas de Taxas de Wall Street, é claro. E por que ele faz isso? Para foder você pessoalmente, não tem outra explicação! Portanto, não deixe que isso aconteça.
2. Os operadores de títulos profissionais são uma raça notoriamente cruel, que arrancará seus olhos com prazer para ganhar um centavo

a mais, voltando depois para suas mansões e dormindo feito bebês. Para um investidor amador, tentar negociar contra eles quase certamente acabará em lágrimas. E eles ficarão felizes por terem feito você chorar.

3. Há um grande número de fundos de títulos de alta qualidade com custos baixíssimos, sem carga de vendas na entrada ou na saída e fáceis de comprar. Então, diante de tudo isso, por que diabos você, ou qualquer outra pessoa, tentaria escolher títulos individuais, quando os principais provedores de fundos do mundo estão dispostos a entregar a você, por quase nada, um portfólio de títulos com curadoria especializada em uma bandeja de prata? (Você pode agradecer a Jack Bogle por isso também!) A resposta é que ninguém faria isso. Portanto, não faça!

Por exemplo, o Vanguard Total Bond Market Index Fund Admiral Shares (VBTLX) é a solução perfeita para qualquer portfólio de investimentos com um horizonte de tempo de mais de cinco anos. Com uma taxa de despesas de apenas 0,05%, o fundo detém aproximadamente 6 mil títulos individuais com grau de investimento e uma data de vencimento média de cinco anos. Se o horizonte de tempo de seu portfólio for inferior a cinco anos, o Vanguard Short-Term Bond Index Fund Admiral Shares (VBIRX) será um fundo muito melhor, embora o retorno médio anual seja aproximadamente 33% menor (2,19% para o VBIRX, contra 2,95% para o VBTLX) devido às datas de vencimento médio mais curtas dos títulos do fundo.

Para aqueles que preferem algo que não seja da Vanguard, o SPDR Portfolio Aggregate Bond ETF (SPAB) e o Schwab US Aggregate Bond Fund ETF (SHCZ) são excelentes opções para horizontes de tempo de cinco anos ou mais. Para um horizonte de tempo inferior a cinco anos, o SPDR Short-Term Corp Bond ETF (SPSB) e o iShares Core 1-5 Years US Bond ETF (ISTB) são fundos muito melhores.

Para deixar claro, há outras opções sólidas além das que mencionei; essas são apenas algumas das mais bem avaliadas, e eu não gostaria de aborrecê-lo com uma lista completa. Para isso, você pode acessar o *site* morningstar.com, onde encontrará opções suficientes para explodir a sua cabeça. Lembre-se sempre de que a chave para o sucesso de qualquer fundo de índice é uma taxa de despesas muito baixa e nenhuma carga de vendas, seja na entrada, seja na saída. Desde que a sua escolha tenha esses dois fatores a seu favor e você esteja escolhendo a partir de uma lista de fundos de títulos de alta qualidade, será difícil errar.

SE VOCÊ ESTÁ SE PERGUNTANDO POR QUE não abordei alguns dos títulos mais "esotéricos" – títulos de alto rendimento (também conhecidos como *junk bonds*), títulos municipais isentos de impostos, títulos não dolarizados, títulos indexados à inflação (TIPS – Treasury Inflation-Protected Securities) –, aqui vão os motivos.

1. Como os *junk bonds* são arriscados, e o objetivo de ter títulos em seu portfólio é proteger-se contra o risco, por que diabos você gostaria de ter *junk bonds* em seu portfólio? Na verdade, os *junk bonds* são mais parecidos com ações do que com títulos de alta qualidade, o que os torna muito pouco adequados para a finalidade de sua compra. Por isso, minha recomendação é deixar que os corretores de títulos profissionais lidem com eles e não perder seu tempo.
2. Títulos municipais certamente podem fazer sentido em alguns casos, pois são os o de maior eficiência tributária entre todos os títulos. (Eles são isentos de impostos federais, estaduais e municipais.) Entretanto, como em todos os outros investimentos, não existe almoço grátis, portanto, qualquer município que esteja oferecendo a você um rendimento muito alto não está fazendo isso por bondade; está fazendo isso porque precisa, o que significa que provavelmente está prestes a falir ou algo próximo disso. Meu conselho é que você não perca seu tempo com eles.
3. Títulos não dolarizados pagarão o principal e os juros em moeda estrangeira, o que significa que agora você tem uma segunda preocupação além da qualidade de crédito do título: a desvalorização da moeda. Em outras palavras, como você receberá o principal e os juros em uma moeda estrangeira, o que acontecerá se o valor dessa moeda cair em relação ao dólar norte-americano? A resposta é que qualquer juro extra que você receber provavelmente será mais do

que consumido pelo valor reduzido da moeda quando você enfim resgatar o título. Portanto, mais uma vez, minha recomendação é evitar esses objetos estrangeiros cheios de brilho.

4. Títulos do Tesouro protegidos contra a inflação (TIPS) são, na verdade, um bom negócio e conquistaram um lugar bem merecido em alguns portfólios de investimento. Mas provavelmente não no seu. De fato, isso não é justo. O que estou tentando dizer é que, à medida que você se aproximar de níveis mais altos de riqueza, provavelmente desejará subdividir sua alocação em títulos para incluir alguns TIPS. Até lá, eu não me preocuparia com eles. Os TIPS funcionam ajustando o valor dos juros e (em última instância) do principal que você recebe com base no nível de inflação. No longo prazo, os TIPS tiveram um retorno *um pouco* mais alto do que seus equivalentes não protegidos contra a inflação, embora muito pequeno; portanto, no final das contas, eles não farão muita diferença em termos de dólares, a menos que seu portfólio seja extremamente grande.

Portanto, para resumir, embora existam muitos tipos diferentes de títulos para você escolher, a grande maioria deles não é digna da sua consideração, já que não oferece nenhum benefício adicional a ninguém além do sortudo membro do Complexo de Máquinas de Taxas de Wall Street que colocou suas patas sujas neles no início e recebeu taxas de subscrição massivas para convencer alguma alma pobre e desavisada a comprá-los. Em outras palavras, é melhor usar o acrônimo KISS, que significa "Keep it simple, stupid" (Mantenha as coisas simples, estúpido), ou seja, "Você precisa manter tudo tão simples que fique *estupidamente simples*". Ou a alternativa: "Ouça, seu idiota estúpido! Quer parar de complicar as coisas sem nenhum motivo e manter as coisas simples?".

De qualquer forma, quando se trata de escolher um fundo de títulos, sua meta deve ser manter as coisas o mais simples possível. Simples assim.

Então, com tudo isso em mente, qual é o plano de alocação correto para você?

A resposta – e não estou tentando tirar o corpo fora aqui – é que depende.

Por exemplo, se você perguntar a qualquer consultor financeiro que não esteja tentando enganá-lo, ele lhe dirá que a alocação de ativos mais comum é uma divisão 60/40, em favor das ações.

Mas isso é só um ponto de partida.

A partir daí, você pode considerar a fórmula de Jack Bogle – segundo a qual a porcentagem de títulos em seu portfólio deve ser igual à sua idade – e, o mais importante de tudo, suas respostas para cada uma das quatro perguntas. Ao combinar esses três fatores, juntamente com uma boa dose de bom senso, não deve ser muito difícil elaborar um plano de alocação que se adapte a seus objetivos, sua tolerância a riscos, seu horizonte temporal e sua situação financeira atual.

Por exemplo, com Fernando e Gordita, como cheguei a uma divisão 80/20?

A resposta é que foi parte ciência, parte arte e parte adivinhação.

A parte científica foi começar com uma divisão de 60/40 e depois aumentar para 70/30 para levar em conta a idade relativamente jovem e a alta renda. A parte artística consistiu em aumentar a alocação em ações em mais 10% para levar em conta a tolerância ao risco acima da média de Fernando e o fato de que, pessoalmente, não acho que ele tenha o temperamento necessário para manter mais títulos do que isso em seu portfólio sem arrancar os cabelos. E a parte da adivinhação foi aconselhar Fernando a retirar mais 5% do total – ou seja, reduzir sua alocação em ações *e* títulos para que ele pudesse continuar a especular.

Meu raciocínio para esse último conselho foi simples: Fernando gosta de especular! Ele se diverte, apesar do péssimo histórico na área.

E, assim, não há nada de errado nisso, ok? A vida deve ser divertida.

Além disso, eu temia que, se tivesse dito a Fernando que ter um portfólio de investimentos adequado e ainda poder especular eram mutuamente excludentes, ele teria me xingado de tudo que é nome, acabaria se frustrando no caminho e, de toda forma, começaria a especular. Além disso, depois de tudo, ele provavelmente começaria a alocar ainda mais dinheiro para a especulação e a usar ainda mais estratégias furadas do que se eu tivesse feito com que isso fizesse parte de seu plano geral de alocação de ativos desde o início.

Portanto, o negócio é o seguinte: desde que 95% de um portfólio esteja alocado corretamente, não há absolutamente nada de errado com o fato de você ou qualquer outro investidor se envolver em um pouco de especulação saudável com os outros 5%. No caso de Fernando, consegui fazer as probabilidades penderem mais a seu favor ao mostrar a ele uma estratégia de negociação de curto prazo chamada *base trading*, que compartilharei com você mais adiante neste capítulo.

Mas, antes, quero que você dê uma olhada rápida nas tabelas a seguir. Elas apresentam diferentes planos de alocação de ativos para três grupos etários distintos, com diferentes graus de tolerância ao risco. Detalhar mais do que isso é basicamente exagero, pois há simplesmente variáveis e nuances demais envolvidas para abordar cada cenário individualmente.

Assim, esses exemplos são apenas pontos de partida, a partir dos quais você pode personalizar ainda mais seu plano de alocação com base na sua idade e em como você respondeu a cada uma das quatro perguntas.

INVESTIDOR MÉDIO	Ações	Títulos
Jovem	80%	20%
Meia-idade	60%	40%
Transição para a aposentadoria	40%	60%
Aposentado	20%	80%

INVESTIDOR CONSERVADOR	Ações	Títulos
Jovem	70%	30%
Meia-idade	50%	50%
Transição para a aposentadoria	30%	70%
Aposentado	10%	90%

INVESTIDOR AGRESSIVO	Ações	Títulos
Jovem	90%	10%
Meia-idade	70%	30%
Transição para a aposentadoria	50%	50%
Aposentado	30%	70%

É importante ressaltar que, uma vez que você tenha elaborado o plano correto de alocação de ativos, ele não é definitivo. O ideal é revisá-lo de tempos em tempos para ter certeza de que ele ainda faz sentido para você. Se não fizer, será necessário ajustar o plano de acordo.

No jargão de Wall Street, esse processo de ajuste periódico da combinação de ativos em um portfólio de investimentos é chamado de "rebalanceamento" e, como acontece com a maioria das coisas em Wall Street, eles o complicam propositadamente, colocando rótulos extravagantes em todas as diferentes metodologias e apresentando tantas variações diferentes que a pessoa comum fica tão sobrecarregada que decide contratar um "especialista", que acaba sendo um membro de carteirinha do Complexo de Máquinas de Taxas de Wall Street. Aí eles fodem você.

O negócio é o seguinte: você não precisa contratar ninguém para isso.

A regra de ouro do rebalanceamento é a seguinte: menos é mais.

Ponto.

É claro que Wall Street tentará convencê-lo do contrário, usando termos sofisticados como "alocação dinâmica de ativos" e "alocação tática de ativos" e blá-blá-blá.

Aqui vai meu conselho: você deve revisar seu plano de alocação de ativos com a menor frequência possível (mas não nunca) para evitar a armadilha de se tornar seu próprio gestor ativo daquilo que deveria ser um portfólio gerenciado passivamente. Entendeu? Portanto, relaxe! Tome um chá de maracujá. É provável que você possa esperar até o próximo rebalanceamento programado, a menos que algo monumental tenha acontecido em sua vida a ponto de alterar drasticamente suas respostas às quatro perguntas. Se não for o caso, você deveria fazer o rebalanceamento pelo menos uma vez por ano, mas não mais do que duas. Qualquer coisa além disso é provavelmente um exagero e você correrá o risco de se tornar involuntariamente ativo, em vez de passivo.

Entretanto, quando chegar a hora de reequilibrar, há dois aspectos principais que você precisa observar:

1. Seu plano atual de alocação de ativos ainda faz sentido para você com base em suas metas atuais? Seu horizonte temporal? Sua tolerância

ao risco? Sua situação financeira? Se a resposta para todas essas perguntas for sim, então você não precisa fazer nenhuma alteração; pode deixar as coisas como estão. Entretanto, se a resposta para qualquer uma dessas perguntas for "não", provavelmente será necessário ajustar as porcentagens relativas de ações *versus* títulos até que a alocação volte a fazer sentido para você.

2. Os lucros (ou perdas) em uma de suas classes de ativos fizeram com que a proporção atual de ações em relação a títulos não correspondesse mais ao seu plano original de alocação de ativos? Por exemplo, digamos que o S&P 500 tenha tido um ano matador e que você tenha se valorizado em mais de 30%. Bem, adivinhe só: isso terá um grande impacto sobre a porcentagem relativa de ações *versus* títulos do seu portfólio – especificamente, você estará sobreponderado em ações e subponderado em títulos, com base no seu plano original de alocação de ativos. Então, o que você deve fazer? Bem, de modo geral, meu conselho seria, em caso de dúvida, não fazer nada. Por quê? Porque toda vez que você compra ou vende algo, você cria o potencial para taxas e impostos; portanto, a menos que você ache que suas porcentagens estão realmente fora do tom a ponto de não servirem mais aos seus objetivos atuais, ao seu horizonte temporal, à sua tolerância ao risco e à sua situação financeira, eu erraria por precaução e não faria nada. Lembre-se, o objetivo aqui é ser o mais passivo possível e deixar que o tempo faça o trabalho pesado.

Além disso, também vale a pena observar que, embora estudos acadêmicos tenham demonstrado que 90% da variação do retorno de longo prazo de um portfólio se baseia em sua alocação de ativos, uma mudança de 5% em qualquer direção entre ações e títulos fará muito pouca diferença. De fato, há um velho ditado no campo da carpintaria que se aplica perfeitamente aqui: "Meça duas vezes, corte uma".

Em outras palavras, dedique um tempo para desenvolver um plano de alocação de ativos correto desde o início. Não se apresse. Responda a todas as quatro perguntas com honestidade e franqueza para acertar as porcentagens na primeira vez. Em seguida, depois de tomar essa decisão e escolher os dois fundos de índice principais que comporão a maior parte do seu portfólio, sente-se, relaxe e não fique louco quando a porcentagem de uma das posições começar a se desviar alguns pontos. Isso é normal e esperado, e, se você simplesmente não fizer nada, tudo acabará bem. Só não caia novamente na espiral mortífera da escolha individual de ações e da tentativa de prever o mercado.

POR FALAR EM MORTE, antes de passar para o mundo maluco da especulação saudável com ações, vamos falar um pouco sobre outra certeza desagradável da vida: os impostos.

Meu conselho aqui é simples: você deve fazer tudo o que estiver ao seu alcance para pagar o mínimo possível de impostos, mas sem infringir a lei. Como fazer isso é mais complicado de explicar, mas não porque as estratégias em si sejam complicadas.

De fato, elas não são; na verdade, são bastante simples.

O que é complicado é que este livro será publicado em vários países, e cada um deles tem seu próprio conjunto exclusivo de leis tributárias e tipos de aposentadoria que permitem que seus respectivos cidadãos evitem pagar impostos por pelo menos algum período de tempo e, com sorte, para sempre.

E não se engane: essa questão é fundamental.

O ponto principal é que os tipos de contas em que você mantém suas posições terão um impacto dramático nos seus retornos após o imposto, o que se traduz em um impacto ainda *mais* dramático em sua composição de longo prazo. Nos Estados Unidos, por exemplo, temos IRAs e 401(k)s; na Austrália, há contas de superfundos; na Alemanha, há algo chamado pensões Reister; e no Reino Unido há sabe-se lá o quê. O que quero dizer é que as estratégias tributárias que fazem sentido para um determinado país provavelmente não farão nenhum sentido para outro. Portanto, em vez de ser um "americano idiota" e presumir que todas as pessoas moram nos Estados Unidos e são obrigadas a pagar impostos aqui, vou evitar gastar as próximas páginas falando sobre a legislação tributária dos Estados Unidos, no que se refere a contas de investimento, deixando o resto do mundo à deriva. Em vez disso, vou lhe oferecer conselhos abrangentes que, espero, sejam valiosos para todos.

1. Quando estiver decidindo se deve colocar um fundo mútuo ou ETF em uma conta tributável ou com imposto diferido, a coisa mais importante a ser considerada é a eficiência fiscal relativa de cada fundo em seu portfólio. Quando você analisa esse aspecto, é provável que descubra que, em termos de impostos, um dos fundos seja significativamente menos eficiente do que os outros. Com isso em mente, como é provável que você tenha uma quantidade limitada de capital em sua conta com imposto diferido, o ideal é colocar lá o fundo com menor incidência de impostos, de modo a compensar os impostos mais altos e, em seguida, colocar o fundo com maior incidência de impostos em sua conta normal (supondo que você tenha exaurido os fundos em sua conta com imposto diferido).
2. No próximo capítulo, examinarei os diferentes grupos de pessoas que tentarão ativamente foder você, atraindo-o de volta ao cassino corrupto. Um desses grupos é o dos planejadores financeiros e, infelizmente, embora eu odeie admitir, eles realmente servem a um propósito válido quando se trata de certos assuntos, e um desses assuntos é o planejamento tributário. Portanto, a menos que você tenha certeza absoluta de que está totalmente a par das leis tributárias mais recentes de seu país no que se refere à maximização de sua economia fiscal, vou aconselhá-lo a consultar um planejador financeiro qualificado em seu país – desde que você siga os protocolos de segurança que apresento no próximo capítulo para lidar com possíveis membros do Complexo de Máquinas de Taxas de Wall Street.

VAMOS FALAR SOBRE especulação saudável por alguns instantes. Por que ela é importante? Ou, mais precisamente, ela é importante?

A resposta é: depende de cada pessoa.

Por exemplo, como expliquei sobre o Fernando, se alguém gosta de especular, é importante que você o deixe especular. Caso contrário, ele de todo jeito acabará fazendo isso, porque assim é a natureza humana. Não tem como resistirmos por muito tempo à tentação de nos envolvermos em uma atividade empolgante, especialmente quando somos constantemente bombardeados com mensagens do Complexo de

Máquinas de Taxas de Wall Street incentivando-nos a pular de um penhasco financeiro.

Portanto, para todos os que gostam de escolher ações individuais, vou lhes dar uma boa chance, apresentando-lhes uma estratégia de curto prazo conhecida como *base trading*.

Em resumo, o *base trading* envolve assumir uma posição de longo prazo em uma ação de alta qualidade, como Apple, Google, Tesla ou Facebook, e, em seguida, negociar em torno dessa posição, comprando e vendendo uma pequena parte das suas participações no curto prazo com base na movimentação atual do preço da ação.

O "objetivo" aqui é se valer do poder de uma estratégia de compra e manutenção de longo prazo ao gerar lucros de negociação de curto prazo para obter o melhor dos dois mundos.

Em termos práticos, uma estratégia de *base trading* permite que você obtenha lucros de curto prazo à medida que o preço de uma ação sobe, ao mesmo tempo que mantém a exposição de longo prazo por meio das ações não vendidas de sua posição de base. Em contrapartida, você pode reconstruir sua posição de base aproveitando uma retração no valor da ação.

Por exemplo, digamos que você tenha uma posição de base de cem ações da Apple (AAPL) a 100 dólares cada. Se o valor subisse para 105 dólares por ação, você poderia vender 20% da sua posição, ou seja, vinte ações, e esperar por uma retração no preço antes de comprar essas ações de volta para restabelecer sua posição de base original de cem ações.

Ao fazer isso, você realizaria três coisas:

1. Você garante um ganho de 5%.
2. Você minimiza o risco de queda na sua posição de base restante.
3. Você mantém a capacidade de capitalizar em futuros aumentos de preço.

A lógica por trás do *base trading* está no fato de que uma ação ou qualquer outro ativo negociável não sobe ou desce em linha reta. Na verdade, ele é negociado a um valor ora mais alto, ora mais baixo, com vários picos e vales, conforme a tendência do ativo em qualquer direção em que esteja indo no longo prazo. Por exemplo, se você observar o gráfico de qualquer ação que tenha passado de 100 dólares para 150 dólares, verá muitos movimentos bruscos para cima seguidos de recuos de curto prazo, ou correções, no jargão de Wall Street, seguidos, mais uma vez, por mais movimentos bruscos para cima, seguidos, mais uma vez, por correções de curto prazo, e assim por diante. Com o passar do tempo, essas oscilações de preço tendem a se organizar em padrões previsíveis de negociação, com níveis de suporte (na parte inferior da faixa de negociação de uma ação) e níveis de resistência (na parte superior da faixa de negociação de uma ação), que os negociantes de curto prazo tentam capitalizar.

No jargão de Wall Street, a ciência – ou, mais precisamente, parte vodu, parte ciência – por trás da identificação desses níveis de suporte e resistência é chamada de "análise técnica", em nítido contraste com a "análise fundamental", que serve de base para o investimento em valor. Em teoria, os dois tipos deveriam funcionar muito bem juntos, no sentido de que você pode usar a análise fundamental – acessando os lucros, os ativos, o balanço patrimonial, o fluxo de caixa e a relação P/L de uma empresa – para identificar uma ação subvalorizada e, em seguida, usar a análise técnica para tentar fazer a compra no momento em que a ação estiver na parte inferior da faixa de negociação.

Hum... pelo menos essa é a *teoria* por trás disso.

Se você perguntar a alguém como Warren Buffett sobre isso, ele lhe dirá que os macacos cegos que atiram dardos provavelmente farão um trabalho muito melhor na escolha da faixa de negociação de uma ação do que qualquer analista técnico que ele já tenha conhecido.

Mas isso é apenas a opinião de um homem; o fato de ele estar quase sempre certo não vem ao caso! Sem mencionar que estamos falando de especulação aqui, não de investimento em valor, portanto, quem se importa com a opinião do Oráculo?

Seja qual for o caso, é assim que essas faixas de negociação funcionam: quando o preço de uma ação se aproxima de um nível de resistência, os negociantes de curto prazo vão procurar garantir algum lucro, o que causa um recuo no preço da ação. Em contrapartida, quando esse recuo da ação se aproxima de um nível de suporte, cria-se uma oportunidade para a compra de mais ações pelo preço mais baixo, o que faz com que a ação suba novamente, e assim por diante.

Simples, certo?

Em outras palavras, uma estratégia de *base trading* permite que um negociante de curto prazo experiente aproveite a pressão constante de compra e venda que as ações de todas as empresas fundamentalmente sólidas sofrem diariamente. Quando a ação dispara, a pressão de venda de curto prazo aumenta até atingir um ponto de ruptura ou nível de resistência, momento em que a pressão de venda de curto prazo supera a compra de curto prazo e a ação cai. Quando ela cai o suficiente, ou seja, quando chega ao nível de resistência, a venda diminui e a pressão de compra começa a aumentar, acabando por sobrepujar a pressão de venda e fazendo com que a ação comece a subir de novo.

Então aí está, bem resumidamente, a explicação, pronta para ser usada.

No entanto, antes de tentar usá-la, esteja ciente de que tentar encontrar esses níveis de suporte e resistência leva tempo e prática, e você estará negociando contra profissionais que dão a vida por esses movimentos de preço de curto prazo. Isso não quer dizer que você não possa se tornar um especialista em análise técnica e desenvolver um *feeling* para encontrar o topo e a base da faixa de negociação de uma ação.[40] Na verdade, tenho um amigo em particular que fez uma fortuna enorme usando uma estratégia de *base trading*, mas, é claro, ele é um operador profissional que está no mercado há trinta anos.

Portanto, com isso em mente, aí vão as cinco principais etapas para executar com sucesso uma estratégia de *base trading*:

1. Escolher a ação correta.
2. Estabelecer sua posição de base inicial.

---

40. Há inúmeros livros sobre análise técnica; portanto, se você quiser entrar de cabeça, aqui vão duas recomendações: *How to Day Trade for a Living: A Beginner's Guide to Trading Tools and Tactics, Money Management, Discipline e Psychology Trading* [Como viver de *day trade*: um guia para principiantes de ferramentas e táticas de negociação de curto prazo, gestão financeira, disciplina e psicologia], do Dr. Andrew Aziz; e *Trading: Technical Analysis Masterclass* [Negociação de curto prazo: uma *masterclass* de análise técnica], de Rolf Schlotmann e Moritz Czubatinski. Lembre-se de que o *base trading* se enquadra na categoria de especulação saudável e deve ser limitado a no máximo 5% do seu portfólio total.

3. Vender ações para obter lucro no curto prazo.
4. Recomprar as ações para restabelecer sua posição de base.
5. Enxaguar e repetir de novo, e de novo.

Vamos examiná-las, uma de cada vez.

1. Escolher a ação correta

Como você vai manter sua posição de base por um longo prazo, é importante escolher uma empresa que tenha fundamentos sólidos. Há várias maneiras de fazer isso, mas a mais fácil é usar uma das principais empresas de pesquisa independentes que publicam relatórios sobre empresas de grande capitalização. Alguns exemplos são Finviz, Koyfin, Zack's Research e Seeking Alpha. Qualquer uma delas serve perfeitamente, e o custo de uma assinatura é relativamente baixo, acompanhada por uma oferta de teste gratuito ou uma garantia de devolução do dinheiro.

O que você está procurando é uma marca famosa, como Apple, Google, Facebook ou Tesla. Essas empresas terão não apenas fundamentos sólidos, mas também volatilidade diária suficiente em suas respectivas ações para criar oportunidades suficientes para executar uma estratégia de *base trading*.

Um exemplo perfeito disso seria a Apple.

Como a empresa mais valiosa do mundo, seus fundamentos de longo prazo são os mais sólidos possíveis, e as ações tendem a ser voláteis devido à grande participação institucional, especialmente entre os fundos de *hedge*, que estão constantemente entrando e saindo.

No gráfico a seguir, você pode ver que, apesar da óbvia tendência de alta de longo prazo, há inúmeros picos e vales ao longo do caminho. Cada pico e cada vale representam uma oportunidade potencial para executar o *base trading*.

Preço das ações da Apple em 1 ano (2021)

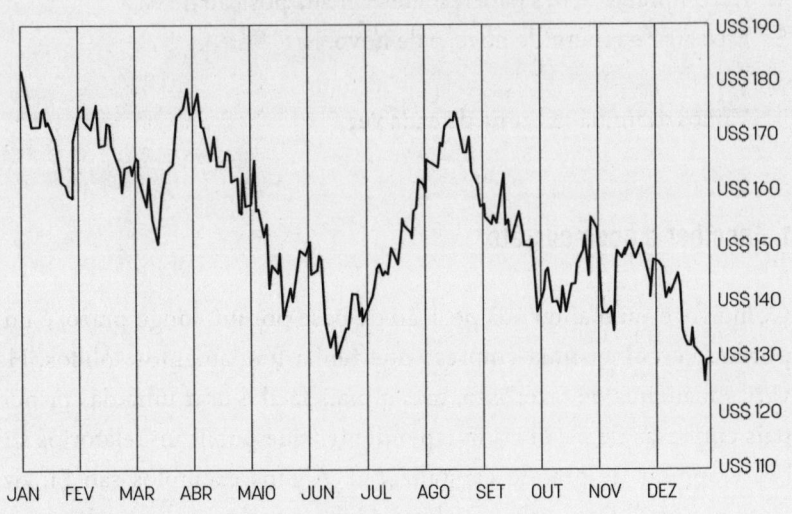

2. Estabelecer sua posição de base inicial

A chave para o sucesso aqui é não tentar estabelecer sua posição de uma só vez. Em vez disso, você deve acumulá-la em pequenas partes, usando uma estratégia de cálculo de custo médio em dólar para, com sorte, reduzir o custo médio da sua base. Em outras palavras, ao dividir a compra de sua posição de base inicial em partes pequenas e iguais – nesse caso, em um período de cinco semanas – você elimina o chamado fator humano de suas decisões de compra, o que normalmente resulta em melhores pontos de entrada e um custo de base no geral mais baixo. Por exemplo, digamos que você queira estabelecer uma posição básica de cem ações da Apple. A maneira correta de fazer isso seria comprar vinte ações por semana em um período de cinco semanas até atingir a posição total de cem ações. No gráfico a seguir, você pode ver exatamente como isso ocorre em um período de cinco semanas.

Preço das ações da Apple em 60 dias (2021)

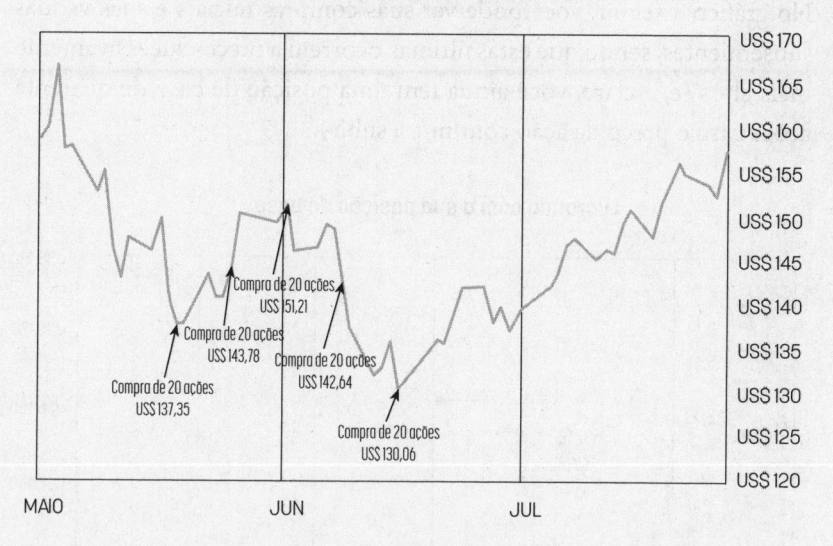

- Compra de 20 ações US$ 137,35
- Compra de 20 ações US$ 143,78
- Compra de 20 ações US$ 151,21
- Compra de 20 ações US$ 142,64
- Compra de 20 ações US$ 130,06

Observe como cada um dos cinco pontos de entrada ocorreu no mesmo dia de cada semana, independentemente do preço da ação naquele momento. Nesse caso, o custo médio de cem ações da Apple acabou sendo de 141,01 dólares por ação. Obviamente, você poderia ter usado essa mesma estratégia para acumular mil ações da Apple ou qualquer outra quantidade de ações que se adequasse à sua tolerância ao risco, desde que não excedesse um total de 5% de seu portfólio de investimentos. (Lembre-se: aqui, você está especulando!)

3. Vender ações para obter lucro no curto prazo

Depois de estabelecer sua posição de base, você precisará decidir qual porcentagem de sua posição você deseja vender à medida que a ação avança e a que preço. Uma regra geral comum é vender 20% de suas ações com um ganho de aproximadamente 10% (usando um número inteiro como referência para obter lucro). Por exemplo, se o preço da Apple chegasse a 155 dólares, você venderia vinte ações no início e continuaria a vender outras vinte ações para cada 5 dólares que a ação subisse – mas parando em 150 dólares, pois não quer vender toda a sua posição base. No gráfico a seguir, você pode ver suas compras iniciais e suas vendas subsequentes, sendo que estas últimas ocorrem a preços sucessivamente mais altos (e, é claro, você ainda tem uma posição de base de quarenta ações caso o preço da ação continue a subir).

Lucrando com a sua posição de base

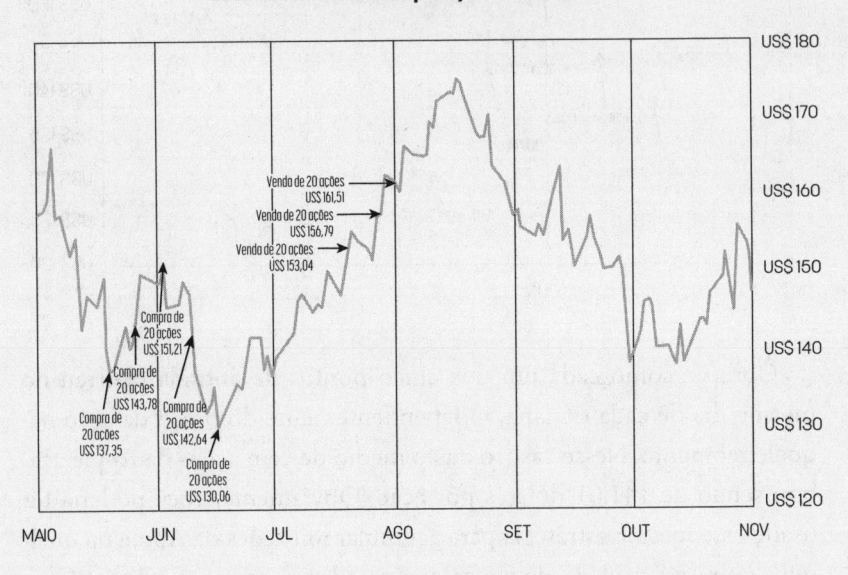

Compra de 20 ações US$ 137,35
Compra de 20 ações US$ 143,78
Compra de 20 ações US$ 151,21
Compra de 20 ações US$ 142,64
Compra de 20 ações US$ 130,06
Venda de 20 ações US$ 153,04
Venda de 20 ações US$ 156,79
Venda de 20 ações US$ 161,51

4. Recomprar as ações para restabelecer sua posição de base

Essa etapa envolve a recompra do mesmo número de ações que você vendeu na alta para restabelecer sua posição de base. Entretanto, antes de fazer isso, você deve investigar por que ocorreu a queda. Por exemplo, ela fazia parte do padrão normal de negociação das ações ou aconteceu algo na empresa que impactou negativamente seus fundamentos?

Se for o primeiro caso, você executaria a estratégia de recompra no nível adequado; se for o segundo caso, você esperaria até estabelecer que a empresa ainda é fundamentalmente sólida e que a ação encontrou uma nova faixa de negociação.

Para descobrir qual dos cenários acima é o correto, você precisará fazer um pouco de pesquisa, começando com a análise de todas as notícias recentes sobre a empresa, incluindo quaisquer 8-Ks que tenham sido arquivados na SEC (se você se lembrar do Capítulo 6, os emissores são obrigados a protocolar um 8-K se houver quaisquer mudanças materiais na empresa). Além disso, você também deve revisitar o relatório de pesquisa no qual se baseou inicialmente para escolher a ação e verificar se houve alguma atualização. Se nada de relevante aparecer em nenhuma dessas duas fontes, então o recuo provavelmente faz parte do padrão normal de negociação da ação e você pode restabelecer sua posição de base.

Para isso, você deve fazer compras em incrementos de vinte ações e continuar comprando até que sua posição de base inicial tenha sido totalmente restabelecida.

Por outro lado, se algo relevante *de fato* aparecer, você deverá esperar que a ação restabeleça um novo nível de suporte que reflita essa mudança relevante e, em seguida, restabelecer sua posição de base de acordo com isso.

5. Enxaguar e repetir, de novo e de novo

A chave para o sucesso de longo prazo com essa estratégia é acertar muitas tacadas curtas que se somam ao longo do tempo, em vez de tentar acertar um *home run*. Portanto, com isso em mente, você terá de resistir ao impulso natural de ser ganancioso quando as coisas estiverem indo a seu favor – aumentando o tamanho de suas transações ou esperando por movimentos *maiores* de alta. Isso é o equivalente à morte em uma estratégia de *base trading*. Em vez disso, você precisa manter o curso e continuar a negociar em ambos os lados do mercado nos níveis predeterminados e sem aumentar o tamanho de cada transação. Marcar um *home run* é o objetivo da sua posição de base, não das suas negociações de curto prazo, e, para começo de conversa, foi por isso que você escolheu uma empresa fundamentalmente sólida.

Para resumir, aí vão os quatro maiores pontos fortes de uma estratégia de *base trading*.

1. Pode aumentar seus lucros de curto prazo, permitindo que você aproveite as flutuações normais de preço das ações de uma empresa.
2. Permite que você mantenha a possibilidade de valorização do capital no longo prazo ao manter sua posição de base.
3. Pode reduzir suas perdas em um mercado em baixa ao garantir lucros no curto prazo quando a ação da sua posição de base entra em tendência de queda.
4. Permite que você experimente a emoção das negociações de curto prazo, o que facilita a paciência com o restante de seu portfólio, à medida que ele lentamente acumula riqueza para você ao longo do tempo.

Por outro lado, aí vão seus quatro maiores pontos fracos.

1. Está historicamente comprovado que comprar na baixa e vender na alta é extremamente difícil de fazer de forma consistente.
2. Todas essas compras e vendas constantes levam a ganhos (e perdas) de capital de curto prazo, tornando essa estratégia muito menos eficiente do ponto de vista fiscal do que a estratégia simples de comprar e manter.
3. Toda vez que você compra ou vende ações, incorre em taxas que lentamente corroem seus lucros gerais.
4. É fácil se deixar levar pelas emoções, momento no qual é provável que você abandone a disciplina necessária para que essa estratégia seja bem-sucedida e comece a se arriscar.

Nunca se esqueça de que, apesar de essa estratégia ter um mérito considerável, o baralho ainda está, como se diz, fortemente marcado contra você. Com as taxas de negociação, as implicações fiscais e a dificuldade inerente de tentar prever o mercado, o *base trading* ainda se enquadra na categoria de especulação saudável e não deve representar mais do que 5% de seu portfólio geral de investimentos – supondo que você não tenha outros investimentos especulativos. Se tiver, você deverá deduzir o capital já alocado nesses investimentos, de modo que o valor total não exceda 5%.

Isso se aplica a todo mundo, mesmo que você pareça ter um "dom" para o *base trading* e os lucros de curto prazo venham aos borbotões. Lembre-se de que você ainda tem a hipótese da eficiência do mercado trabalhando fortemente contra você, junto com os resultados de inúmeros estudos acadêmicos, dois dos quais resultaram em prêmios Nobel, e todos eles apontam para o fato de que tentar vencer o mercado de forma consistente é um exercício de futilidade.

Portanto, se depois de alguns meses de transações bem-sucedidas você se sentir extremamente confiante e quiser aumentar a aposta, peço que relembre as palavras do economista Paul Samuelson, ganhador do Prêmio Nobel: "Embora possa haver um pequeno subconjunto de gestores de fundos dotados de um certo 'talento' que lhes permita superar repetidamente as médias do mercado, se esses administradores de fundos existirem, eles permanecem notavelmente bem escondidos".

Entende o que eu quero dizer?

Agora, tenho certeza de que sim, mas a natureza humana pode ser curiosa às vezes, especialmente se você é constantemente bombardeado pelo Complexo de Máquinas de Taxas de Wall Street com mensagens interesseiras que alimentam seus piores impulsos. Portanto, você precisa permanecer vigilante.

Simplificando, o Complexo de Máquinas de Taxas de Wall Street não ficará de braços cruzados desejando o seu bem enquanto você constrói sua riqueza de forma responsável usando as estratégias deste livro. Não importa quantas vezes eles tenham fodido todo mundo financeiramente, eles nunca deixarão de tentar se reposicionar como uma Wall Street mais gentil, amável e benevolente, uma Wall Street que coloca as necessidades de seus clientes em primeiro lugar e que se preocupa profundamente com questões sociais importantes, como mudança climática, diversidade e qualquer outra coisa que eles possam usar para sinalizar virtude e voltar às boas graças do público. E, banhando-se sob os holofotes de toda essa falsa virtude, aos poucos voltarão a recorrer ao seu antigo manual, atraindo você para o cassino corrupto deles, onde eles fazem as regras, controlam as probabilidades e ganham todos os jogos.

No entanto, tudo isso tem um lado positivo – qual seja, que depois que eu deixar você ciente de todas as maneiras "furtivas" pelas quais o Complexo de Máquinas de Taxas de Wall Street tentará influenciá-lo, será fácil se proteger para não ser sugado de volta.

No próximo capítulo, mostrarei a você exatamente como.

CAPÍTULO 12

CONHEÇA OS FILHOS DA PUTA

A MELHOR MANEIRA DE SE PROTEGER contra todas as merdas que o Complexo de Máquinas de Taxas de Wall Street vai tentar lançar na sua direção, e que só servem a ele mesmo, é entender três coisas.

1. De qual parte do Complexo está vindo a merda, exatamente?
2. De que modo quem faz a proposta está tentando disfarçá-la como uma coisa boa?
3. A merda está a serviço de que propósito sombrio e maligno?

Quando souber a resposta para essas três perguntas, você poderá se considerar inoculado contra qualquer perigo decorrente da exposição a essas merdas. No entanto, como todos nós descobrimos da maneira mais difícil durante a recente pandemia, nenhuma vacina é infalível a ponto de isentá-lo de responsabilidade pessoal, portanto, você precisará permanecer vigilante e sempre manter a guarda alta.

Com isso em mente, quando o Complexo de Máquinas de Taxas de Wall Street tentar arrastá-lo de volta para o cassino corrupto, ele virá de cinco direções aparentemente inócuas.

1. Redes de notícias financeiras e de propaganda na TV a cabo.
2. Jornais e revistas.
3. Influenciadores nas redes sociais.

4. Corretores de ações e planejadores financeiros.
5. Gurus de eventos financeiros.

Vamos examiná-los um de cada vez.

1. Redes de notícias financeiras e de propaganda na TV a cabo

Nos Estados Unidos, os dois monstros gigantes são a CNBC e a Bloomberg News, ambas membros de carteirinha do Complexo de Máquinas de Taxas de Wall Street, embora de formas diferentes. A Bloomberg atende mais a investidores institucionais e profissionais, enquanto a CNBC atende mais a investidores individuais muito menos sofisticados. Obviamente, isso torna a CNBC muito mais problemática para o investidor médio, pois, em vez de sua programação ser técnica e entediante, como a da Bloomberg News, ela é apresentada de uma forma mais divertida e interessante e que favorece os piores impulsos do investidor.

Pensando nisso, o primeiro passo para se proteger é entender com precisão como a CNBC estrutura sua programação.

De modo geral, ela é dividida em três categorias distintas.

1. **Notícias legítimas sobre finanças**: notícias importantes sobre a economia, o governo, o Federal Reserve, empresas de capital aberto, *commodities*, imóveis, mercado imobiliário e de criptomoedas, além de outros setores importantes. De modo geral, são informações valiosas necessárias a qualquer pessoa versada em finanças, e a CNBC as apresenta de forma facilmente compreensível.
2. **Entretenimento**: programação não relacionada a notícias financeiras ou a qualquer tipo de aconselhamento, e não pode ser confundida com isso. Exemplos são *Shark Tank*, do qual eu gosto; *American Greed*, que tem um episódio sobre o Lobo de Wall Street (nossa, que choque!); *The Profit*, que eu acho chato; e *Jay Leno's Garage*, do qual eu até gosto, mas não tenho ideia do que está fazendo na CNBC.
3. **Infotenimento**: como o nome indica, consiste em uma mistura de notícias financeiras legítimas e entretenimento leve, oferecido no

contexto de conselhos de especialistas. Pode variar desde conselhos financeiros gerais, com um tom benevolente, como os de Suze Orman, da CNBC, que genuinamente tenta educar, capacitar financeiramente e proteger os espectadores, até *Fast Money*, da CNBC, que dá conselhos financeiros escandalosamente complexos e incompletos de legítimos especialistas em finanças que de fato sabem o que fazem e não estão tentando prejudicar de modo intencional seus telespectadores, mas que, inadvertidamente, os estão ridicularizando, fazendo-os pensar que têm uma chance de ganhar dinheiro usando suas táticas de negociação de curto prazo, até o fundo do poço dos conselhos, com a equipe de demolição de um homem só da CNBC: Jim Cramer, o chefão dos palhaços, cujo programa é tão totalmente tóxico para o investidor médio que é difícil expressar em palavras. Mas vou tentar.

Então, o que faz de Jim Cramer uma equipe de demolição de um homem só para o investidor médio?

Para começar, ele muda de opinião sobre se você deve comprar ou vender uma ação – ou, aliás, um título, uma opção, uma moeda, um *token* ou qualquer outro instrumento financeiro – mais rápido do que o vento muda de direção. De fato, a constante manipulação de Cramer se tornou tão descarada que até mesmo o Complexo de Máquinas de Taxas de Wall Street o considera uma piada completa e absoluta. Isso não quer dizer que ele não saiba do que está falando em termos de sua amplitude de conhecimento do mercado financeiro. É evidente que sua base de conhecimento é vasta.

Mas um legítimo especialista em ações ou um guru de investimentos? Dá um tempo!

A velocidade e a ferocidade com que ele passa de pessimista para otimista e depois volta para pessimista saíram tanto de controle ao longo dos anos que Cramer se transformou em uma caricatura grosseira de um guru de investimentos em ações. Nesse sentido, a única coisa que você vai conseguir seguindo os conselhos de Cramer é um caso grave de ressaca financeira, além de uma passagem só de ida para o albergue da prefeitura.

Dito isso, não há nada de errado em ser *entretido* por Jim Cramer – se esse tipo de humor barulhento, turbulento e falastrão for do seu agrado. Se for, então *tudo bem*, vá em frente e aproveite! Mas é melhor manter a guarda alta, para não ser sugado pelo vórtice da insanidade de Cramer – ou, como diria ele próprio, *Cramerica* – e acabar com grandes perdas no seu portfólio de investimentos.

Em um grau menor, até mesmo ouvir a divisão de notícias da CNBC pode causar problemas se você não estiver ciente dos perigos sutis. Por exemplo, embora os âncoras de sua divisão de notícias façam um trabalho sólido para manter os investidores atualizados com os últimos acontecimentos na economia, no mercado de ações e nas notícias financeiras em geral, eles também conduzem entrevistas com os principais CEOs, negociantes e gerentes de fundos de *hedge* da "elite" dos Estados Unidos.

É aqui que começam os problemas.

Você está sentado no sofá, assistindo ao noticiário, quando seu âncora favorito começa a entrevistar um operador de mercado. Depois de cerca de dez a quinze segundos de escuta, você percebe que o cara é de verdade, um verdadeiro profissional que sabe muito bem o que faz, e se vê preso a cada palavra dele. Passa-se mais um minuto e o negociante começa a falar sobre uma estratégia de negociação de curto prazo de opções que ele vem usando nos últimos seis meses e, embora ele não seja de se gabar, não pode deixar de mencionar que está ganhando muito dinheiro. Em seguida, ele acrescenta: "Com base em tudo o que estou vendo no mercado, acho que essa estratégia ainda tem mais quatro a seis meses pela frente antes que a festa acabe. Basicamente, é o mais próximo de imprimir dinheiro que já vi no mercado".

De repente, você se levanta da cadeira, enfeitiçado.

Que tipo de estratégia poderia estar fazendo esse cara ganhar tanto dinheiro?, você se pergunta.

Se ao menos ele *dissesse*... se ao menos você soubesse... então – *bum*! – assim, do nada, o âncora faz a pergunta de 1 milhão de dólares ao negociante: "E aí, você pode nos contar um pouco mais sobre essa estratégia? Tenho certeza de que os espectadores gostariam de saber todos os detalhes".

"Ah, com certeza", responde o negociante, feliz em compartilhar uma tática que já está sendo usada por inúmeros especialistas e que é complicada demais para o investidor médio. "Na verdade, é muito simples", responde ele, com um sorriso. "O que eu tenho feito é...", e continua explicando as coisas em termos bem amplos – com o cuidado de lembrar aos espectadores que esse tipo de estratégia deve ser usado somente por profissionais experientes, pois qualquer coisa que envolva opções de ações é inerentemente arriscada.[41]

Diante disso, o âncora franze os lábios e acena lentamente com a cabeça, como se dissesse: "Muito bem, meu amigo. Isso é o que eu chamo de ética!". Em seguida, o âncora olha para a lente da câmera e diz diretamente para você, o espectador: "Então aí está. É assim que os profissionais fazem! Lembre-se apenas de não tentar fazer isso em casa sem a supervisão de um adulto". Ele lhe dá uma piscadela de olho e um sorriso que diz: "Faça isso! Faça agora, antes que seja tarde demais!".

E, do nada, você já não está ali – está pesquisando, dando um google, analisando, ligando para outros amadores – tentando fazer a engenharia reversa dessa incrível estratégia de negociação de curto prazo da qual acabou de ouvir falar, ou talvez compre o livro do especialista, o curso *on-line* ou o serviço de assinatura mensal. E se você pesquisar no Google por tempo suficiente e com afinco, certamente encontrará *algo* sobre essa estratégia – se não desse negociante, então de alguém que está fazendo algo muito semelhante.

Na verdade, voltando ao meu chapa Jim Cramer por um momento, pelo preço de 100 dólares por mês você pode se inscrever no serviço de consultoria por e-mail dele e ter o privilégio exclusivo de receber alertas em tempo real sobre suas últimas mudanças de opinião, entregues diretamente na sua caixa de entrada ou enviadas por mensagem de texto para o seu telefone. O único perigo – além da destruição do seu patrimônio líquido, conforme Cramer o leva a negociar compulsivamente – é entupir a sua caixa de entrada com uma enxurrada constante de materiais de

---

41. Uma opção de ação é um "contrato financeiro" alavancado que lhe dá o direito, mas não a obrigação, de comprar ou vender uma determinada ação a um preço predeterminado, conhecido como "preço de exercício". Não falei sobre opções de ações neste livro porque recomendo fortemente que você fique longe delas. Com poucas exceções, a grande maioria dos investidores médios que se envolvem com opções de ações acaba perdendo todo o seu dinheiro.

marketing do *Cramerica* que tentam convencê-lo a se inscrever em um dos seus programas mais avançados.

De qualquer forma, como um médico pesquisador que testa uma vacina experimental em si mesmo para o benefício da humanidade, decidi aderir. Eu estava curioso para ver quão agressivo alguém como Cramer seria ao tentar atrair um investidor não sofisticado, o que eu tinha indicado ser no formulário de inscrição. Desde então, recebi aproximadamente cinco mil e-mails em um período de oito semanas, pedindo que eu me inscrevesse para ter a honra de ver o chefão dos palhaços volúveis me fazer negociar compulsivamente.

Ok, estou exagerando um pouco – na verdade, foram mais de 120 e-mails, que chegaram a uma taxa de cerca de dois por dia. Mas isso ainda é uma campanha de e-mail muito agressiva, considerando que veio de um especialista financeiro *supostamente* respeitado de uma grande rede de TV. Sinceramente, foi mais parecido com o que eu esperaria se tivesse me inscrito para receber uma oferta de propriedade compartilhada em um novo resort cinco estrelas em Botsuana.

Ainda assim, para ser justo com Cramer, não estou dizendo que ele é um ser humano maldoso tentando, de propósito, fazer com que as pessoas percam dinheiro. (Ele é apenas incrivelmente bom nisso.) E também não estou dizendo que a CNBC é uma rede ilegítima que está tentando sumir de propósito com o dinheiro de seus telespectadores. (Isso é só o que acaba acontecendo quando você segue os conselhos das pessoas de lá.)

O que estou dizendo, porém, é que ambos fazem parte de um sistema que está constantemente tentando lhe fazer uma lavagem cerebral, de modo que você pense que a maneira mais eficaz de administrar seu dinheiro é ser *ativo* – isto é, envolver-se em estratégias de negociação de curto prazo que o fazem comprar e vender e trocar e alternar entre ações e opções, e depois voltar para ações, e depois para petróleo, e depois para o mercado futuro, e depois voltar para ações novamente. Enquanto isso, tanto a história quanto a matemática provaram que o investimento passivo e de longo prazo é uma estratégia de investimento muito melhor do que a negociação ativa e de curto prazo. Mas, novamente, o Complexo de Máquinas de Taxas de Wall Street trabalha sem folga para reforçar constantemente dois pontos cruciais:

1. Que os especialistas da comunidade financeira podem fazer um trabalho melhor do que você na administração do seu dinheiro.
2. Que, se você for *mesmo* administrar seu próprio dinheiro, a maneira mais eficaz é por meio de investimentos ativos e tentando prever o mercado.

É por isso que os muitos Jim Cramers do mundo são tão absolutamente cruciais para o funcionamento adequado do Complexo de Máquinas de Taxas de Wall Street. Afinal, se os investidores médios parassem de ser alimentados diariamente com essas merdas interesseiras, eles reduziriam drasticamente seu nível de negociação de curto prazo, e Wall Street ficaria sem todas as taxas, comissões e perdas pesadas dos clientes que as engolem.

2. Jornais e revistas

Se você procurasse o significado do termo "faca de dois gumes", deveria uma colagem gigante de todos os jornais e revistas altamente respeitados que permeiam o mundo financeiro, junto com o seguinte aviso.

> Leia apenas para fins de entretenimento. Não se iluda pensando que qualquer artigo de qualquer uma dessas publicações o ajudará a tomar uma melhor decisão para negociar no curto prazo ou investir no longo prazo com mais rentabilidade. Lembre-se de que o impacto de qualquer notícia positiva que divulgamos já foi precificado no mercado muito antes da nossa divulgação, portanto, é igualmente provável que uma ação caia em vez de subir, embora não tenhamos certeza disso. O contrário pode acontecer com a mesma facilidade. Na verdade, não temos a menor ideia do destino de qualquer ação sobre a qual escrevemos.

É fundamental que você absorva esse ponto porque, com o passar do tempo, você se pegará lendo inúmeros artigos que foram diretamente plantados pelo Complexo de Máquinas de Taxas de Wall Street ou por outra parte interessada que compartilha o mesmo objetivo financeiro: separá-lo de seu suado dinheirinho.

Lembre-se de que essas publicações também são um negócio e, se o motivo do lucro não for o que determina diretamente suas decisões editoriais, ele pelo menos as influencia significativamente. É por isso que, ao ler um artigo, você sempre precisa considerar quais incentivos monetários podem estar envolvidos para conseguir identificar conflitos de interesses e reportagens distorcidas.

De modo geral, as publicações têm três estratégias principais de monetização, cada uma das quais pode levar a possíveis conflitos de interesse.

1. **Preço de capa**: embora isso esteja se tornando cada vez menos comum no mundo digital de hoje, revistas e jornais ainda são vendidos em bancas de jornal e lojas de varejo em todo o mundo, e essas vendas são extremamente sensíveis ao que aparece na capa. No caso das revistas, isso geralmente significa manchetes chamativas, como "7 ações que estão prestes a explodir" ou "Nossas 9 opções de ações do ano passado que venceram o mercado em 65%" ou as "5 melhores estratégias de negociação para 2022".

2. **Venda de assinaturas anuais**: isso resulta no envio de exemplares de revistas para as residências das pessoas, para empresas e para vários tipos de escritórios, semanal ou mensalmente. Além disso, praticamente todas as revistas têm uma versão *on-line* que cobra uma taxa anual para passar pelo *paywall*.

3. **Receita de publicidade**: o setor de serviços financeiros gasta uma quantidade enorme de dinheiro em publicidade, o que cria o potencial para conflitos sérios, especialmente em revistas com foco específico no setor. Por exemplo, uma revista que vende espaço para o setor de fundos de *hedge* não publicará artigos que se concentrem em como as taxas dos fundos de *hedge* são inflacionadas e como o leitor estaria muito melhor se simplesmente comprasse o S&P 500 por meio de um fundo mútuo sem carga como a Vanguard. Se eles publicassem esses artigos, seus principais anunciantes – os próprios fundos de *hedge* e os vários membros do Complexo de Máquinas de Taxas de Wall Street que ganham dinheiro os recomendando – sumiriam rapidamente, assim como os leitores da revista. Afinal de contas, por que alguém iria querer colocar um anúncio em uma revista que

está ativamente criticando os serviços que vende e, por falar nisso, por que um assinante iria continuar pagando por uma revista que se concentra em um setor que ela afirma que o está roubando?

Para ser claro, isso não vale só para as revistas que atendem ao setor de fundos de *hedge*; vale também para todas as outras revistas dedicadas ao setor. Nenhuma delas publicará consistentemente artigos que afastem seus leitores ou prejudiquem seus anunciantes. Em vez disso, elas vão pintar seus respectivos setores da forma mais favorável possível para manter seus anunciantes satisfeitos e seus leitores querendo mais.

Ainda assim, apesar dessas reservas, recomendo enfaticamente que você leia pelo menos uma publicação financeira com regularidade (de preferência uma que não seja específica do setor), pelo menos para se manter informado sobre a economia e as tendências recentes dos negócios, e também para se proteger de parecer um idiota fora de sintonia no próximo jantar de que participar. Lembre-se também de ficar atento durante a leitura e de prestar atenção aos avisos acima; caso contrário, você pode acabar achando que realmente é possível ganhar dinheiro empregando uma das "5 estratégias de negociação mais quentes de 2023", simplesmente porque alguma revista interesseira lhe disse isso!

3. A vingança dos charlatões, também conhecidos como influenciadores de redes sociais

Vamos começar com as más notícias.

Quando o assunto é redes sociais, os vigaristas e os charlatões são como moscas sobre a merda.

Plataformas *on-line* como Facebook, Instagram, TikTok e YouTube estão repletas de "influenciadores financeiros" fazendo algumas das afirmações mais ultrajantes que já ouvi em todos os meus anos no mercado financeiro – e, como tenho certeza de que você sabe, já ouvi de tudo.

Mas, ainda assim, a merda que sai da boca desses influenciadores financeiros é ridícula em um nível totalmente novo. Então, um dos meus passatempos menos favoritos – mas é um passatempo, mesmo assim

– é percorrer uma plataforma de rede social até encontrar um dos muitos idiotas de primeira classe que está promovendo o mais recente golpe com ações de baixo custo, shitcoins ou esquema de câmbio. Acho levemente divertido como eles dizem coisas que fazem zero sentido aparentando absoluta certeza, violando, ao mesmo tempo, pelo menos uma dúzia de leis diferentes sobre valores mobiliários ao longo do caminho. E a melhor parte sempre vem no final, quando o influenciador diz a mesma frase feita e previsível, que soa mais ou menos assim: "Veja, se eu fosse você, sairia agora mesmo e compraria esses quatro *tokens* incríveis que, garanto, vão explodir. E não se esqueça de curtir esta publicação, de me seguir e de compartilhar isso com seus amigos!". Então, para dar uma última risada, eu sempre leio a legenda na parte inferior, que dirá algo como "O conselho financeiro que acabei de lhe dar não é realmente um conselho financeiro". (Sim, diga *isso* ao juiz quando ele o condenar por fraude de títulos!)

É difícil dizer por que sinto uma alegria tão irracional ao assistir a esses vídeos, embora tenha algo a ver com o fato de que mal posso esperar para ver a cara de espanto desses supostos investidores quando forem presos e sua identificação fotográfica na polícia vazar.

De qualquer forma, deixando isso de lado, a *boa* notícia é que, com um pouco de treinamento, você será capaz de identificar esses charlatões a quilômetros de distância e se proteger facilmente contra suas besteiras.

De modo geral, eu colocaria todo esse grupo de vigaristas em um grande balde e colocaria nele a seguinte etiqueta de advertência: *Não leve essas informações a sério. Use só para diversão.*

Dessa forma, você poderia ouvir com segurança quantos desses charlatões das redes sociais quiser, sabendo muito bem que cada palavra que sai da boca deles é parte de um grande plano para separar você do seu dinheiro.

4. Corretores de ações e outros sanguessugas

A melhor maneira de descrever esse grupo diversificado que, em sua maioria, é composto por sanguessugas, é usar a mesma palavra simples que Warren Buffett usou para descrever o setor de fundos de *hedge*: desnecessário.

Entretanto, dito isso, seria muito injusto pintar *todos* nesse grupo com a mesma tinta. Alguns desses "especialistas" – planejadores financeiros, em particular – podem, na verdade, lutar pelo seu interesse, desempenhando um papel útil como facilitadores financeiros. Em outras palavras, a função de um planejador financeiro não é aconselhá-lo sobre como vencer o mercado por meio de estratégias de negociação de curto prazo, mas fornecer serviços financeiros auxiliares, como a criação de contas isentas de impostos, como uma IRA ou 401(k), ajudá-lo com o planejamento tributário e o planejamento patrimonial e garantir que você mantenha uma quantidade adequada de cobertura de seguros.

Portanto, com isso em mente, se você decidir contratar um planejador financeiro, a melhor maneira que eu tenho de proteger você de qualquer merda interesseira que ele possa fazer é mostrar-lhe os sinais de alerta de que seu planejador financeiro (ou corretor de ações) é um membro do Complexo de Máquinas de Taxas de Wall Street e está tentando guiá-lo para a fábrica de moagem de carne financeira.

Sinal de alerta nº 1: receber uma ligação do nada ou ser forçado a aderir
Vou ser franco.

Faça um enorme favor a si mesmo e nunca negocie com um planejador financeiro ou corretor da bolsa de valores que tenha ligado para você do nada, ou que tenha ligado de volta depois de você preencher um formulário em uma propaganda *on-line*, quer ela tenha aparecido numa pesquisa no Google, quer você tenha clicado nela ao navegar em uma plataforma de rede social.

Mais especificamente, qualquer anúncio *on-line* que resulte no processo de quatro etapas a seguir é quase certamente uma fraude, especialmente se você for atingido pela quarta etapa.

1. Um primeiro clique o leva a uma página de internet com a venda de serviços.
2. Suas informações pessoais são solicitadas, e há um pedido de permissão para que você comece a receber e-mails, mensagens de texto etc. (o termo do setor para isso é *opt in*).

3. Você começa a receber uma sequência agressiva de e-mails ou mensagens de texto escritas por especialistas, cada uma delas projetada para atingir um ponto de interesse financeiro diferente.
4. O processo culmina com a marcação de uma chamada telefônica, um bate-papo por vídeo ou uma reunião presencial com você, durante a qual eles tentam convencê-lo de que, se você abrir uma conta, eles podem oferecer retornos anuais que excedem em muito o S&P 500, sem nenhum risco.

Se algum dia você se encontrar nesse tipo de situação, quero que corra na direção contrária e nunca mais olhe para trás. Dizem que toda regra tem uma exceção, mas nesse caso não há. As chances de você receber uma ligação do nada ou uma série de e-mails escritos por especialistas em que o suposto especialista financeiro realmente está pensando em você, sem nenhuma agenda alternativa, são tão incrivelmente pequenas que simplesmente não vale a pena arriscar.

De longe, a melhor chance que você tem de encontrar um planejador financeiro legítimo (não vejo razão para recorrer a um corretor da bolsa) é contratar alguém que você conhece e em quem confia há muito tempo, ou contratar alguém altamente recomendado por um amigo muito próximo e que tenha uma reputação de honestidade e integridade.

Sinal de alerta nº 2: incentivo à ação

Esse é fácil.

Se um corretor ou planejador financeiro tentar convencê-lo a começar a entrar e sair de posições ou a tentar prever o mercado, você precisa correr na direção contrária e nunca mais olhar para trás. Como você já deve estar ciente a essa altura, não só é praticamente impossível ganhar dinheiro negociando dessa forma como também esse é um sinal de alerta de que você está lidando com um corretor que está tentando criar taxas e comissões excessivas às suas custas.

Indo um pouco além, se você quiser fazer algumas negociações de curto prazo com uma pequena quantia de dinheiro que reservou para investimentos especulativos, a última coisa de que precisa é ter um corretor de ações aconselhando-o e cobrando uma comissão. Já é difícil ganhar dinheiro com esse tipo de investimento *sem* pagar uma comissão e *sem* ter alguém cujos interesses de curto prazo entram em conflito direto com os seus.

Sinal de alerta nº 3: trata-se de um produto exclusivo da empresa
Embora isso nem *sempre* seja ruim, *quase* sempre é ruim.

Deixe-me explicar.

Estou me referindo aqui a quando você é direcionado para os produtos internos de uma empresa de serviços financeiros, sendo que existem produtos *semelhantes* disponíveis em seus concorrentes que não estão sendo mostrados a você. Sempre que você se encontrar nessa posição, há uma excelente chance de *não* estar obtendo o melhor negócio, especialmente se a sua solicitação para ver programas concorrentes for respondida com uma frase batida de vendedor explicando por que você não precisa perder tempo com isso.

Um exemplo perfeito seria o seu banco local lhe enviar um e-mail habilmente elaborado dizendo algo como:

Prezado correntista,

Vemos que você tem mantido um saldo grande em sua conta de poupança principal, o que, no ambiente atual de taxas de juros relativamente baixas, tem lhe rendido apenas um retorno modesto. É exatamente por esse motivo que você foi especialmente selecionado para receber uma consultoria gratuita de um de nossos consultores financeiros treinados por especialistas. Clique no *link* abaixo para agendar sua consulta.

Atenciosamente,

Seu Benevolente Banqueiro

À primeira vista, parece ser uma atitude genuinamente simpática do seu banco. No entanto, antes de começar a se sentir bem com esse gesto de boa vontade dos bancos locais, há dois pontos importantes que você precisa considerar.

1. A única razão pela qual seu banco lhe enviou um e-mail é porque um algoritmo informou a eles que, a menos que fizessem algo para que

você transferisse seu dinheiro de sua conta poupança a juros baixos para um investimento de longo prazo mais adequado, a concorrência entraria em ação e eles acabariam perdendo seu depósito.
2. Depois de falar com você ao telefone, em vez de oferecer a opção de custo mais baixo de qualquer produto financeiro que eles estejam recomendando, eles lhe oferecerão a versão interna, com taxas e índices de despesas anuais substancialmente mais altos do que os de muitos de seus concorrentes.

O que está motivando esse comportamento?

A resposta é simples: é normal que os corretores e planejadores financeiros recebam comissões substancialmente mais altas quando vendem os produtos financeiros internos de suas empresas. E, embora isso possa ser uma grave violação das leis federais de valores mobiliários – caso eles recomendem um produto que paga uma comissão mais alta quando existe um produto semelhante disponível em outra empresa que lhes paga uma comissão *mais baixa* –, se você não acha que isso acontece o tempo todo, então, como diz o ditado, tenho um terreno na Lua para lhe vender.

Para ser claro, não estou dizendo que toda vez que seu banco local o procura com algum tipo de oferta ele está com o coração cheio de más intenções, mas, quando ele faz uma oferta, se lhe apresenta apenas os produtos internos, você precisa se lembrar de fazer perguntas sobre *outros* produtos concorrentes e comparar os recursos e benefícios.

De novo, não há nada de errado em comprar o produto interno de um banco ou corretora se ele for o melhor para você. Nesse caso, ambas as partes saem ganhando e todo mundo fica feliz. Mas, por lei, os profissionais de finanças são obrigados a mostrar a você não apenas seus produtos financeiros internos, mas também os produtos de seus concorrentes.

Portanto, não se esqueça de perguntar!

Sinal de alerta nº 4: vá ao banheiro e apague as luzes

Abordei esse assunto no capítulo sobre prospectos, mas definitivamente vale a pena repeti-lo, pois esse tipo de comportamento ocorre de várias formas.

Estou me referindo a quando um corretor ou planejador financeiro tenta convencer você de que não precisa ler as tais letras miúdas. Essas letrinhas podem vir na forma de um prospecto completo, alertas na parte inferior de um site de finanças, termos e condições do seu contrato com o cliente ou qualquer outro tipo de documento de divulgação.

Se, a qualquer momento, você se encontrar na posição em que o corretor esteja tentando dissuadi-lo de ler um documento – como na frase "vá para o banheiro, apague as luzes e leia o documento no escuro" – ou estiver menosprezando as letras miúdas como se não fossem importantes, é hora de correr na direção contrária e nunca mais olhar para trás. No entanto, se por algum motivo você não quiser correr – por exemplo, você pode adorar o negócio que está sendo apresentado e achar que ele é muito vantajoso –, certifique-se de ler todo o documento, *inclusive* as letras miúdas.

Se o documento for um prospecto, certifique-se de ler todas as seções importantes. (Eu falei sobre esse assunto, começando na página 125.)

Além disso, você deve ficar muito atento às seguintes *red flags*:

- **Cláusulas de saída antecipada para internos da empresa**: esses tipos de cláusulas permitem que os internos vendam suas ações antes que a empresa alcance o sucesso, deixando os acionistas na mão. Os internos devem ficar presos por pelo menos dois anos, a menos que a empresa já tenha alcançado um nível significativo de sucesso.
- **Taxas e comissões excessivas**: para aumentos de capital inferiores a 10 milhões de dólares, é preciso ter certeza de que não mais do que 6% a 8% do capital total que está sendo levantado será destinado ao pagamento do próprio aumento.
- **Conflito de interesses entre os internos**: certifique-se de prestar atenção especial à seção de transações certas. É nela que você encontrará toda a sujeira referente a conflito de interesses e a transações de terceiros.

Por fim, se o investimento que você está analisando envolver uma possível oferta pública, certifique-se de que você tem o direito de registrar suas ações para venda quando a empresa abrir o capital, e, se *existir* algum tipo de restrição ou retenção sobre suas ações, ela não deve ser maior do que as restrições impostas aos internos da empresa.

Lembre-se: quando se trata do mundo financeiro, o diabo está nos detalhes.

Sinal de alerta nº 5: o nome da empresa é Aerotyne International

Lembra daquela cena clássica do filme *O lobo de Wall Street*, quando faço minha primeira oferta telefônica no Investors Center? Depois de um cumprimento superficial, minhas primeiras palavras para o cliente em potencial foram: "Faz umas semanas, você enviou à minha empresa uma carta solicitando informações sobre ações de baixo custo que tinham um *enorme* potencial de alta com muito pouco risco de queda. Lembra disso?".

Então, após a resposta positiva do cliente potencial, eu disse: "Ok, ótimo! Bem, o motivo da ligação de hoje, John, é que algo *acabou* de passar pela minha mesa e talvez seja a melhor coisa que vi nos últimos seis meses. Se você tiver sessenta segundos, gostaria de compartilhar a ideia com você. Tem um minuto?".

Então, após outra resposta positiva, acrescentei: "Nome da empresa, Aerotyne International. É uma empresa de tecnologia de ponta do Meio-Oeste" – corta para a foto de um velho barracão de madeira com a placa Aerotyne Int. acima da porta – "aguardando a aprovação iminente da patente de uma nova geração de detectores de radar que têm enormes aplicações *tanto* militares *quanto* civis...". E, assim, graças ao brilhantismo de Scorsese, o público sabe exatamente o que está acontecendo, sem que ninguém precise dizer mais nada.

Na verdade, porém, não era preciso *ver* uma foto de um velho barracão de madeira para saber que a Aerotyne não era uma empresa na qual você gostaria de investir. Como diz o velho ditado, se parece ou soa bom demais para ser verdade, provavelmente não é verdade. Quando se trata do mercado de ações, você pode substituir "provavelmente" por "definitivamente".

De forma simples e direta, *não* existe almoço grátis no mercado; nunca houve e nunca haverá. Se você se lembra, já abordei esse assunto várias vezes, começando no Capítulo 2, quando falei sobre a relação inversa entre as taxas de juros e os preços das ações e como ela criou as duas mentalidades distintas: pró-risco e antirrisco. Para refrescar sua memória, antirrisco significa priorizar a segurança do capital em troca de retornos menores, enquanto pró-risco significa priorizar retornos maiores em troca de menos segurança do capital. O que eu *não* falei, entretanto, foi sobre uma mentalidade sem risco que produz retornos mais altos – porque ela não existe.

A razão para isso é que o mercado não permitiria que isso acontecesse ou, pelo menos, não por muito tempo. Assim, se houvesse uma operação incrível que pudesse lhe proporcionar retornos extraordinários, sem nenhum risco, os negociantes profissionais rapidamente entrariam em ação e começariam a comprar o ativo subvalorizado, fazendo com que o preço subisse, o que, por sua vez, eliminaria a ineficiência.

É por isso que esse tipo de oportunidade é, na melhor das hipóteses, fugidio, pois é rapidamente capturado por um subconjunto de negociantes profissionais que praticam algo conhecido como "arbitragem". Eles ficam sentados o dia todo em frente aos seus computadores, buscando capitalizar sobre ineficiências de preço, e eles são bons de verdade no que fazem. Portanto, qualquer pessoa que lhe disser que é capaz de lhe proporcionar um retorno extraordinariamente alto com pouquíssimo risco está mentindo muito ou está executando algum tipo de esquema Ponzi, e você acabará perdendo todo o seu dinheiro.

Sinal de alerta nº 6: meu nome é Bernie Madoff e estou aqui para ajudá-lo

Por falar em esquemas Ponzi, deixe-me falar sobre Bernie Madoff por um momento.

O que tornou seu infame esquema Ponzi tão eficaz não foi o fato de ele prometer aos investidores um retorno extraordinariamente *alto*; na verdade, ele prometia a eles um retorno extraordinariamente *consistente*, com uma média de pouco mais de 1% ao mês. E, embora um retorno anual consistente de 12% ainda seja, de certa forma, uma *red flag* – porque está um pouco acima da média de longo prazo do S&P 500 –, a natureza consistente do retorno era uma *red flag* gigantesca, que deveria ter sido percebida pelos profissionais. Mas eles não perceberam.

Por que não? O que os fez ignorar todas as *red flags*?

Bem, com certeza havia alguma ganância básica em ação; isso é óbvio. Mas também havia algo muito mais profundo acontecendo, que é o desejo humano de acreditar em algo que parece bom demais para ser verdade.

Isso é algo que remonta à nossa infância, quando nossos corações se apegavam à noção de Papai Noel e da Fada do Dente, muito tempo depois de nossos intelectos terem provas do contrário. Essa programação ainda está conosco hoje, enterrada no fundo do subconsciente de cada um de nós.

Mas, acima de tudo, o que realmente levou essa multidão abastada ao ponto da idiotice financeira foi o desejo de "pertencer". Em um mundo dominado por *country clubs* e festas particulares exclusivas, o desejo de não ser deixado de lado é tão irresistível que obscurece o julgamento de todas as pessoas, exceto as mais autoconfiantes. Deixe-me explicar isso melhor.

Tendo passado toda a minha vida adulta no mundo das finanças e dos investimentos, já vi ou ouvi falar de praticamente todos os esquemas de investimento malucos que existem. E se há uma coisa que posso lhe garantir é que, se um investimento parece bom demais para ser verdade, certamente *não* é verdade. Simples assim.

E não me importa quão supostamente genial seja a pessoa por trás do investimento ou quão excêntrica, *nerd* ou sábia ela possa parecer. Se alguém se aproximar de você com uma estratégia de investimento não tradicional que esteja proporcionando retornos superiores aos do S&P 500 por mais de três ou quatro meses – seja negociação com futuros de ouro, arbitragem de moeda internacional, certificados de depósito de alto rendimento, ingressos de shows difíceis de obter, mercadorias revendidas a varejistas com desconto, acordos jurídicos ou de seguros –, há 99,99% de chance de que a pessoa esteja em um esquema Ponzi e, mais cedo ou mais tarde (provavelmente mais cedo), tudo irá por água abaixo e todos os investidores envolvidos perderão todo o seu dinheiro.

Sinal de alerta nº 7: colocar todos os seus ovos em um só cesto

Servindo como o oposto diametral de um portfólio bem diversificado, uma posição de ações concentrada é quando você coloca o grosso do seu *portfólio de investimentos em uma única ação*.

O lado bom é que, se a ação tiver um grande sucesso, seu portfólio terá um desempenho extremamente bom. No entanto, pelo lado ruim, se a ação for muito mal, você se verá em uma situação muito difícil com seu portfólio e sem nenhuma maneira de se recuperar.

Eu sempre vou aconselhá-lo a não manter uma posição concentrada, mas uma coisa é construir uma posição em resultado da sua própria convicção e outra coisa é um corretor aconselhá-lo a isso. Na verdade, uma das primeiras coisas que um corretor ou planejador financeiro aprende quando está estudando para o exame é que não é ético aconselhar um cliente a criar uma posição concentrada em ações.

De fato, como Cristina e Gordita me lembraram de forma tão enfática, com exceção do casamento, colocar todos os ovos no mesmo cesto nunca é uma boa ideia. Portanto, se alguém o aconselhar a colocar seu portfólio em uma única posição – uma ação, uma opção, uma moeda, um *token* ou qualquer outra coisa –, esse é um sinal revelador de que essa pessoa não está pensando nos seus interesses, e você deve correr na direção contrária.

5. O guru das finanças que você conheceu em um seminário ou *webinar*

Tendo passado a maior parte dos últimos dez anos no circuito de seminários, posso dizer, com absoluta certeza, que sempre que você vir um "guru financeiro" falando em um palco ou conduzindo um *webinar* e, no final da apresentação, ele tentar vender a você um sistema de negociações mágico que usa um algoritmo secreto com o qual você pode negociar em casa por uma hora por dia e se tornar tão rico quanto o rei Creso, então, qualquer que seja o sistema que ele esteja lhe vendendo, ele é uma grande merda, e quando digo uma grande merda, quero dizer o mais absoluto, puro e não adulterado esterco, que quase certamente fará com que você perca todo o seu dinheiro, o tempo todo, e duas vezes às terças-feiras.

Ainda mais risível, esse suposto guru invariavelmente explicará a você que ele é um operador de primeira classe e que usou esse mesmo algoritmo para ganhar dezenas, se não centenas, de milhões em lucros ao longo dos anos, com um retorno médio de 75% ou mais em um determinado ano. Bem, se esse for o caso, deixe-me lhe perguntar o seguinte, Sr. Guru de Seminários Financeiros: por que diabos você está perdendo seu tempo tentando vender seu sistema de negociação de curto prazo por 2 mil dólares quando, se o que você está dizendo fosse minimamente verdadeiro, qualquer grande fundo de *hedge* de Wall Street o compraria de bom grado por *pelo menos* 1 bilhão de dólares, ou mais?

Sério, Sr. Guru, se tiver alguma dúvida, posso levá-lo até o escritório de qualquer um dos cinco maiores chefes de fundos de *hedge* e eles lhe farão um cheque na hora, depois de realizar a devida diligência. Além disso, eles também vão lhe comprar um jato particular, uma casa nos Hamptons e alguns Van Goghs e Picassos.

O ponto principal é o seguinte: tudo isso é evidentemente ridículo.

De fato, em todos os meus anos de palestras em palcos ao redor do mundo, nunca conheci um "guru financeiro" que vendesse um produto para operações de curto prazo que se mostrasse minimamente eficaz. Não importa se para ações, *commodities*, moedas, criptomoedas, futuros, opções, ouro ou qualquer outra coisa. Alguma hora, uma das duas coisas a seguir vai acabar acontecendo:

1. O algoritmo do sistema sofrerá um colapso técnico e aconselhará o investidor a fazer uma série de transações ruins, que acabarão por atropelá-lo completamente ou por fazê-lo perder dinheiro suficiente para que abandone o sistema.
2. O investidor sofrerá um colapso *emocional*, deixará de seguir o sistema e começará a correr riscos abjetos até que todo o seu dinheiro seja perdido. Isso geralmente acontece depois que o primeiro cenário já começou e o investidor tenta se vingar por todo o dinheiro que o sistema lhe fez perder.

Novamente, aqui está o ponto principal: não importa se você está sentado em casa assistindo a um *webinar* ou assistindo a um seminário em um grande centro de convenções, se você se pegar ouvindo algum tipo de guru financeiro tagarelar sobre seu *software* mágico para operações de curto prazo – que pode torná-lo rico como o rei Creso enquanto você fica em casa de roupão e negocia uma hora por dia –, então, não importa quanto pareça incrível, nem quantos vídeos eles mostrem de clientes anteriores que acreditam no sistema, nem quão forte seja seu desejo de ainda acreditar no Papai Noel, você precisa correr na direção contrária e nunca mais olhar para trás.

Não corra – repito, *não* corra – para o fundo da sala e compre o *software* mágico de negociação de curto prazo depois que o palestrante lhe mostrar um *slide* que empilha mais sete programas de bônus sobre a oferta original. O palestrante dirá algo como "Veja, o custo de todo o pacote é de mais de 30 mil dólares" – então, de repente, um grande e gigantesco "X" vermelho aparecerá no slide –, "mas se você correr para o fundo da sala agora mesmo, para um dos dedicados membros da minha equipe nas mesas, esse sistema que normalmente custa 30 mil dólares será seu por US$ 2.037! São apenas três pequenas parcelas de 679 dólares!".

"Lembre-se de que há um número limitado de pessoas que posso orientar de uma só vez", eles prosseguirão, "portanto, só posso oferecer essa oferta incrível para as primeiras doze pessoas que correrem para o fundo da sala e começarem... agora mesmo! Portanto, *corra, corra*, corra para o fundo da sala, agora mesmo, porque qualquer pessoa que se inscrever depois das doze primeiras terá de pagar o preço total de 30 mil dólares."

Em seguida, eles acrescentarão o seguinte adendo: "Não é que eu *queira* cobrar 30 mil dólares. Eu só acredito em recompensar as pessoas decididas. Portanto, quem for decidido, vá agora mesmo! O tempo está correndo...". E lá se vão eles correndo, enquanto o palestrante continua falando, porque ele não ficará satisfeito até que todos os otários saiam de seus assentos e corram para as mesas dos fundos.

No final, não importa se doze, quinze ou duzentas pessoas tentarão se inscrever; a "escassez" é falsa. O palestrante simplesmente jogará as mãos para o alto, sorrirá envergonhado e dirá: "Nossa, que empolgação! Não esperava isso! Muito bem, equipe, faça a todos a mesma oferta. Estou me sentindo generoso hoje. Parece bom, galera?".

E todos batem palmas e aplaudem a generosidade do guru.

Tudo isso é muito triste.

Nenhum desses sistemas mágicos de operações de curto prazo – e quero dizer nenhum deles em toda a história dos seminários, desde seu começo no início da década de 1960 – jamais proporcionou a um investidor um retorno sustentável. Em termos leigos, eles são uma merda fedorenta, e se você não acabar perdendo cada centavo investido deve se considerar sortudo.

Mas essa não é a pior parte.

O que você diria se eu lhe dissesse que, além de todas as formas óbvias pelas quais esses gurus lentamente sugam seu sangue – com comissões, cobranças de ingressos e mais *coaching* –, a maneira pela qual eles ganham mais dinheiro é criando uma conta de negociação de curto prazo secreta conhecida como "B-book"? Essa é, de fato, a mais acabada velhacaria usada pelos "gurus" que vendem *softwares* de negociação.

Em suma, um "B-book" é uma conta de negociação separada que as plataformas *on-line* criam para clientes que estão envolvidos em estratégias de negociação de curto prazo tão obviamente autodestrutivas que é *garantido* que esses clientes perderão tudo em um período muito curto de tempo. Sabendo disso, em vez de executar as negociações do cliente em uma bolsa de valores, como normalmente fazem, a plataforma decide agir como sua própria bolsa de valores e registra as negociações internamente – no seu B-book –, de modo que agora estão apostando diretamente contra o cliente. Em outras palavras, uma vez que tanto a pessoa que lhe vendeu o sistema de negociação de curto prazo quanto a plataforma *on-line* que está executando suas negociações estão previamente cientes de quão terríveis serão seus resultados, eles concordam em formar um B-book para executar suas transações. Dito de outra forma, é o equivalente à plataforma agindo como um agente de apostas esportivas, e você sendo um jogador viciado que sempre acaba falido no final da temporada.

A propósito, a maneira de saber que você *provavelmente* está sendo levado a um "B-book" é se parte do processo de inscrição exigir que você abra uma conta em uma plataforma de negociação *on-line* específica. É nesse momento que o "B-book" entra em ação.

Veja, na verdade, as plataformas *on-line* mantêm B-books não apenas para clientes que são indicados a elas por um falso guru de seminário. Elas também usam programas avançados de IA que monitoram constantemente a atividade do cliente, procurando apostadores viciados que elas possam direcionar para um B-book. E, francamente, para ser justo com a plataforma, se ela não estiver aconselhando os clientes a negociar de forma tão imprudente, não há nada de antiético nisso. É claro que eles *poderiam* enviar uma mensagem ao cliente, dizendo: "Espero que você perceba que é um operador tão ruim que nem estamos colocando suas negociações em uma bolsa; nós mesmos estamos assumindo o outro lado das suas negociações. Dessa forma, quando você perder todo o seu dinheiro, ele irá diretamente para o nosso bolso, e não para o de outra pessoa".

Mas a plataforma não é legalmente, nem moralmente, obrigada a fazer isso e, na verdade, ela não tem *certeza* de que o cliente perderá todo o dinheiro; ela apenas suspeita fortemente disso. De qualquer forma, o que quero dizer aqui é que existe uma grande diferença entre uma plataforma tentar identificar operadores imprudentes para ganhar alguns trocados extras direcionando-os para um B-book e estar em conluio com um guru de seminários que alimenta seus clientes com um sistema de negociações fadado a nunca funcionar. Além disso, na grande maioria dos casos, o guru do seminário não está dizendo abertamente à plataforma que é garantido que esses clientes perderão dinheiro. Na verdade, o que existe é um entendimento tácito no qual a plataforma executa uma opção de B-book quando o guru do seminário simplesmente marca uma opção no seu contrato de indicação de cliente.

Seja qual for o caso, o resultado é o mesmo. Graças aos lucros massivos gerados por essa conta B-book secreta, não apenas o guru que inicialmente vendeu o sistema ao cliente recebe uma bela e gorda comissão sobre cada operação, mas também fica com 50% do dinheiro que o cliente perde por ter seguido seu sistema não tão mágico.

Para ser justo, porém, o sistema é de fato bastante mágico: ele faz seu dinheiro desaparecer no ar.

Agora que você já teve a oportunidade de conhecer os filhos da puta, deixe-me resumir um pouco as coisas para você e aplicar o contexto apropriado às várias formas de sacanagem financeira deles.

Para começar, é importante lembrar que nem todos os filhos da puta são criados iguais, ou seja, *alguns* filhos da puta são muito mais filhos da puta do que outros. Portanto, no final das contas, você terá de usar seu próprio bom senso e discernimento, junto com o que aprendeu neste livro, para percorrer com segurança a fossa de merdas que o Complexo de Máquinas de Taxas de Wall Street vai lançar na sua direção enquanto você tenta encontrar pequenas pepitas de ouro informacionais, na forma das últimas notícias sobre a economia, as tendências gerais dos negócios e as cotações mais atualizadas dos seus fundos de índice sem carga.

Mas, ainda assim, independentemente de onde um desses filhos da puta se encontre no "*continuum* de filhos da puta", você precisa sempre manter a guarda alta e permanecer absolutamente vigilante, apesar de qualquer ar de legitimidade que um dos filhos da puta pareça ter.

Lembre-se de que os filhos da puta lançarão ataques contínuos contra você por meio de todas as modalidades de comunicação, tanto *on-line* quanto *off-line*, por escrito e oralmente. Mas, seja qual for a modalidade usada, a intenção e a história de fundo serão sempre as mesmas: eles querem separar você do seu suado dinheirinho e vão prometer um retorno extraordinário, muito acima da média de longo prazo do S&P 500, ao mesmo tempo que afirmam que há pouco ou nenhum risco envolvido, devido a alguma estratégia de negociação mágica.

Mas, mais uma vez, não existe almoço grátis em Wall Street.

Nunca houve e nunca haverá.

A boa notícia é que, graças a Jack Bogle e sua contribuição que mudou muitas vidas, simplesmente não há necessidade de se envolver em nada disso. Tudo o que você precisa fazer é abrir uma conta em um dos provedores de alta qualidade de fundos mútuos ou ETFs de baixo custo já mencionados e deixar que *eles*, os bem-intencionados colegas da Standard & Poor's e o bom e velho Tempo façam o trabalho pesado por você.

E, por tudo que há de mais sagrado, por que você não faria isso?

Já foi comprovado inúmeras vezes por vários economistas ganhadores do Prêmio Nobel que escolher ações individuais e prever o mercado é o mais próximo que se pode chegar de um exercício de futilidade. Portanto, simplesmente não faça isso. É sério! Se você tem essa intenção de se torturar, vá a um clube de sadomasoquismo. Você provavelmente se divertirá muito mais lá, e gastará bem menos dinheiro. Esse é o melhor conselho que posso lhe dar.

Você pode me agradecer quando, pronto para se aposentar, tiver um pé-de-meia gigante esperando por você.

AGRADECIMENTOS

EM PRIMEIRO LUGAR, gostaria de agradecer ao meu cunhado, Fernando, e à minha cunhada, Gordita. Sem a história deles, este livro nunca teria passado do primeiro capítulo. Gordita, você é a melhor, e você sabe o quanto eu a amo e respeito! Além disso, agradeço imensamente à minha agente literária, Jan Miller, e à minha incrível equipe de edição da Gallery Books/Simon & Schuster. Como sempre, sua orientação foi muito apreciada.

Muito obrigado a Mike Picozzi por me ajudar a explicar a estratégia de *base trading* de uma forma que fosse facilmente compreensível. Você é um grande amigo e um excelente operador.

Muito obrigado a Negede Iyob-Tessema (também conhecido como Abu) por me ajudar com a pesquisa e a criação de todos os gráficos. Você me poupou inúmeras horas que eu não tinha para gastar.

Muito obrigado aos meus bons amigos James Packer, Ilya Pozin e Alan Lipsky. Vocês foram as primeiras pessoas a ler as cem páginas iniciais, e seus comentários foram muito úteis.

Por último, mas não menos importante, agradeço imensamente à minha incrível família: minha mãe, minha esposa e meus filhos maravilhosos. A paciência e a compreensão de vocês no último ano não passaram despercebidas. Amo todos vocês.

**Acreditamos
nos livros**

Este livro foi composto em Arno Pro e
impresso pela Lis Gráfica para a Editora
Planeta do Brasil em março de 2025.